高速公路旅客周转量

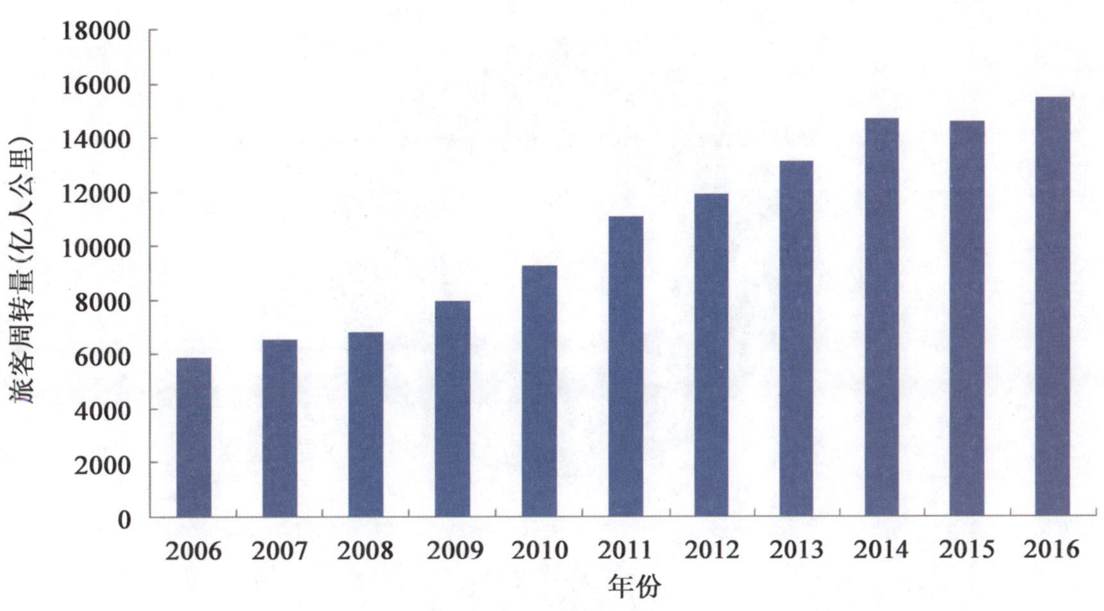

高速公路≥20座客车在全社会营业性客车旅客周转量中的比重

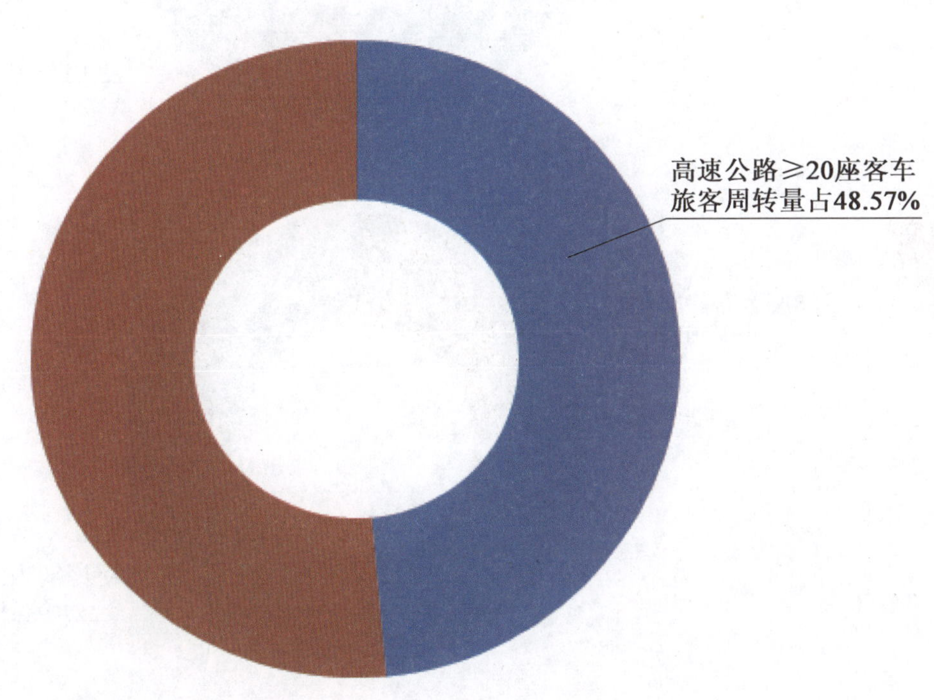

客车组成结构

≥8座客车车数
占4.72%

≤7座客车车数
占95.28%

≥8座客车客运量
占30.23%
≤7座客车客运量
占69.77%

≥8座客车旅客周转量
占37.09%
≤7座客车旅客周转量
占62.91%

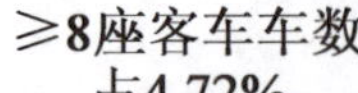

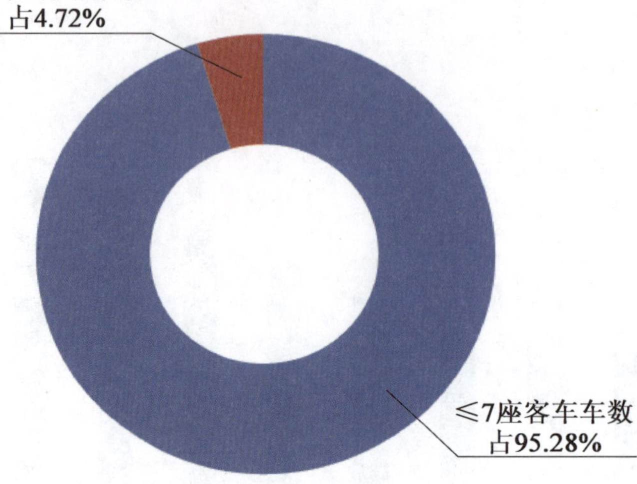

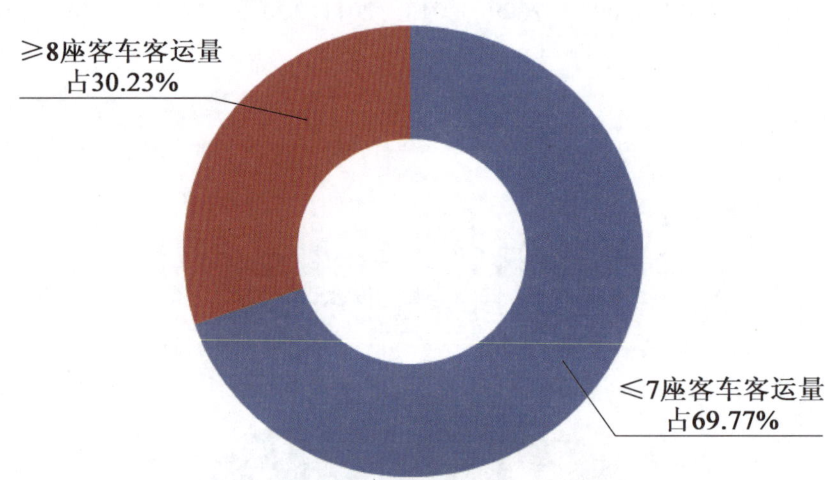

高速公路货物周转量

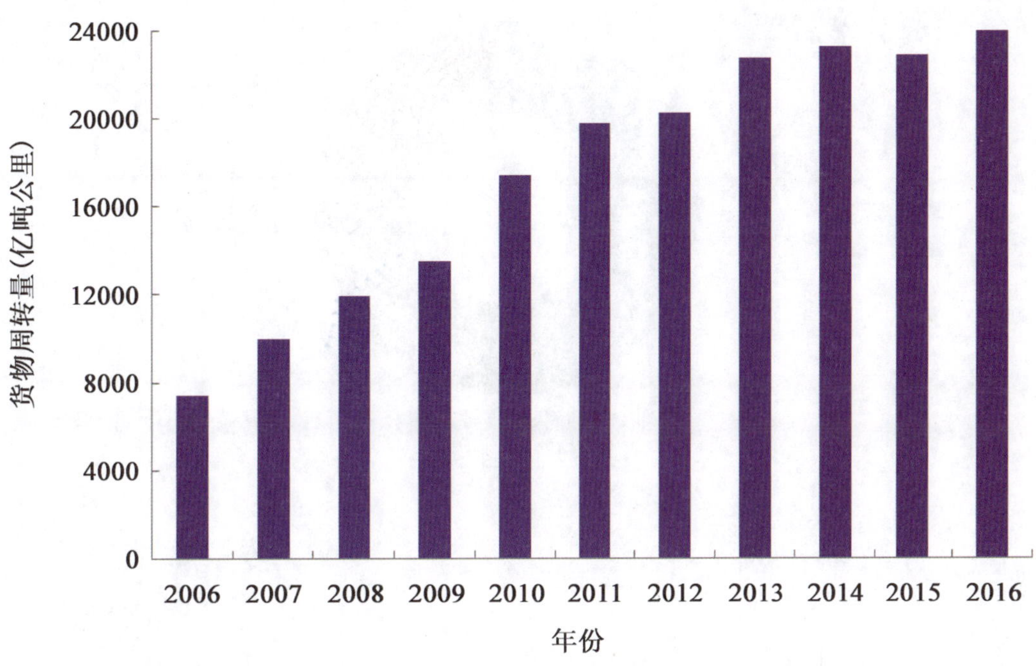

高速公路在全社会营业性货车货物周转量中的比重

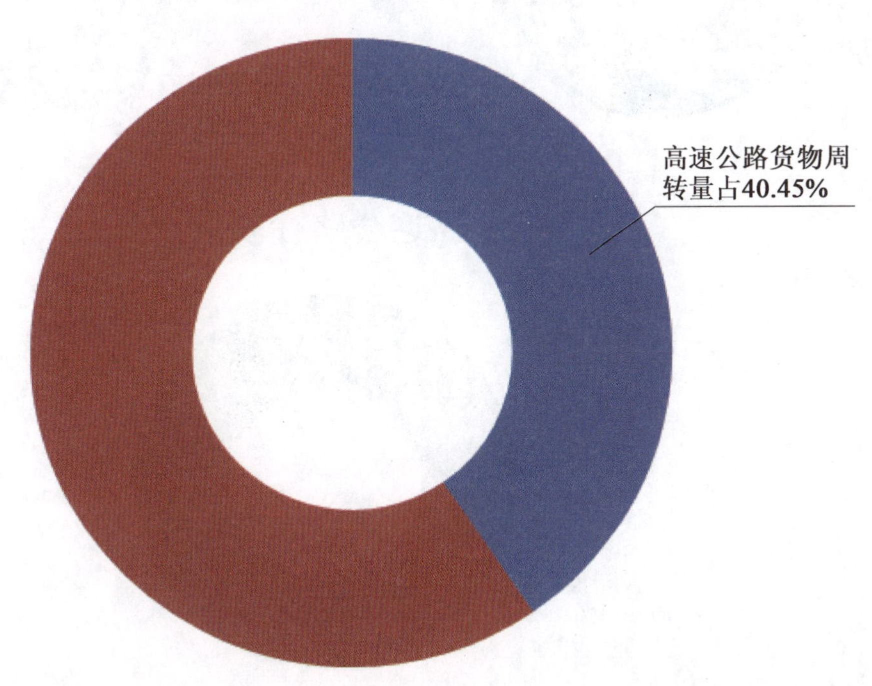

货车组成结构车数构成

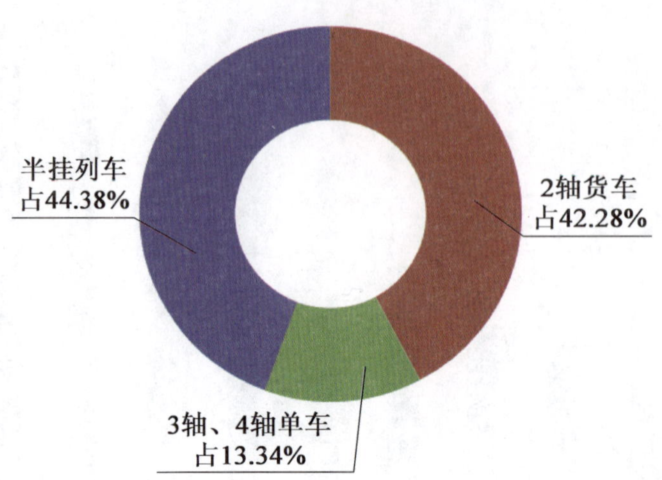

行驶量构成

2轴货车
占31.85%

半挂列车
占54.33%

3轴、4轴单车
占13.82%

周转量构成

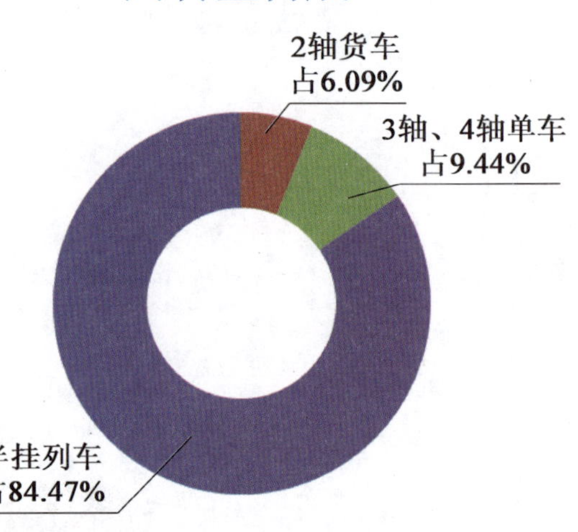

高速公路行驶量

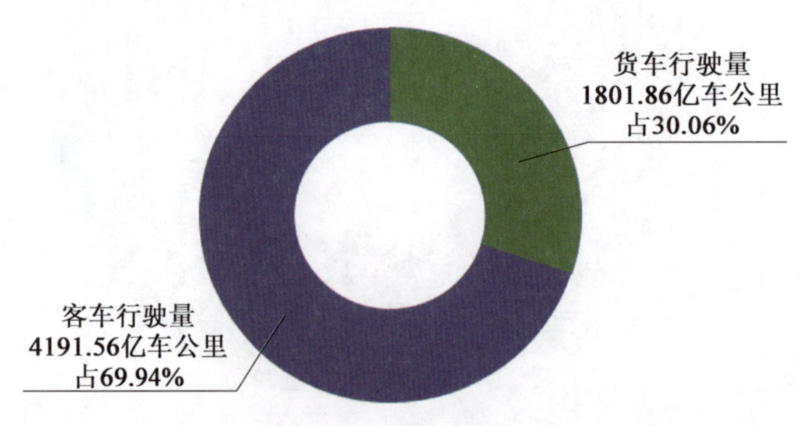

2016

中国高速公路
运输量统计调查分析报告

长安大学运输科学研究院　编著

人民交通出版社股份有限公司
China Communications Press Co.,Ltd.

内 容 提 要

2016年年底，我国高速公路通车里程130 973公里(不含港澳特别行政区和台湾省)，同比增长6.03%。2016年高速公路里程虽占公路总里程的2.79%，但承担了40.45%的全社会营业性货车货物周转量，承担了48.57%的全社会营业性客车旅客周转量。本报告发布了2016年中国高速公路运输量数据和经济转型期铁路货物运输状况，分析了我国高速公路近年来运输结构的变化，也对货物运输经济的拐点与走势，以及高速公路运输量和GDP的关系等热点问题展开讨论。

可以作为高速公路的规划、设计，以及相关科研工作的基础资料，也可以作为高速公路建设、管理、运营和养护工作决策的依据。

图书在版编目(CIP)数据

2016中国高速公路运输量统计调查分析报告 / 长安大学运输科学研究院编著. — 北京 ：人民交通出版社股份有限公司，2017.10

ISBN 978-7-114-14285-7

Ⅰ. ①2… Ⅱ. ①长… Ⅲ. ①高速公路－运输量－调查报告－中国－2016 Ⅳ. ①U492.2

中国版本图书馆CIP数据核字(2017)第260513号

2016 Zhongguo Gaosu Gonglu Yunshuliang Tongji Diaocha Fenxi Baogao

书　　名：**2016中国高速公路运输量统计调查分析报告**
著 作 者：长安大学运输科学研究院
责任编辑：赵瑞琴
出版发行：人民交通出版社股份有限公司
地　　址：(100011)北京市朝阳区安定门外外馆斜街3号
网　　址：http://www.ccpress.com.cn
销售电话：(010)59757973
总 经 销：人民交通出版社股份有限公司发行部
经　　销：各地新华书店
印　　刷：北京市密东印刷有限公司
开　　本：880×1230　1/16
印　　张：13.5
字　　数：389千
版　　次：2017年10月　第1版
印　　次：2017年10月　第1次印刷
书　　号：ISBN 978-7-114-14285-7
定　　价：68.00元
(有印刷、装订质量问题的图书由本公司负责调换)

编　委　会

编　写　组

组　长　陈荫三

副组长　肖润谋

各省区市高速公路收费数据库数据采集组

陈荫三　肖润谋　李　彬　闫晟煜　潘斯航　陈　灏
王　聪　刘礼解　马　骏　刘　勇　薛　亮　翟浩龙
彭　飞　高　娟　王嘉伟　李郁菡　赵　慧　吕安平

收费站补充调查组

肖润谋　闫晟煜　潘斯航　陈　灏　王　聪　刘礼解
刘　勇　马　骏　薛　亮　翟浩龙　彭　飞　吕安平
李郁菡　高　娟　赵　慧　王嘉伟　韩玉琦

数据处理和运输分析组

陈荫三　闫晟煜　王嘉伟　彭　飞　吕安平　李郁菡
高　娟　赵　慧　韩玉琦

报告撰写组

陈荫三　闫晟煜

各省(区、市)统计组

闫晟煜　王嘉伟　李郁菡　彭　飞　高　娟　吕安平
赵　慧　韩玉琦

编制工作参与单位

交通运输部科学研究院交通信息中心
北京市交通委员会发展计划处
北京市首都公路发展集团有限公司
天津市交通运输委员会
天津市高速公路管理处
华北高速公路股份有限公司
天津高速公路集团有限公司
天津滨海新区高速公路投资发展有限公司
天津津滨高速管理有限公司
河北省交通运输厅综合规划处
河北省交通通信管理局
京沈高速公路联网收费联合结算中心
河北省高速公路管理局
山西省交通运输厅综合规划处
山西省高速公路管理局
内蒙古自治区交通运输厅规划处
内蒙古高等级公路建设开发有限责任公司
辽宁省交通运输厅综合规划处
辽宁省高速公路管理局
吉林省交通运输厅综合规划处
吉林省高速公路管理局
黑龙江省交通运输厅综合规划处
黑龙江省交通信息通信中心
哈尔滨太平国际机场收费站
黑龙江省交通科学研究所
上海市交通委员会
上海市路政局路网监测中心
江苏省交通运输厅综合计划处
浙江省交通运输厅规划计划处
浙江省公路管理局
安徽省交通运输厅综合规划处
安徽省高速公路联网运营有限公司
安徽省交通运输联网管理中心
福建省交通运输厅综合规划处
福建省高速公路有限责任公司
江西省交通运输厅规划处
江西省高速公路联网管理中心
江苏省高速公路联网营运管理中心
山东省交通运输厅规划处
山东省交通运输厅信息中心
河南省交通运输厅综合规划处
河南省高速公路联网监控收费通信服务有限公司
湖北省交通运输厅计划处
湖北省高速公路联网收费中心
湖北省交通科学研究所
湖南省交通运输厅计划统计处
湖南省高速公路监控中心
广东省交通运输厅综合规划处
广东省交通运输档案信息管理中心
广东联合电子收费股份有限公司
广东清连公路发展有限公司
广西壮族自治区交通运输厅综合规划处
广西壮族自治区高速公路管理局
海南省交通运输厅综合规划处
海南省公路管理局养护科
重庆市交通委员会综合规划处
重庆高速公路集团有限公司路网管理中心
四川省交通运输厅综合规划处
四川省交通运输厅高速公路监控结算中心

四川高速公路建设开发总公司
贵州省交通运输厅综合规划处
贵州省高速公路管理局
云南省交通运输厅综合规划处
云南省交通运输厅规费征收管理办公室
云南省交通运输厅高速公路联网管理中心
陕西省交通运输厅综合规划处
陕西省高速公路收费管理中心
甘肃省交通运输厅综合规划处
甘肃省高速公路管理局
宁夏回族自治区交通运输厅规划处
宁夏交通信息监控中心
青海省交通运输厅综合规划处
青海省高等级公路建设管理局
新疆维吾尔自治区交通运输厅综合规划处
新疆维吾尔自治区公路管理局

目录 *Mulu*

第1章　高速公路运输态势分析

2016年年底，我国高速公路通车里程130 973公里（不含港澳特别行政区和台湾省，下同），同比增长6.03%。

2016年我国高速公路行驶量5 993.42亿车公里，同比增长13.57%。实现货物周转量24 708.91亿吨公里，同比增长8.07%。实现旅客周转量15 472.66亿人公里，同比增长5.91%。

2016年我国高速公路占公路总里程的2.79%，实现的货物周转量占全社会营业性货车货物周转量的40.45%，同比增长1.00个百分点。高速公路上≥20座客车实现的旅客周转量占全社会营业性客车旅客周转量的48.57%，同比增加4.02个百分点。

2016年每万元国内生产总值（按现价计算）的高速公路货运量1.986 0吨，同比增长0.190 1吨。2016年我国平均每人在高速公路上乘车次数为14.866 0次，同比增加1.633 8次。

1.1　高速公路交通状况

2016年我国高速公路行驶量5 993.42亿车公里，其中货车行驶量1 801.86亿车公里，客车行驶量4 191.56亿车公里。

2016年我国高速公路车道里程579 471公里，日均车道交通量为2 900辆次，其中货车854辆次，客车2 046辆次。

历年行驶量状况、日均车道交通量变化情况见表1.1。乘用车数量增长强劲，日均客车车道交通量涨幅明显。各省（区、市）日均车道交通量分布不均匀，见图1.1和图1.2。

高速公路交通状况　　表1.1

年份	2009	2010	2011	2012	2013	2014	2015	2016
车道里程（公里）	28 7152	328 642	375 866	424 588	461 284	495 614	548 421	579 471
行驶量（亿车公里）	2 310.27	2 808.29	3 240.26	3 633.75	4 229.61	4 827.14	5 277.28	5 993.42
日均车道交通量（辆次）	2 203	2 341	2 361	2 327	2 495	2 649	2 699	2 900
货车（辆次）	873	957	888	818	855	849	803	854
客车（辆次）	1 330	1 384	1 473	1 509	1 640	1 800	1 896	2 046

2016年我国高速公路日均货车车道交通量854辆次。高于854辆次的有浙江（1 669辆次）、山东（1 549辆次）、上海（1 505辆次）、北京（1 391辆次）、江苏（1 376辆次）、海南（1 329辆次）、广东（1 269辆次）、河北（1 099辆次）、天津（1 009辆次）、重庆（895辆次）、山西（870辆次）共计11个省市。

2016年我国高速公路日均客车车道交通量2 046辆次。高于2 046辆次的有北京（5 914辆次）、上海（4 150辆次）、广东（4 102辆次）、江苏（3 919辆次）、浙江（3 638辆次）、重庆（3 051辆次）、海南（2 841辆次）、山东（2 459辆次）、四川（2 343辆次）、云南（2 331辆次）、安徽（2 193辆次）、河南（2 058辆次）共计12个省市。

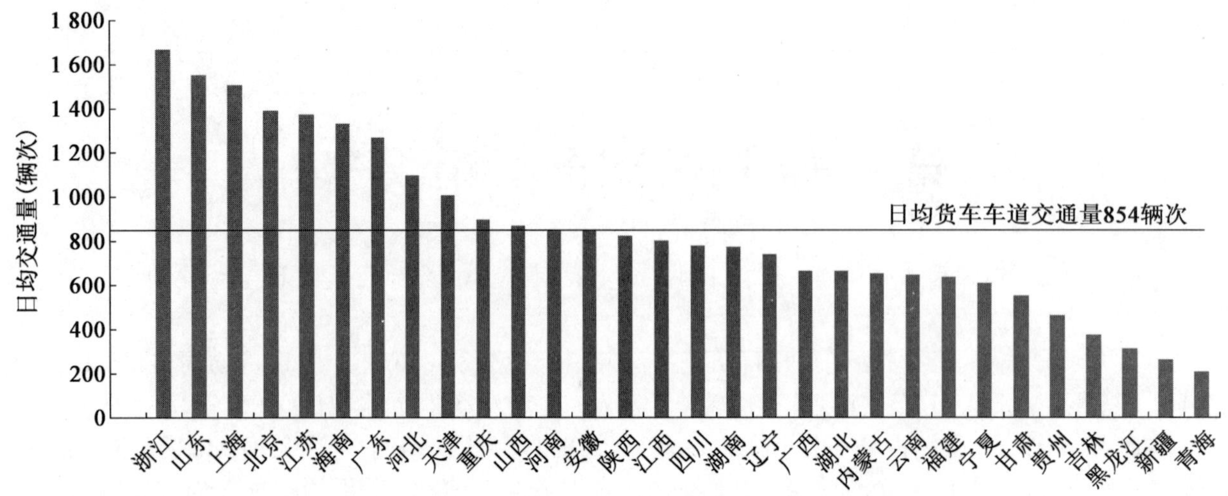

图1.1　日均货车车道交通量分布

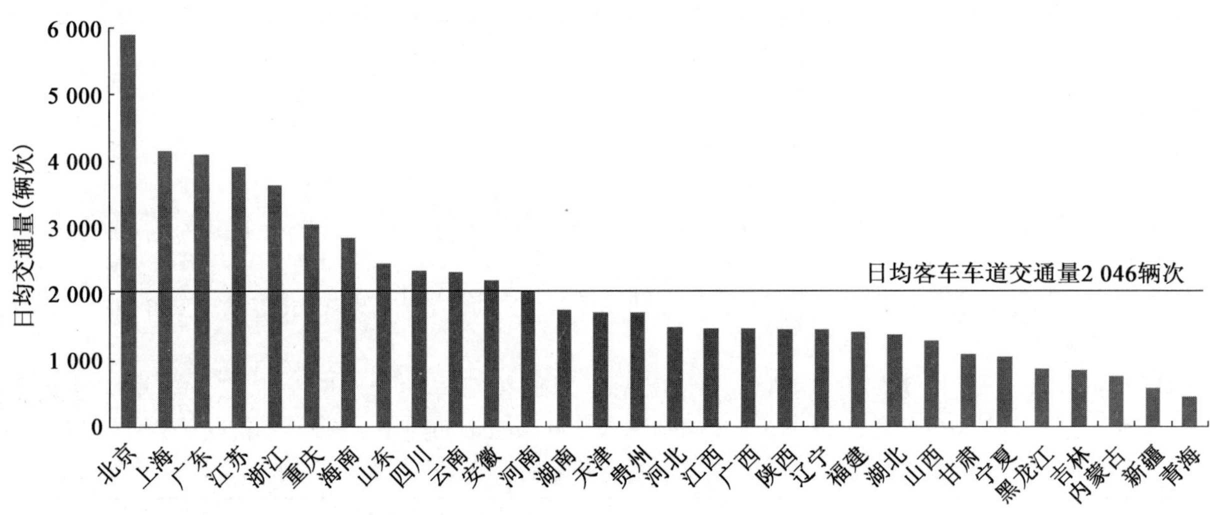

图1.2　日均客车车道交通量分布

1.2　高速公路旅客运输状况

2016年,高速公路旅客周转量达到15 472.66亿人公里,相当于铁路旅客周转量的123.00%,见表1.2和图1.3。

2006～2016年旅客周转量趋势(以2006年为100%)　　表1.2

年份	2006年		2008年		2010年		2011年		2012年	
	亿人公里	%	亿人公里	%	亿人公里	%	亿人公里	%	亿人公里	%
铁路	6 622	100.0	7 778	117.5	8762	132.3	9 612	145.2	9 812	148.2
高速公路	5 901	100.0	6 850	116.1	9 293	157.5	11 087	187.9	11 916	201.9

年份	2013年		2014年		2015年		2016年	
	亿人公里	%	亿人公里	%	亿人公里	%	亿人公里	%
铁路	10 596	160.0	11 605	175.2	11 960	180.6	12 579	190.0
高速公路	13 112	222.2	14 695	249.0	14 609	247.6	15 473	262.2

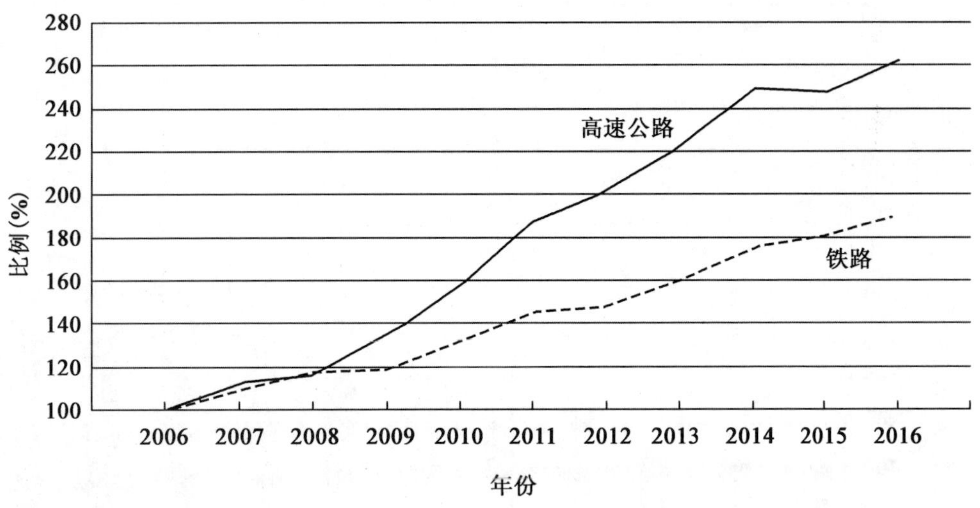

图 1.3　旅客周转量增长趋势(以 2006 年旅客周转量为基数)

1.2.1　乘用车出行持续快速增长

2016 年高速公路乘用车旅客周转量占高速公路旅客周转量的比重为 62.91%,同比增长 8.54 个百分点。乘用车出行比重持续大幅增长,见表 1.3 和图 1.4。

高速公路客运中≤7 座客车客运比重　　表 1.3

年份	2006	2008	2010	2011	2012	2013	2014	2015	2016
旅客周转量比重(%)	29.75	41.01	45.09	47.10	49.99	55.64	59.18	54.37	62.91
客运量比重(%)	41.07	48.54	56.56	60.09	63.64	66.55	68.24	66.78	69.77

图 1.4　2006—2016 年高速公路旅客周转量

2016 年高速公路乘用车旅客运输密度(以下简称客运密度)为 787.95 万人公里/公里,比 2015 年增长 6.73%,见表 1.4 和图 1.5。

高速公路客运中≤7 座客车客运密度 表 1.4

年份	2006	2008	2010	2011	2012	2013	2014	2015	2016
客运密度（万人公里/公里）	387.20	465.82	565.40	614.79	619.18	698.70	776.89	738.27	787.95

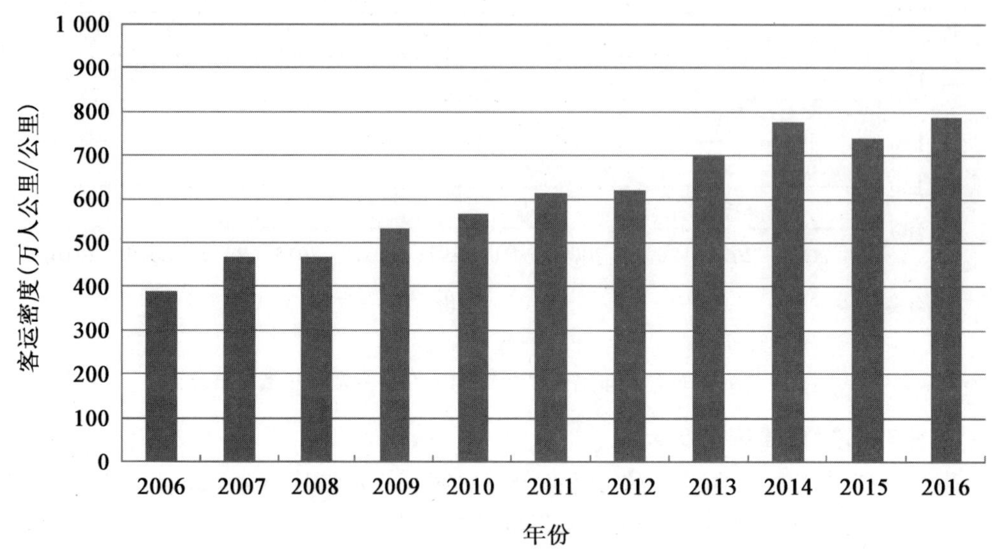

图 1.5 2006—2016 年高速公路≤7 座客车客运密度

1.2.2 ≥20 座客车旅客运输量下滑

2016 年高速公路≥20 座客车旅客周转量占高速公路旅客周转量的比重同比下降 4.14%。客运密度为 379.32 万人公里/公里，同比下降 11.53%，见表 1.5 和图 1.6。

高速公路客运中≥20 座客车客运密度 表 1.5

年份	2006	2008	2010	2011	2012	2013	2014	2015	2016
客运密度（万人公里/公里）	914.32	670.05	688.47	651.16	576.32	517.87	498.29	428.74	379.32

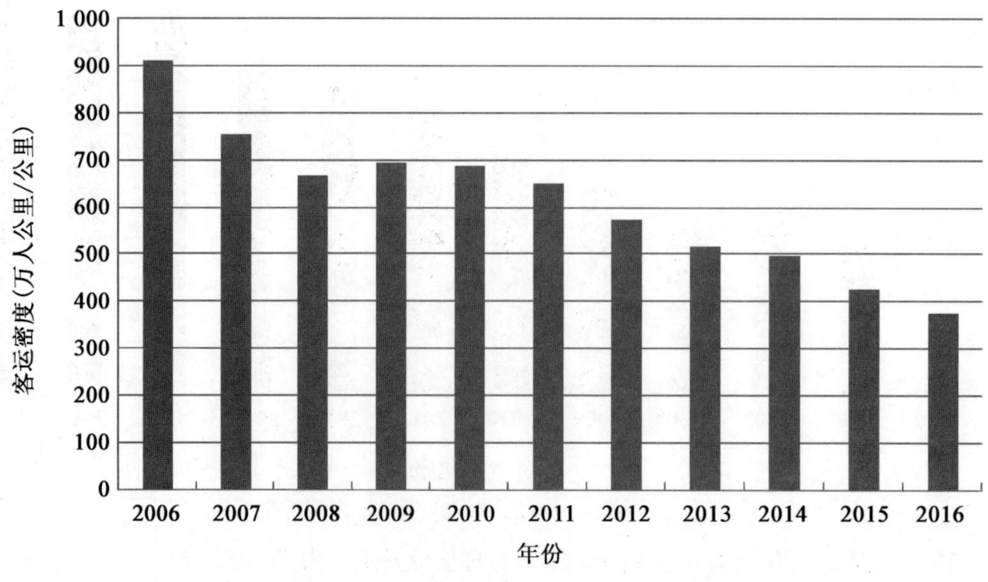

图 1.6 2006—2016 年高速公路≥20 座客车客运密度

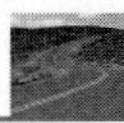

由于实施夜间强制停车休息，高速公路长途班线客运增长乏力；加上高铁网络成形，对高速公路营业性客运冲击更为严重。高速公路长途客运逐渐从竞争中退出，平均运程缩短。不少客车或与高铁接驳，或延伸到高铁未通达地区，或提升乘坐舒适性，以满足乘客多元化需求。

1.3　高速公路货物运输

2016 年高速公路货物周转量 24 708.91 亿吨公里；同比增长 8.07%。高速公路货物周转量占全社会营业性货车货物周转量的 40.45%，比 2015 年度增加 1.00 个百分点。相当于铁路货物周转量的 103.85%，上升 7.60 个百分点；相当于内河和沿海水运货物周转量的 62.93%，上升 2.02 个百分点。

2006—2016 年货物周转量变化趋势如表 1.6、图 1.7 和图 1.8 所示。

2006—2016 年货物周转量趋势(以 2006 年为 100%)　　表 1.6

运输方式	2006 年		2008 年		2010 年		2011 年		2012 年	
	亿吨公里	%	亿吨公里	%	亿吨公里	%	亿吨公里	%	亿吨公里	%
铁路	21 954	100.0	25 106	114.4	27 644	125.9	29 130	132.7	29 187	132.9
内河和沿海水运	12 908	100.0	17 413	134.9	22 428	173.8	26 068	202.0	28 295	219.2
高速公路	7 458	100.0	11 981	160.6	17 452	234.0	19 802	265.5	20 275	271.9

运输方式	2013 年		2014 年		2015 年		2016 年	
	亿吨公里	%	亿吨公里	%	亿吨公里	%	亿吨公里	%
铁路	29 174	132.9	27 530	125.4	23 754	108.2	23 792	108.4
内河和沿海水运	30 730	238.1	36 839	285.4	37 536	290.8	39 264	304.2
高速公路	22 720	304.6	23 253	311.8	22 863	306.6	24 709	331.3

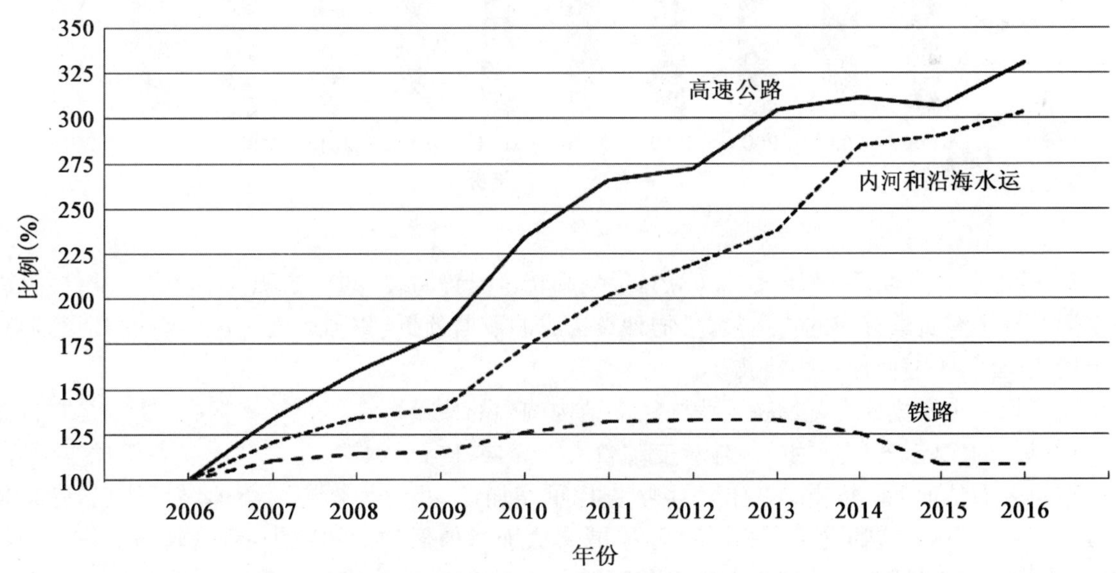

图 1.7　货物周转量增长趋势(以 2006 年货物周转量为基数)

2016 年高速公路货运密度为 1920.02 万吨公里/公里，比 2015 年降低 0.90%，见表 1.7 和图 1.9。

高速公路货运密度　　表 1.7

年份	2006	2008	2010	2011	2012	2013	2014	2015	2016
货运密度(万吨公里/公里)	1 645.09	1 986.79	2 354.76	2 331.07	2 107.61	2 175.49	2 077.38	1 937.51	1 920.02

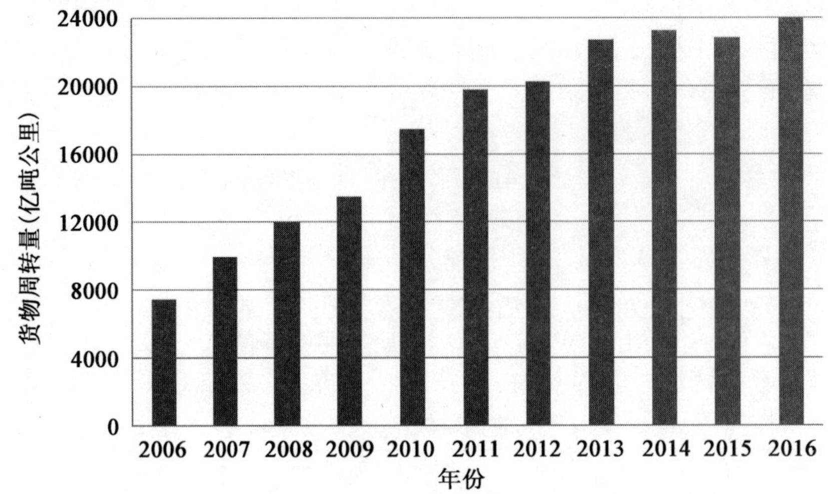

图 1.8 高速公路货物周转量增长趋势

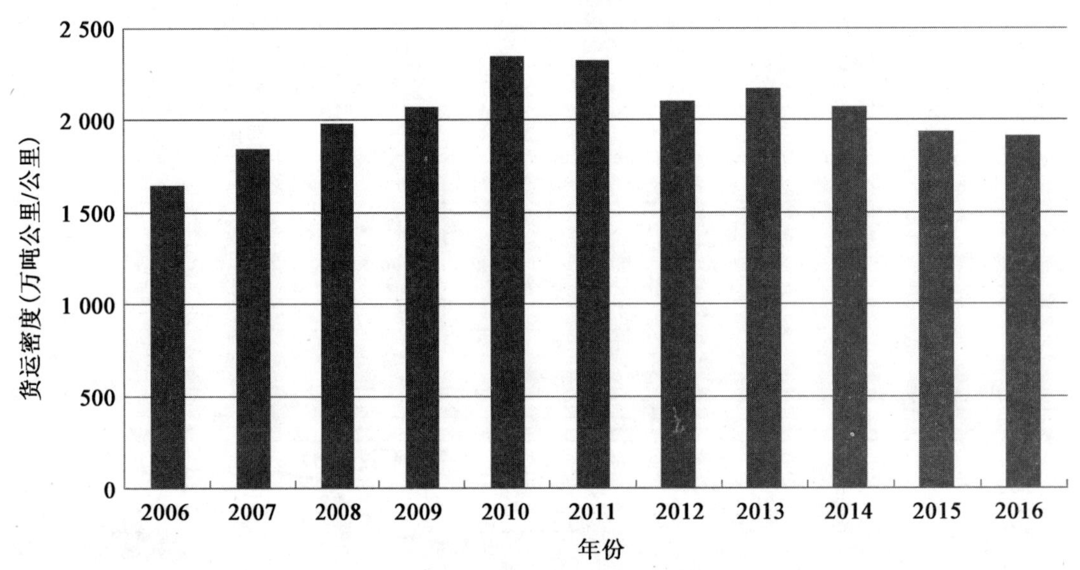

图 1.9 2006—2016 年高速公路货运密度

2016 年高速公路通车里程增长 6.03%,货物周转量强势回暖(同比增幅 8.07%)。从铁路、高速公路和水运 3 种干线货运方式的货运量、货物种类构成的数据分析,我国运输经济已经过 L 形拐点,正处于稳定增长阶段,平稳而伴有小幅波动。

运输货物种类构成的变化反映了我国经济结构调整的效果。在经济转型阶段,特别是"去产能、去库存、补短板"的实施,各种货物的运输量变动较大。煤炭、矿石、钢铁、建材等大宗物资比重下降,这些货物的重量大而价值低。机电、轻工、民生物资比重增加,这些货物轻泡而货值高。所以,除了货运量(吨),还要关注运输的货物种类。一段时间内,重量大而货值低的货物减少,重量轻而货值高的货物增加,会导致货运量有所降低,但装运货物的车辆数会有所增加,运输货物的价值会持续上升。

水运的货物种类构成近 2 年来没有明显变化,2015 年同比增长 2.4%,2016 年前三个季度同比增长 2.2%,对货运"拐点"的跟踪分析应集中在铁路和高速公路方面。

从铁路货运来看,到 2016 年第二季度,装车数已经停止下滑,货物平均价值已有提升。货运量的增幅也大幅收窄,到 2016 年 8 月份已经触底。铁路货运量在 2016 年二季度渡过了 L 形走势的拐点,进入了稳定增长阶段。不过要恢复到 2012—2013 年的货运量水平,仍需要一段时间,而铁路运输货物的价值已经超过了 2012—2013 年的水平,持续快速提升。货运量不再是铁路货运的唯一要关注的指标,反

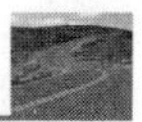

映货物种类构成的，装车数和货物价值也应予以关注。

高速公路也是干线货运的主要方式，与铁路不同的是，高速公路运输每吨货物平均价值远高于铁路。由于煤炭、矿石等类货物在高速公路货运量中占比较小，所以受到经济结构调整的影响比铁路小一些。但是货运改革增强了铁路的吸引力，高速公路货运量中的部分大宗低值散货回归铁路，部分长运距的高附加值货物（如轻工、化工、机电设备等）也分流向铁路。货物周转量的同比增幅快速收窄：2013 年同比增长 12.06%，2014 年同比增长 2.35%，2015 年转为负增长，同比降低 1.68%。

高速公路货运下滑的势头在 2016 年第二季度得到遏制，并恢复强劲增长。据河北、山西、辽宁、黑龙江、上海、江苏、浙江、安徽、福建、江西、山东、河南、湖北、湖南、四川、陕西、甘肃 17 省市的统计，2016 年高速公路货运量同比增幅：4 月份 9.98%，5 月份 9.19%，6 月份 15.99%。进入三季度，增势持续强劲，7 月份 10.54%，8 月份 18.26%，9 月份 20.63%。17 省市统计的高速公路货物周转量增幅在 2016 年 6 月份由负转正，三季度货物周转量同比增幅：7 月份 0.55%，8 月份 6.53%，9 月份 7.36%。

与此同时，高速公路货运量中高附加值货物比重持续上升，2016 年与 2014 年相比，其比重增加了 9.7 个百分点，达到 56.0%。高速公路每吨货物平均价值比 2014 年增加了 11.1%。

高速公路和铁路运输货物种类构成的变化，反映了我国干线货物运输体系的优化。进入“稳定增长阶段”的货运与之前相比，在运输货物种类构成方面有明显的差别。货运量中高附加值货物的比重还会继续有所增加，装运货物的车辆数量会持续增加，但每辆车平均的实际载货质量会有所降低。货物价值的增幅将高于货运量的增幅，车辆数的增幅也将高于货运量的增幅。

总之，货运在 2016 年二季度已经走出了 L 形拐点，处于稳定增长阶段，反映经济调整效果明显，新兴产业运输需求旺盛，经济形势向好。

1.4　高速公路运输量的月度波动

1.4.1　客运月度波动

2016 年旅客发送量、旅客周转量和旅客平均行程的月度波动如表 1.8～表 1.10 和图 1.10～图 1.12所示。

2016 年旅客发送量月度波动(%)（以月均旅客发送量为 100.00%）　　表 1.8

旅客发送量	1月	2月	3月	4月	5月	6月	7月	8月	9月	10月	11月	12月
高速公路	89.29	114.32	92.75	104.03	101.09	94.57	101.72	105.79	97.97	117.14	90.72	90.61
铁路	90.23	102.81	90.58	101.91	97.59	98.93	114.35	119.42	101.99	106.61	87.03	88.56

2016 年旅客周转量月度波动（以月均旅客周转量为 100.00%）　　表 1.9

旅客周转量	1月	2月	3月	4月	5月	6月	7月	8月	9月	10月	11月	12月
高速公路	98.99	146.34	90.83	96.85	93.96	91.27	104.37	112.53	95.42	106.10	81.44	81.89
铁路	95.60	119.87	93.05	95.21	91.06	94.82	123.05	128.91	101.45	100.51	78.67	77.80

2016 年旅客平均行程月度波动(%)（以月均旅客平均行程为 100.00%）　　表 1.10

旅客平均行程	1月	2月	3月	4月	5月	6月	7月	8月	9月	10月	11月	12月
高速公路	111.21	128.40	98.22	93.38	93.23	96.80	102.91	106.69	97.69	90.85	90.05	90.64
铁路	106.35	117.04	103.12	93.78	93.67	96.22	108.02	108.36	99.86	94.64	90.75	88.19

受春运影响，2016 年 2 月份高速公路的旅客发送量和旅客周转量（农历春节期间）与铁路同时达到年内峰值，高速公路增幅更加明显，同时，旅客平均行程双双达到年内峰值。第二季度高速公路和铁路旅客发送量有小幅波动，旅客周转量企稳。7、8 月份为高速公路和铁路客流有所回升，而受节假日小客车免费通行政策影响，高速公路在 10 月份迎来客流高峰，年底逐渐收窄。

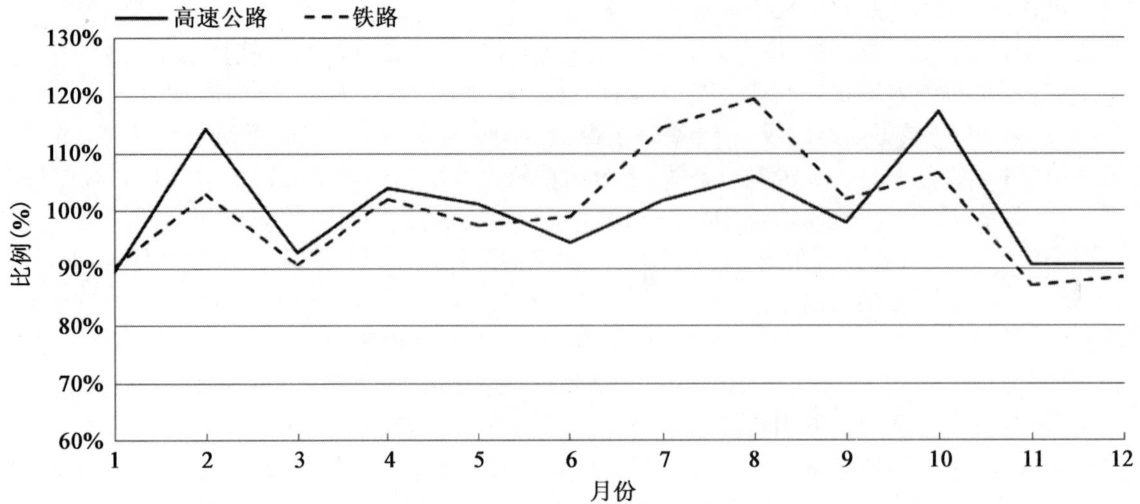

图 1.10　2016 年高速公路与铁路旅客发送量月度波动(以月均值为 100%)

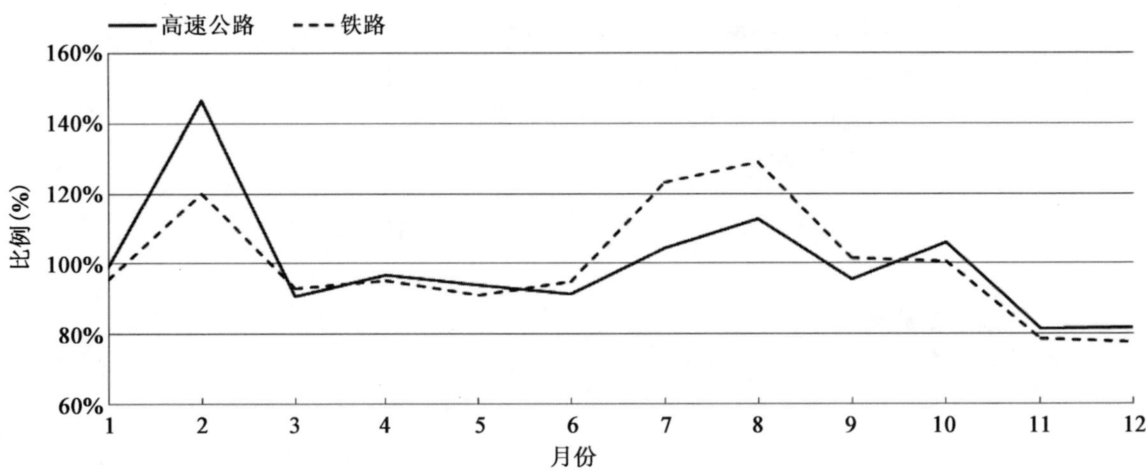

图 1.11　2016 年高速公路与铁路旅客周转量月度波动(以月均值为 100%)

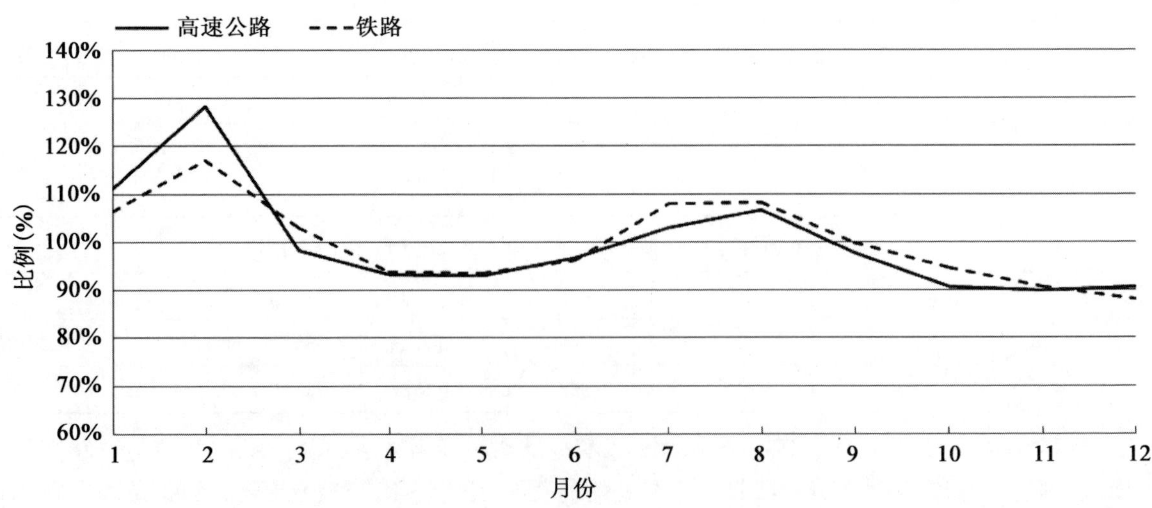

图 1.12　2016 年高速公路与铁路旅客平均行程月度波动(以月均值为 100%)

1.4.2　货运月度波动

2016 年货物发送量、货物周转量和货物平均运距的月度波动如表 1.11～表 1.13 和图 1.13～图 1.15所示。

2016 年货物发送量月度波动(%)(以月均货物发送量为 100.00%)　　表 1.11

货物发送量	1 月	2 月	3 月	4 月	5 月	6 月	7 月	8 月	9 月	10 月	11 月	12 月
高速公路	87.20	40.54	101.18	100.53	101.09	96.95	103.66	112.30	112.84	113.72	117.01	113.00
铁路	101.32	84.83	98.82	94.02	95.73	92.58	94.92	100.62	102.88	110.67	109.85	113.76

2016 年货物周转量月度波动(%)(以月均货物周转量为 100.00%)　　表 1.12

货物周转量	1 月	2 月	3 月	4 月	5 月	6 月	7 月	8 月	9 月	10 月	11 月	12 月
高速公路	97.05	44.55	105.14	100.30	93.17	87.92	97.14	104.91	108.85	113.08	124.10	123.80
铁路	100.43	82.42	100.32	93.76	94.31	91.09	93.25	100.74	103.18	110.28	111.39	118.84

2016 年货物平均运距月度波动(%)(以月均货物周转量为 100.00%)　　表 1.13

货物平均运距	1 月	2 月	3 月	4 月	5 月	6 月	7 月	8 月	9 月	10 月	11 月	12 月
高速公路	110.71	109.32	103.36	99.24	91.68	90.21	93.22	92.93	95.95	98.92	105.50	108.98
铁路	99.24	97.27	101.64	99.84	98.63	98.50	98.35	100.24	100.40	99.77	101.52	104.59

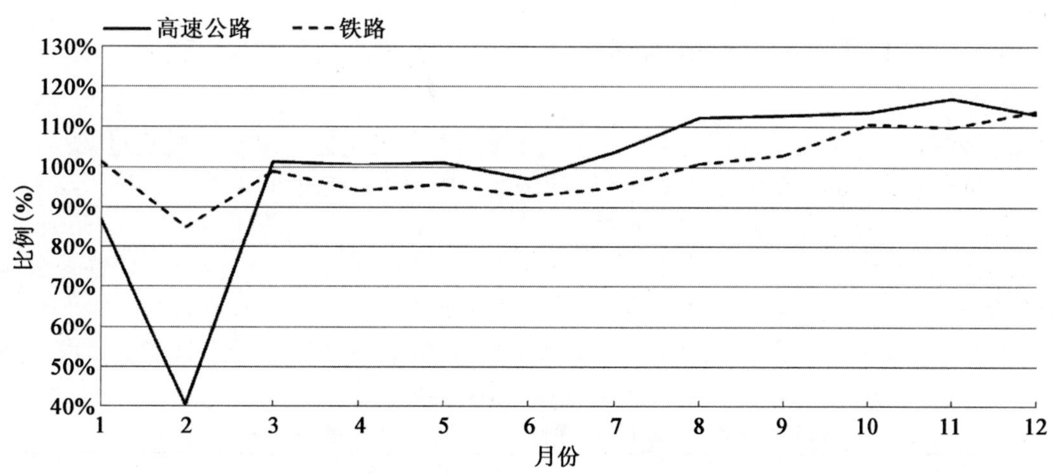

图 1.13　2016 年高速公路与铁路货物发送量月度波动(以月均值为 100%)

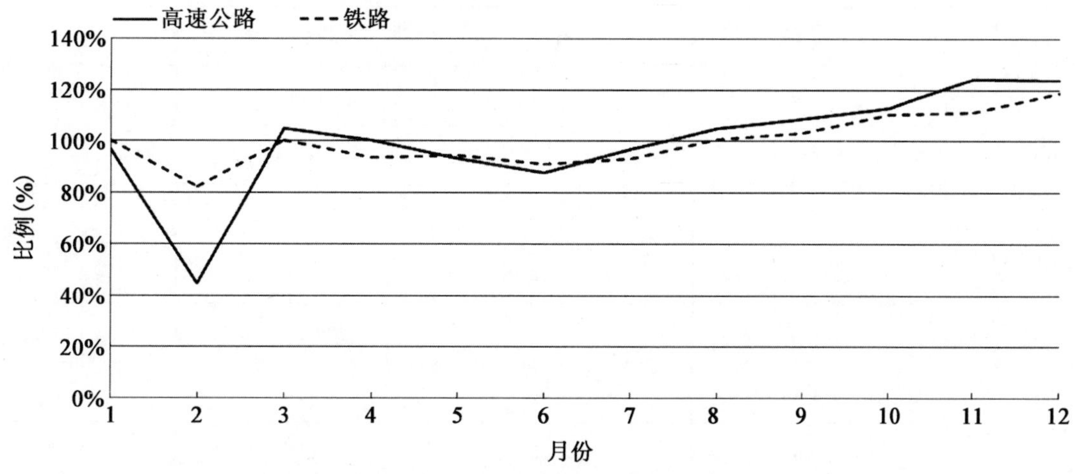

图 1.14　2016 年高速公路与铁路货物周转量月度波动(以月均值为 100%)

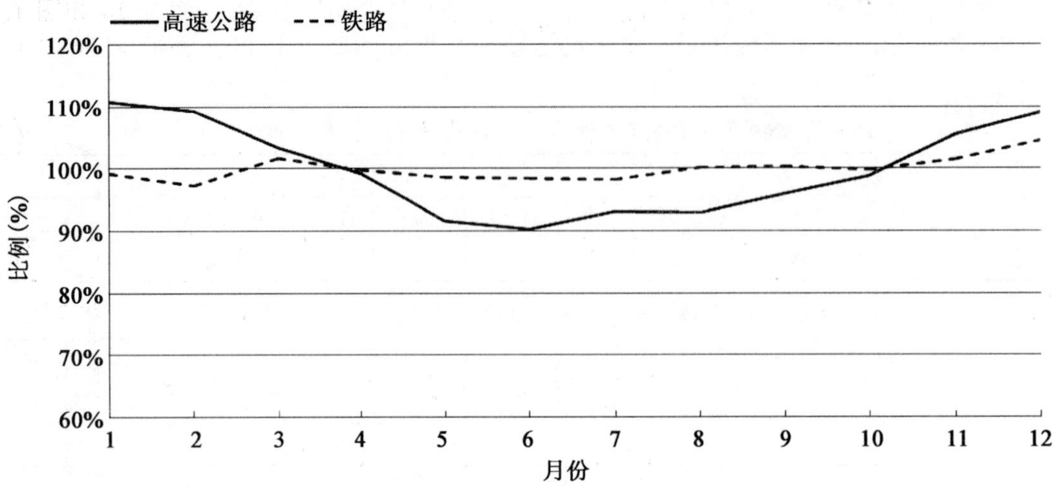

图 1.15 2016 年高速公路与铁路货物平均运距月度波动(以月均值为 100%)

2016 年高速公路、铁路的货物发送量和货物周转量均在 2 月份(农历春节期间)达到年内最低值,在 3 月份触底反弹后基本保持平稳。高速公路平均运距全年内波动大,6 月份达到波谷后回升;铁路货物平均运距较为平稳。

1.5 货运运输量和国内生产总值的关联

2016 年,按现价计算的每万元国内生产总值的干线货物周转量为 1 179.44 吨公里,比 2015 年同比下降 5.15%,降幅扩大,见表 1.14。按现价计算的每万元国内生产总值的干线货运量为 3.18 吨,微增 0.14%,见表 1.15。干线货物运距为 370 公里,比 2015 年下降 10.10%,见表 1.16。

2016 年,按现价计算的每万元国内生产总值铁路货物周转量同比降幅为 8.91%,高速公路货物周转量同比降幅为 1.72%,内河和沿海水运货物周转量同比降幅为 4.87%,见表 1.14。

2016 年,按现价计算的每万元国内生产总值铁路货运量同比降幅为 9.76%,高速公路货运量同比增幅为 5.81%,沿海和内河水运货运量同比降幅为 5.75%,见表 1.15。

每万元国内生产总值(按现价计算)的货物周转量(吨公里)　　表 1.14

年　份	铁　路	沿海和内河水运	高 速 公 路	干线运输合计
2006	1 035.95	609.08	351.95	1 996.98
2008	835.00	579.14	398.46	1 812.60
2010	681.27	558.86	434.99	1 675.12
2011	617.74	552.81	414.91	1 585.46
2012	562.02	544.85	390.42	1 497.29
2013	510.35	540.22	399.41	1 449.98
2014	432.55	578.82	365.35	1 376.72
2015	351.01	554.68	337.85	1 243.54
2016	319.73	527.65	332.05	1 179.44

每万元国内生产总值(按现价计算)的货运量(吨) 表 1.15

年 份	铁 路	沿海和内河水运	高 速 公 路	干线运输合计
2006	1.36	0.91	2.05	4.32
2008	1.10	0.83	1.95	3.88
2010	0.90	0.80	2.09	3.79
2011	0.83	0.77	2.02	3.62
2012	0.75	0.76	1.89	3.40
2013	0.70	0.86	1.91	3.47
2014	0.60	0.82	1.81	3.23
2015	0.50	0.80	1.88	3.18
2016	0.45	0.75	1.98	3.18

干线平均货物运输距离(公里) 表 1.16

年份	2006	2008	2010	2011	2012	2013	2014	2015	2016
平均运距	462	467	442	438	440	418	426	412	370

第2章 运输结构主要数据

2.1 高速公路运输与国民经济

(1)每万元国内生产总值(按现价计算)的高速公路货运量 1.986 1 吨。

(2)每万元国内生产总值(按现价计算)的高速公路货物周转量 332.05 吨公里。

(3)全国平均每人高速公路乘车次数 14.866 0 人次。

(4)全国平均每人高速公路乘行距离 1 119.009 6 公里。

2.2 高速公路基础设施

(1)通车里程 130 973 公里。

(2)车道里程 579 471 公里。

(3)平均车道数 4.424 4 条。

2016 年部分省(市)高速公路平均车道数见表 2.1。

2016 年部分省(市)高速公路平均车道数 表 2.1

区域	平均车道数	区域	平均车道数
上海	5.853 3	河南	4.795 4
天津	5.625 0	辽宁	4.780 2
北京	5.239 9	浙江	4.687 1
广东	5.210 6	陕西	4.620 9
江苏	5.004 3	福建	4.535 5
河北	4.839 4	云南	4.431 1

2.3 高速公路交通状况

(1)行驶量 5 993.42 亿车公里,同比增长 13.57%。

(2)货车在行驶量中比重 30.06%,同比增加 0.02 个百分点。

2016 年各省(区、市)高速公路行驶量见表 2.2,部分省(区、市)高速公路客货车交通量见表 2.3、表 2.4。

2016 年各省(区、市)高速公路行驶量(亿车公里) 表 2.2

区域	货车	客车	合计	区域	货车	客车	合计
北京	26.955 2	114.575 3	141.530 5	吉林	17.703 3	40.394 2	58.097 5
天津	25.012 7	42.567 8	67.580 5	黑龙江	20.174 2	55.717 9	75.892 1
河北	126.260 8	171.967 2	298.228 0	上海	26.520 2	73.140 0	99.660 3
山西	72.556 9	108.795 0	181.351 8	江苏	117.011 1	333.365 9	450.376 9
内蒙古	52.705 3	61.214 1	113.919 4	浙江	115.964 8	252.824 7	368.789 5
辽宁	54.262 4	106.520 9	160.783 3	安徽	58.219 4	152.115 4	210.334 9

续上表

区域	货车	客车	合计	区域	货车	客车	合计
福建	50.850 0	114.493 2	165.343 2	重庆	39.615 8	135.107 6	174.723 4
江西	71.400 4	132.489 7	203.890 2	四川	78.238 6	234.206 8	312.445 4
山东	140.121 4	222.474 8	362.596 2	贵州	37.522 3	137.792 0	175.314 3
河南	95.567 8	232.261 4	327.829 2	云南	43.260 5	155.818 8	199.079 3
湖北	62.084 5	130.617 2	192.701 6	陕西	72.242 2	128.250 0	200.492 2
湖南	70.395 6	160.053 8	230.449 4	甘肃	39.762 8	78.713 6	118.476 4
广东	185.439 8	599.444 8	784.884 6	宁夏	14.445 5	24.893 3	39.338 8
广西	45.910 3	102.117 3	148.027 6	青海	9.133 3	19.601 3	28.734 6
海南	15.429 4	32.990 7	48.420 1	新疆	17.096 3	37.034 3	54.130 6

2016 年部分省(区、市)高速公路客车交通量(万辆次)　　表 2.3

区域交通量		穿越	到达	发送	省内	合计
北京	自然交通量	107	2 390	2 661	37 858	43 016
	折算交通量	109	2 427	2 701	38 227	43 464
天津	自然交通量	685	1 643	1 660	3 638	7 626
	折算交通量	692	1 662	1 680	3 671	7 705
河北	自然交通量	909	2 525	3 029	16 328	22 791
	折算交通量	916	2 537	3 045	16 387	22 885
山西	自然交通量	85	763	915	11 615	13 378
	折算交通量	86	779	930	11 747	13 542
辽宁	自然交通量	72	475	552	12 515	13 614
	折算交通量	73	481	560	12 623	13 737
吉林	自然交通量	70	298	360	3 995	4 723
	折算交通量	72	302	364	4 046	4 784
黑龙江	自然交通量	1	135	127	5 914	6 177
	折算交通量	1	136	128	6 018	6 283
上海	自然交通量	74	4 655	5 073	20 334	30 136
	折算交通量	74	4 747	5 162	20 604	30 587
江苏	自然交通量	789	4 877	5 314	34 509	45 489
	折算交通量	813	5 000	5 436	35 338	46 587
浙江	自然交通量	527	2 964	3 369	30 790	37 650
	折算交通量	540	3 047	3 452	31 265	38 304
安徽	自然交通量	1 028	2 176	2 680	9 950	15 834
	折算交通量	1 059	2 248	2 752	10 158	16 217
福建	自然交通量	36	450	543	19 762	20 791
	折算交通量	37	466	559	20 026	21 088
江西	自然交通量	357	1 167	1 392	9 531	12 447
	折算交通量	372	1 222	1 429	9 658	12 681
山东	自然交通量	247	1 491	1 477	23 833	27 048
	折算交通量	252	1 524	1 510	24 264	27 550

续上表

区域交通量		穿越	到达	发送	省内	合计
河南	自然交通量	544	1 401	1 753	27 144	30 842
	折算交通量	554	1 447	1 800	27 552	31 353
湖北	自然交通量	259	909	1 137	16 503	18 808
	折算交通量	268	933	1 163	16 749	19 113
湖南	自然交通量	170	1 003	1 206	18 364	20 743
	折算交通量	178	1 046	1 247	18 648	21 119
广西	自然交通量	125	632	643	10 057	11 457
	折算交通量	127	679	690	10 308	11 804
重庆	自然交通量	172	1 065	1 231	14 345	16 813
	折算交通量	174	1 092	1 258	14 504	17 028
四川	自然交通量	81	911	1 068	41 104	43 164
	折算交通量	82	930	1 086	41 428	43 526
贵州	自然交通量	57	674	797	18 326	19 854
	折算交通量	58	694	817	18 571	20 140
云南	自然交通量	4	587	700	25 598	26 889
	折算交通量	4	601	713	25 996	27 314
陕西	自然交通量	104	603	753	20 840	22 300
	折算交通量	105	616	765	21 138	22 624
甘肃	自然交通量	50	452	453	6 861	7 816
	折算交通量	50	460	462	7 021	7 993
宁夏	自然交通量	93	266	275	2 447	3 081
	折算交通量	95	274	282	2 501	3 152
青海	自然交通量	0	99	168	4 292	4 559
	折算交通量	0	101	170	4 348	4 619

2016 年部分省(区、市)高速公路货车交通量(万辆次) 表 2.4

区域交通量		穿越	到达	发送	省内	合计
北京	自然交通量	87	508	908	7 073	8 576
	折算交通量	272	1 663	2 672	14 129	18 736
天津	自然交通量	530	781	745	1 202	3 258
	折算交通量	1 805	2 204	2 071	2 656	8 736
河北	自然交通量	923	2 553	2 300	8 967	14 743
	折算交通量	3 431	9 467	8 606	19 438	40 942
山西	自然交通量	374	1 558	1 450	4 697	8 079
	折算交通量	1 414	5 605	5 177	14 034	26 230
辽宁	自然交通量	105	533	430	3 276	4 344
	折算交通量	362	1 626	1 360	7 370	10 718
吉林	自然交通量	107	288	248	964	1 607
	折算交通量	366	910	765	2 353	4 394

续上表

区域交通量		穿越	到达	发送	省内	合计
黑龙江	自然交通量	3	140	113	1 710	1 966
	折算交通量	11	461	359	3 796	4 627
上海	自然交通量	63	1 383	1 432	5 270	8 148
	折算交通量	145	2 422	2 588	9 675	14 830
江苏	自然交通量	485	2 243	2 117	7 715	12 560
	折算交通量	1 512	3 981	5 580	17 483	28 556
浙江	自然交通量	308	1 656	1 617	9 874	13 455
	折算交通量	1 023	4 627	4 485	21 198	31 333
安徽	自然交通量	896	640	897	2 677	5 110
	折算交通量	1 964	2 372	2 375	6 504	13 215
福建	自然交通量	40	419	424	5 266	6 149
	折算交通量	133	1 193	1 216	9 857	12 399
江西	自然交通量	440	693	727	2 457	4 317
	折算交通量	1 287	1 693	1 725	4 340	9 045
山东	自然交通量	420	1 585	1 691	8 261	11 957
	折算交通量	1371	4 643	4 953	18 914	29 881
河南	自然交通量	663	1 128	1 119	5 560	8 470
	折算交通量	2 257	3 451	3 404	13 768	22 880
湖北	自然交通量	499	776	766	3 973	6 014
	折算交通量	1 688	2 258	2 224	8 270	14 440
湖南	自然交通量	366	595	609	3 833	5 403
	折算交通量	1307	1 716	1 768	7 627	12 418
广西	自然交通量	74	442	424	3 154	4 094
	折算交通量	268	1 267	1 195	6 505	9 235
重庆	自然交通量	103	437	424	3 301	4 265
	折算交通量	317	1 123	1 080	5 801	8 321
四川	自然交通量	116	602	603	7 817	9 138
	折算交通量	347	1 617	1 617	14 269	17 850
贵州	自然交通量	115	290	321	3 433	4 159
	折算交通量	375	692	803	5 205	7 075
云南	自然交通量	5	287	296	4 823	5 411
	折算交通量	19	716	745	8 615	10 095
陕西	自然交通量	311	735	769	4 978	6 793
	折算交通量	1 122	2 470	2 591	12 361	18 544
甘肃	自然交通量	88	354	351	1 850	2 643
	折算交通量	320	1 132	1 120	3 741	6 313
宁夏	自然交通量	112	310	344	856	1 622
	折算交通量	390	1 022	1 136	1 902	4 450
青海	自然交通量	0	97	110	1 121	1 328
	折算交通量	0	307	347	2 692	3 346

2.4 高速公路旅客运输

(1)客运量205.55亿人次,同比增长13.01%。2016年部分省(区、市)高速公路客运量见表2.5。

2016年部分省(区、市)高速公路客运量(万人) 表2.5

省区市	穿越旅客数	进省旅客数	出省旅客数	省内旅客数	合 计
天津	2 261	5 596	5 700	11 566	25 124
河北	3 263	8 972	10 370	53 811	76 417
山西	265	2 574	2 946	34 356	40 141
辽宁	261	1 828	2 085	44 557	48 729
吉林	260	1 133	1 332	14 579	17 304
黑龙江	2	511	470	24 927	25 909
上海	212	17 566	18 536	65 705	102 019
江苏	2 774	15 893	16 805	111 030	146 502
浙江	2 092	11 929	12 770	96 377	123 168
安徽	4 548	9 938	11 298	37 295	63 078
福建	131	2 100	2 366	68 648	73 244
江西	1 676	5 604	6 200	31 968	45 448
山东	890	5 584	5 538	80 024	92 037
河南	1 867	5 968	6 879	85 018	99 732
湖北	1 138	3 668	4 232	52 474	61 511
湖南	1 067	5 692	6 123	69 729	82 611
广东	27	4 717	5 488	379 926	390 158
广西	435	4 389	4 394	39 743	48 961
重庆	592	4 444	4 854	46 612	56 501
四川	377	4 550	5 036	157564	167 528
贵州	183	2 814	3 139	59 360	65 495
云南	11	2 148	2 377	83 237	87 773
陕西	352	2 311	2 685	71 067	76 415
甘肃	158	1 702	1 730	27 338	30 927
宁夏	378	1 198	1 219	10 348	13 143
青海	0	361	574	14 476	15 410

注:河北省不含京津塘高速河北段、京承高速;江苏省为联网路段;湖南省不含绕城高速段、机场高速段,重庆市不含绕城高速段;陕西省不含铜川—西安路段。

(2)旅客周转量15 472.66亿人公里,同比增加5.91%。2016年各省(区、市)高速公路旅客周转量见表2.6。

2016年各省(区、市)高速公路旅客周转量(亿人公里) 表2.6

省(区、市)	旅客周转量	省(区、市)	旅客周转量
北京	400.040 1	黑龙江	239.544 3
天津	147.706 5	上海	252.084 6
河北	590.708 1	江苏	1140.647 6
山西	331.518 6	浙江	908.277 5
内蒙古	224.378 5	安徽	633.525 2
辽宁	396.600 4	福建	433.399 4
吉林	149.676 7	江西	540.835 8

续上表

省(区、市)	旅客周转量	省(区、市)	旅客周转量
山东	817.178 1	四川	996.661 9
河南	806.069 8	贵州	484.233 6
湖北	468.207 2	云南	557.152 0
湖南	771.906 2	陕西	477.847 0
广东	1922.266 5	甘肃	305.318 1
广西	474.864 6	宁夏	106.312 4
海南	233.676 6	青海	67.072 2
重庆	449.126 9	新疆	145.821 3

(3)客运密度 1206.67 万人公里/公里，同比下降 1.47%。

(4)旅客平均行程 75.27 公里，同比下降 6.28%。

(5)省(区、市)内旅客平均行程 59.24 公里，同比下降 0.77%。

(6)跨省(区、市)的旅客平均行程 261.88 公里，同比下降 20.02%。

(7)客车平均速度 84.10 公里/小时，同比下降 1.00%。

2016 年各车型客车平均速度见表 2.7。

2016 年各车型客车平均速度　　表 2.7

车　型	座 位 数	平均速度(公里/小时)	样本数(万辆)
Ⅰ	≤7	84.35	334 986
Ⅱ	8～19	77.07	4 906
Ⅲ	20～39	80.28	5 834
Ⅳ	≥40	80.03	6 148

与 2015 年相比，Ⅰ、Ⅱ、Ⅳ型客车速度稍有下降，Ⅲ型客车速度略有上升。

(8)高速公路客运结构分析如下：

①≤7 座客运车辆在客车车数中的比重为 95.28%，同比增长 0.61 个百分点；

②乘坐≤7 座客运车辆人数在客运量中的比重为 69.77%，同比增长 2.99 个百分点；

③≤7 座客运车辆完成的周转量在旅客周转量中的比重为 62.91%，同比增长 8.54 个百分点；

④客运车辆平均座位数和乘坐率见表 2.8；

⑤轿车平均乘坐人数 2.39 人。

各型客车平均座位数和乘坐率　　表 2.8

车　型	座 位 数	平均座位数	乘 坐 率
Ⅰ	≤7	5.242	45.62%
Ⅱ	8～19	12.255	48.17%
Ⅲ	20～39	35.326	61.14%
Ⅳ	≥40	50.978	56.44%

2.5　高速公路货物运输

(1)货运量 147.79 亿吨，同比增长 16.36%。其中部分省(区、市)高速公路货运量，见表 2.9。

2016 年部分省(区、市)高速公路货运量(万吨) 表 2.9

省(区、市)	穿越货物量	进省货物量	出省货物量	省内货物量	合计
天津	10 176	11 034	7 430	9 560	38 199
河北	18 600	40 250	33 758	90 896	183 504
山西	6 201	21 989	31 286	59 131	118 607
辽宁	2 188	9 038	7 740	25 592	44 559
吉林	2 376	5 302	4 036	9 824	21 538
黑龙江	78	2 747	2 274	11909	17 009
上海	784	12 741	13485	52 913	79 924
江苏	8 022	27 939	25 025	60 656	121 642
浙江	5 578	23 465	18 790	69 108	116 941
安徽	11 362	12 625	11 087	28 792	63 866
福建	823	6 149	6 696	26 794	40 463
江西	7 681	9 418	10 198	19 027	46 325
山东	9 068	27 054	29 143	76 327	141 593
河南	13 184	19 416	15 430	52 631	10 0661
湖北	10 109	11 454	11 758	28 896	62 218
湖南	8 357	9858	8 567	22 127	48 908
广东	647	21 088	21 081	201 648	244 465
广西	1 751	7 118	7 900	25 525	42 295
重庆	1 858	5 485	4 983	19 159	31 485
四川	2 034	8 634	6 945	34 523	52 136
贵州	2 416	3 587	3 225	12 889	22 118
陕西	7 355	12 126	17 513	48 991	85 984
甘肃	2 214	7 369	7 316	15 431	32 330
宁夏	2 221	5 586	5 669	7 856	21 332
青海	0	2 047	1 675	12 368	16 091

注:河北省不含京津塘高速河北段、京承高速;江苏省为联网路段;湖南省不含绕城高速段、机场高速段;重庆市不含绕城高速段;陕西省不含铜川—西安路段。

(2)货物周转量 24708.91 亿吨公里,同比增加 8.07%。其中各省(区、市)高速公路货物周转量见表 2.10。

2016 年各省(区、市)高速公路货物周转量(亿吨公里) 表 2.10

省(区、市)	货物周转量	省(区、市)	货物周转量
北京	276.34	江苏	1 362.04
天津	356.87	浙江	1 500.29
河北	1 872.16	安徽	885.90
山西	1 004.96	福建	573.88
内蒙古	962.14	江西	1 023.25
辽宁	872.01	山东	2 124.85
吉林	279.46	河南	1 423.35
黑龙江	246.41	湖北	848.59
上海	291.05	湖南	1 104.47

续上表

省(区、市)	货物周转量	省(区、市)	货物周转量
广东	2 367.34	云南	523.11
广西	656.38	陕西	1 183.40
海南	128.17	甘肃	726.59
重庆	383.37	宁夏	197.58
四川	814.75	青海	130.74
贵州	362.07	新疆	227.40

(3)货运密度 1920.02 万吨公里/公里,同比下降 0.90%。

(4)货物平均运距 167.19 公里,同比下降 7.12%。

(5)省(区、市)内货物平均运距 74.45 公里,同比下降 5.69%。

(6)跨省(区、市)货物平均运距 473.19 公里,同比下降 7.75%。

(7)货车平均速度 61.23 公里/小时,同比下降 1.13%。

2016 年各型货车平均速度见表 2.11。与 2015 年相比,2 轴单车平均速度有所下降,3 轴、4 轴单车和半挂列车平均速度有所上升。

2016 年各型货车平均速度　　表 2.11

车　　型	轴　　型	平均速度(公里/小时)	样本数(万辆)
单车	2 轴 4 胎	72.14	10 011
	2 轴 6 胎	60.20	28 868
	3 轴和 4 轴	61.05	11 910
半挂列车	3～6 轴	59.14	37 122

(8)高速公路路网货运分析如下:

①货车轴型构成如表 2.12 所示。

2016 年高速公路货车主要轴型　　表 2.12

轴　　型		车数比重(%)	行驶量比重(%)	周转量比重(%)
2 轴 4 胎		11.68	6.84	0.21
2 轴 6 胎		30.60	25.01	5.88
3 轴、4 轴单车		4.95	5.87	2.37
		1.15	0.85	0.42
		7.25	7.10	6.65
半挂列车		2.01	1.24	0.33
		0.04	0.06	0.04

续上表

轴　　型		车数比重(%)	行驶量比重(%)	周转量比重(%)
半挂列车		1.42	1.45	1.18
		1.15	1.47	1.32
		0.27	0.31	0.28
	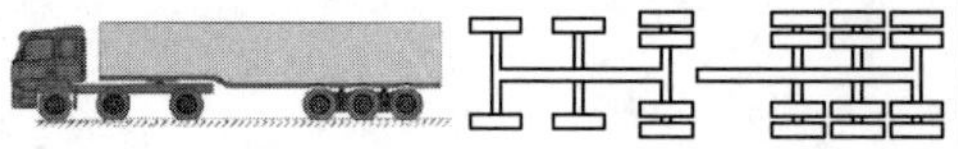	20.06	22.63	37.71
	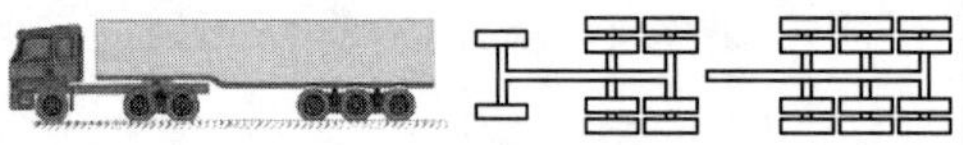	19.43	27.16	43.61

注：表中比重由天津、河北、山西、黑龙江、江苏、江西、安徽、福建、山东、河南、湖北、湖南、重庆、贵州、陕西、宁夏、青海合计 17 个省(区、市)数据整理所得。这些省(区、市)高速公路里程占全国高速公路通车里程的 60.78%。

同 2015 年相比，3 轴和 3 轴以上货车行驶量比重为 68.15%，同比增长了 1.01 个百分点(表 2.14)；完成的货物周转量比重达到 93.91%，同比增长了 0.05 个百分点(表 2.15)。

高速公路货车车数比重的变化(%) 表 2.13

轴　　型	2009 年	2010 年	2011 年	2012 年	2013 年	2014 年	2015 年	2016 年
2 轴 4 胎	13.39	11.43	11.44	12.40	12.84	13.28	11.95	11.68
2 轴 6 胎	33.31	31.00	30.84	30.34	31.16	29.17	33.50	30.60
3 轴、4 轴单车	15.97	15.76	15.17	14.78	15.24	15.65	14.56	13.35
半挂列车	37.33	41.81	42.55	42.47	40.76	41.90	39.99	44.37

注：表列数据来源同表 2.12。

高速公路货车行驶量比重的变化(%) 表 2.14

轴　　型	2009 年	2010 年	2011 年	2012 年	2013 年	2014 年	2015 年	2016 年
2 轴 4 胎	7.82	6.84	6.76	7.30	7.47	7.74	6.86	6.84
2 轴 6 胎	24.93	22.62	22.49	23.57	24.01	23.13	25.99	25.01
3 轴、4 轴单车	17.22	15.54	14.74	13.94	14.19	15.11	14.57	13.82
半挂列车	50.03	55.00	56.01	55.19	54.33	54.02	52.58	54.33

注：表列数据来源同表 2.12。

高速公路货车完成的货物周转量比重的变化(%) 表 2.15

轴　　型	2009 年	2010 年	2011 年	2012 年	2013 年	2014 年	2015 年	2016 年
2 轴 4 胎	1.12	0.78	0.69	0.71	0.64	0.58	0.23	0.22
2 轴 6 胎	7.47	5.83	5.54	7.76	7.47	7.25	5.91	5.95
3 轴、4 轴单车	15.27	12.44	11.46	11.07	10.88	10.67	9.99	9.44
半挂列车	76.14	80.95	82.31	80.46	81.01	81.50	83.87	84.47

注：表列数据来源同表 2.12。

②货车空驶状况如表 2.16 所示。

高速公路路网空车走行率为 19.42%，同比增长 9.73%。

高速公路空车走行率及其变化 表 2.16

轴 型	年 度	省内运输(%)	跨省运输(%)	总 量 (%)
2轴单车	2016	52.46	30.17	43.74
	2015	48.96	29.98	41.88
	2014	45.30	29.67	39.73
	2013	41.39	28.34	36.78
	2012	33.92	21.41	29.37
	2011	35.30	26.13	31.65
	2010	37.60	29.10	33.30
	2009	34.77	24.95	30.48
	2008	32.78	18.84	26.33
	2007	36.17	15.03	24.95
	2006	36.01	15.87	26.52
3轴、4轴单车	2016	36.32	13.46	21.59
	2015	36.14	14.42	22.29
	2014	48.18	21.91	32.09
	2013	42.14	17.66	26.96
	2012	37.64	13.04	22.61
	2011	34.44	12.30	20.23
	2010	34.17	12.42	17.93
	2009	35.03	9.46	16.95
	2008	36.40	10.81	18.05
	2007	33.24	8.38	15.00
	2006	32.82	9.38	17.73
半挂列车	2016	31.77	7.03	12.77
	2015	27.53	5.73	10.66
	2014	37.17	10.85	18.55
	2013	36.51	10.88	17.59
	2012	35.34	10.15	17.04
	2011	43.27	10.84	18.48
	2010	31.34	13.14	14.90
	2009	34.14	7.90	14.73
	2008	42.67	10.16	18.37
	2007	28.74	10.37	15.28
	2006	35.02	9.28	13.93
合计	2016	39.62	10.13	19.42
	2015	36.45	9.08	17.70
	2014	42.11	15.34	26.01
	2013	39.54	14.57	24.15
	2012	35.00	12.41	21.22
	2011	38.33	13.55	22.24
	2010	34.42	16.37	20.05
	2009	34.56	11.68	19.84
	2008	36.71	12.37	20.97
	2007	33.30	11.37	18.93
	2006	35.33	10.97	20.13

注:1.空车走行率=空车行驶量/重车行驶量;

2.表列数据来源同表2.12。

③货车超限运输状况如表 2.17 所示。

按国家强制标准《道路车辆外廓尺寸、轴荷及质量限值》(GB 1589—2016)规定的限值,超限率(超限车数/货车总数)为 19.40%,比 2015 年下降 3.87 个百分点;其中超限 30%以上的货车比重为 1.66%,比 2015 年下降 0.72 个百分点。

按路政部门治超规定的限值,超限率为 4.12%,同比下降 1.11 个百分点;超限 30%以上的货车比重为 0.64%,同比下降 0.10 个百分点。

2016 年高速公路各类货车车数比重(%) 表 2.17

	空车	不超限重车	超限 0~30%	超限 30%~50%	超限 50%~100%	超限 >100%	超限合计
按 GB 1589 标准	32.43	48.16	17.74	1.05	0.56	0.06	100.00
按路政治超标准	32.43	63.45	3.48	0.34	0.27	0.03	100.00

注:表列数据来源同表 2.12。

2.6 县乡区域发送客货比重

县乡区域发送货物量占发送货物总量的 68.57%,同比增加 1.55 个百分点。

县乡区域发送旅客量占发送旅客总量的 58.56%,同比下降 0.32 个百分点。

2.7 省(区、市)的穿越车流状况

2016 年部分省份和地区穿越货车车流见表 2.18。

2016 年部分省份和地区穿越货车车流 表 2.18

省份或地区	穿越货车行驶量(万车公里)	货车总行驶量(万车公里)	穿越货车比重(%)
河南	268 410	95 5678	28.09
冀南和冀西北	145 425	982 543	14.80
湖南	189 273	693 334	27.30
冀东	41 024	276 523	14.84
湖北	181 284	620 845	29.20
山西	143 056	725 569	19.72
吉林	30 463	177 033	17.21
江西	268 012	714 004	37.54
安徽	113 179	582 194	19.44
贵州	59 377	375 223	15.82

第 3 章　部分高速公路干线运输密度

3.1　京哈高速公路(G1)运输密度

3.1.1　客运密度分布如表 3.1 和图 3.1 所示。

2016 年京哈高速公路(G1)客运密度　　表 3.1

路　段	路段起止点	客运密度(人公里/公里)	路段起止点	客运密度(人公里/公里)
北京段	六环—香河	78 369	香河—六环	73 593
河北段	香河—丰润	31 402	丰润—香河	29 301
	丰润—秦皇岛	34 788	秦皇岛—丰润	32 640
	秦皇岛—万家主线(冀辽界)	15 776	万家主线(冀辽界)—秦皇岛	21 814
辽宁段	万家主线(辽冀界)—葫芦岛	22 959	葫芦岛—万家主线(辽冀界)	22 659
	葫芦岛—锦州	28 882	锦州—葫芦岛	28 731
	锦州—沈阳	30 136	沈阳—锦州	29 687
	沈阳—毛家店(辽吉界)	13 847	毛家店(辽吉界)—沈阳	10 855
吉林段	五里坡(吉辽界)—长春	13 959	长春—五里坡(吉辽界)	14 539
	长春—拉林河(吉黑界)	14 877	拉林河(吉黑界)—长春	14 694
黑龙江	拉林河(黑吉界)—哈尔滨	11 599	哈尔滨—拉林河(黑吉界)	11 392

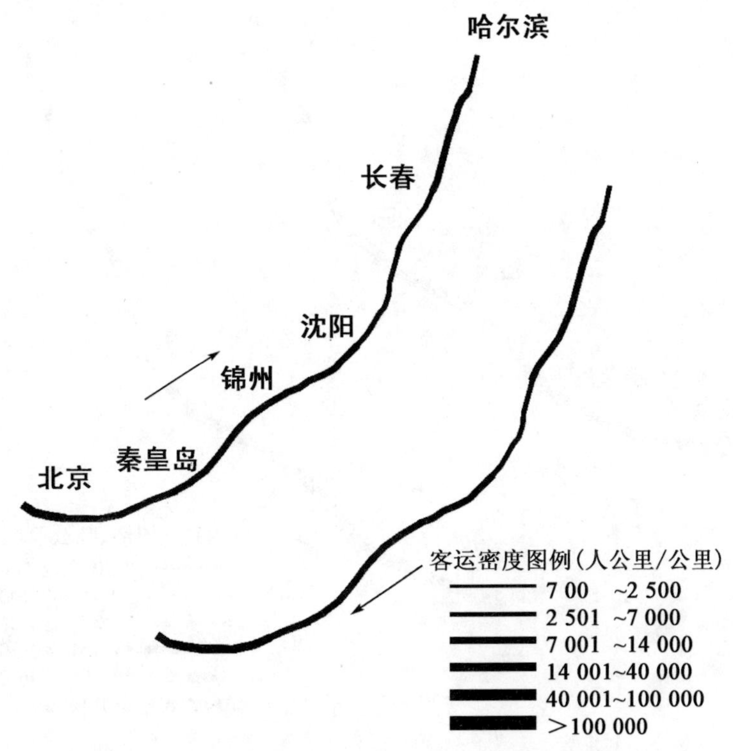

图 3.1　2016 年京哈高速公路(G1)客运密度

3.1.2 货运密度分布如表3.2和图3.2所示。

2016年京哈高速公路(G1)货运密度 表3.2

路 段	路段起止点	货运密度(吨公里/公里)	路段起止点	货运密度(吨公里/公里)
北京段	六环—香河	74 431	香河—六环	69 850
河北段	香河—丰润	67 569	丰润—香河	59 104
	丰润—秦皇岛	159 826	秦皇岛—丰润	127 940
	秦皇岛—万家主线(冀辽界)	138 800	万家主线(冀辽界)—秦皇岛	211 002
辽宁段	万家主线(辽冀界)—葫芦岛	177 257	葫芦岛—万家主线(辽冀界)	167 295
	葫芦岛—锦州	207 921	锦州—葫芦岛	192 271
	锦州—沈阳	153 725	沈阳—锦州	120 208
	沈阳—毛家店(辽吉界)	77 821	毛家店(辽吉界)—沈阳	52 453
吉林段	五里坡(吉辽界)—长春	102 841	长春—五里坡(吉辽界)	57 150
	长春—拉林河(吉黑界)	61 581	拉林河(吉黑界)—长春	42 015
黑龙江	拉林河(黑吉界)—哈尔滨	41 884	哈尔滨—拉林河(黑吉界)	32 825

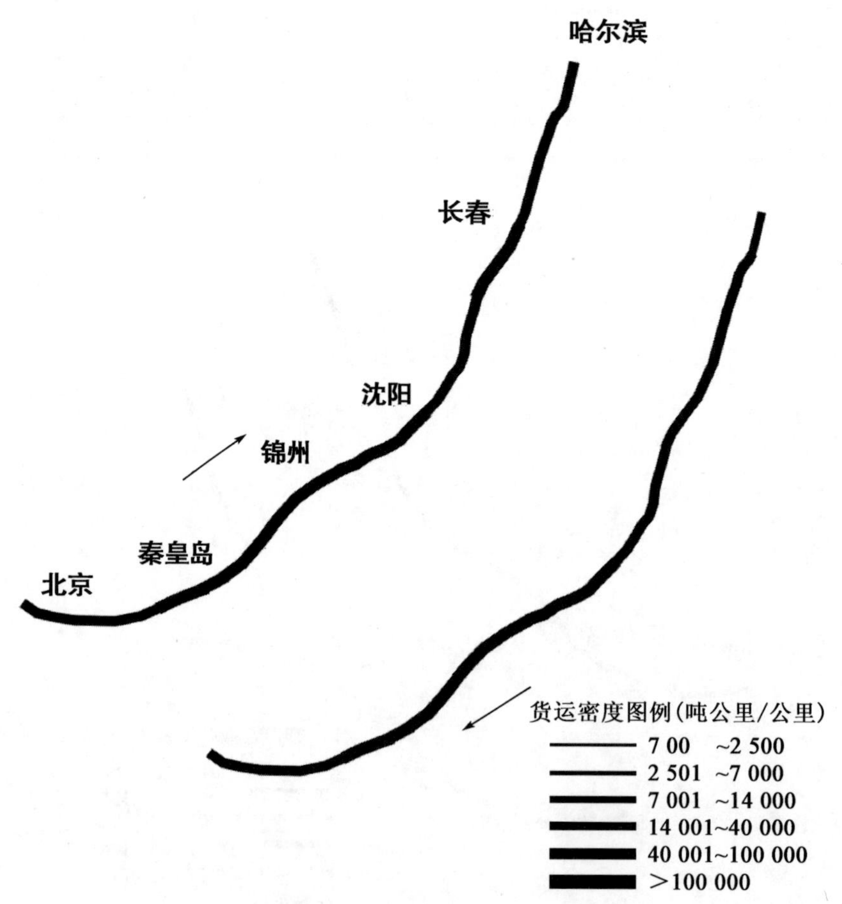

图3.2 2016年京哈高速公路(G1)货运密度

3.2　京沪高速公路(G2)运输密度

3.2.1　客运密度分布如表3.3和图3.3所示。

2016年京沪高速公路(G2)客运密度　　表3.3

路　段	路段起止点	客运密度（人公里/公里）	路段起止点	客运密度（人公里/公里）
北京段	大羊坊—廊坊	66 096	廊坊—大羊坊	66 110
河北段	廊坊—泗村店	23 351	泗村店—廊坊	22 489
天津段	泗村店—汉沽	21 880	汉沽—泗村店	23 329
	汉沽—独流	23 865	独流—汉沽	24 588
	独流—九宣闸(津冀界)	10 192	九宣闸(津冀界)—独流	10 169
河北段	青县主线(冀津界)—沧州	29 290	沧州—青县主线(冀津界)	26 928
	沧州—吴桥(冀鲁界)	19 502	吴桥(冀鲁界)—沧州	18 585
山东段	京福鲁冀(德州)—齐河	28 900	齐河—京福鲁冀(德州)	29 666
	齐河—济南	48 201	济南—齐河	55 273
	济南—泰安	49 474	泰安—济南	46 201
	泰安—京沪鲁苏	24 525	京沪鲁苏—泰安	24 091
江苏段	苏鲁省界—淮安	21 444	淮安—苏鲁省界	21 527
	淮安—江都	53 215	江都—淮安	52 931
	江都—江阴	31 306	江阴—江都	31 854
	江阴—无锡	39 220	无锡—江阴	38 696
	无锡—苏州北	149 819	苏州北—无锡	145 993
	苏州北—花桥主线(苏沪界)	103 989	花桥主线(苏沪界)—苏州北	104 126
上海段	安亭主线(沪苏界)—江桥	155 455	江桥—安亭主线(沪苏界)	139 916

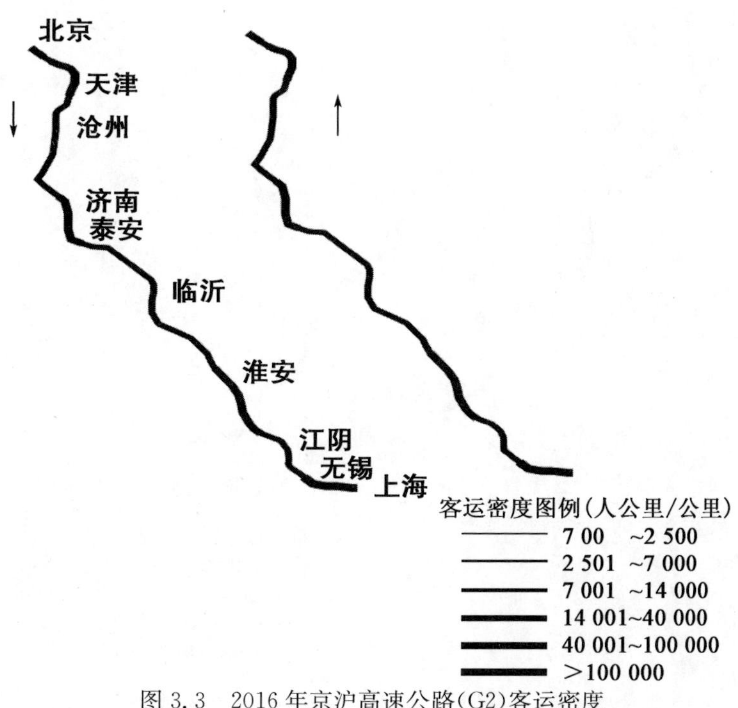

图3.3　2016年京沪高速公路(G2)客运密度

3.2.2 货运密度分布如表 3.4 和图 3.4 所示。

2016 年京沪高速公路(G2)货运密度 表 3.4

路　段	路段起止点	货运密度（吨公里/公里）	路段起止点	货运密度（吨公里/公里）
北京段	大羊坊—廊坊	58 544	廊坊—大羊坊	63 952
河北段	廊坊—泗村店	61 395	泗村店—廊坊	59 747
天津段	泗村店—汉沽	43 477	汉沽—泗村店	46 871
	汉沽—独流	54 707	独流—汉沽	50 834
	独流—九宣闸(津冀界)	13 130	九宣闸(津冀界)—独流	12 889
河北段	青县主线(冀津界)—沧州	96 172	沧州—青县主线(冀津界)	86 495
	沧州—吴桥(冀鲁界)	67 397	吴桥(冀鲁界)—沧州	50 791
山东段	京福鲁冀(德州)—齐河	149 770	齐河—京福鲁冀(德州)	117 023
	齐河—济南	262 631	济南—齐河	191 829
	济南—泰安	221 462	泰安—济南	171 378
	泰安—京沪鲁苏	155 606	京沪鲁苏—泰安	128 169
江苏段	苏鲁省界—淮安	95 857	淮安—苏鲁省界	122 547
	淮安—江都	71 894	江都—淮安	77 619
	江都—江阴	21 774	江阴—江都	23 261
	江阴—无锡	14 461	无锡—江阴	20 552
	无锡—苏州北	140 459	苏州北—无锡	147 450
	苏州北—花桥主线(苏沪界)	69 225	花桥主线(苏沪界)—苏州北	70 773
上海段	安亭主线(沪苏界)—江桥	52 451	江桥—安亭主线(沪苏界)	51 631

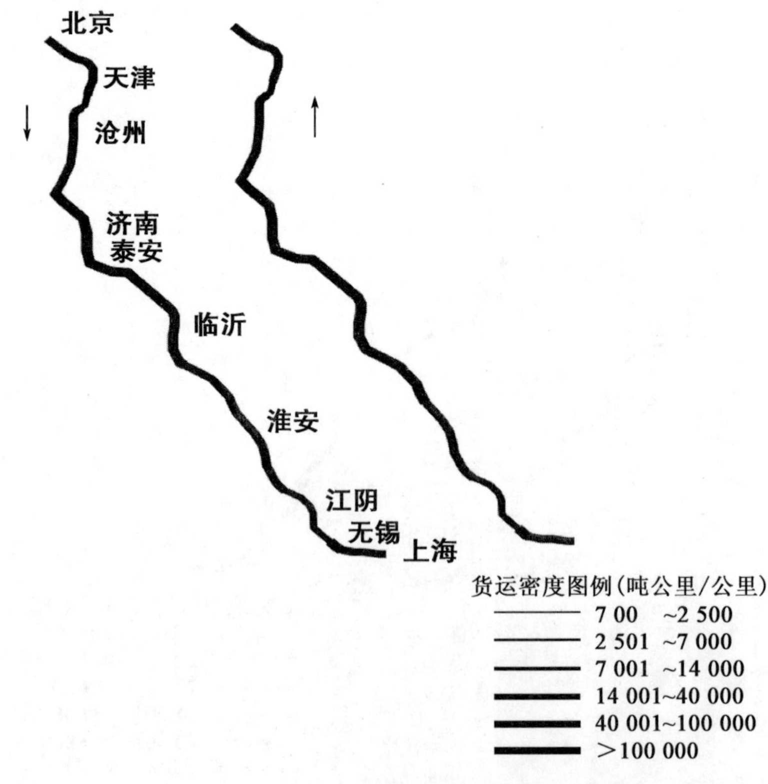

图 3.4 2016 年京沪高速公路(G2)货运密度

3.3　京港澳高速(G4)运输密度

3.3.1　客运密度分布如表 3.5 和图 3.5 所示。

2016 年京港澳高速公路(G4)客运密度　　表 3.5

路　　段	路段起止点	客运密度(人公里/公里)	路段起止点	客运密度(人公里/公里)
北京段	六环—琉璃河南(京冀界)	106 448	琉璃河南(京冀界)—六环	93 222
河北段	涿州北(冀京界)—保定	39 499	保定—涿州北(冀京界)	37 467
	保定—石家庄	36 427	石家庄—保定	35 443
	石家庄—栾城	41 325	栾城—石家庄	39 596
	栾城—临漳(冀豫界)	23 962	临漳(冀豫界)—栾城	23 146
河南段	京港澳冀界—鹤壁	25 536	鹤壁—京港澳豫冀界	25 270
	鹤壁—新乡	45 548	新乡—鹤壁	46 043
	新乡—郑州	64 703	郑州—新乡	67 659
	郑州—许昌	71 048	许昌—郑州	73 703
	许昌—漯河	41 859	漯河—许昌	42 417
	漯河—驻马店	30 890	驻马店—漯河	30 667
	驻马店—京港澳豫鄂界	15 869	京港澳豫鄂界—驻马店	15 335
湖北段	豫鄂界—武汉北	13 251	武汉北—豫鄂界	12 871
	武汉北—鄂南(鄂湘界)	20 068	鄂南(鄂湘界)—武汉北	19 879
湖南段	羊楼司(湘鄂界)—岳阳	15 686	岳阳—羊楼司(湘鄂界)	13 564
	岳阳—长沙	40 624	长沙—岳阳	40 456
	长沙—湘潭	55 536	湘潭—长沙	53 807
	湘潭—衡阳	38 944	衡阳—湘潭	40 076
	衡阳—郴州	31 488	郴州—衡阳	32 446
	郴州—宜章	32 721	宜章—郴州	33 701
	宜章—小塘(湘粤界)	28 214	小塘(湘粤界)—宜章	30 035
广东段	粤北(粤湘界)—广州	13 278	广州—粤北(粤湘界)	13 446
	广州—太平	140 874	太平—广州	142 975
	太平—深圳皇岗	130 660	深圳皇岗—太平	118 174

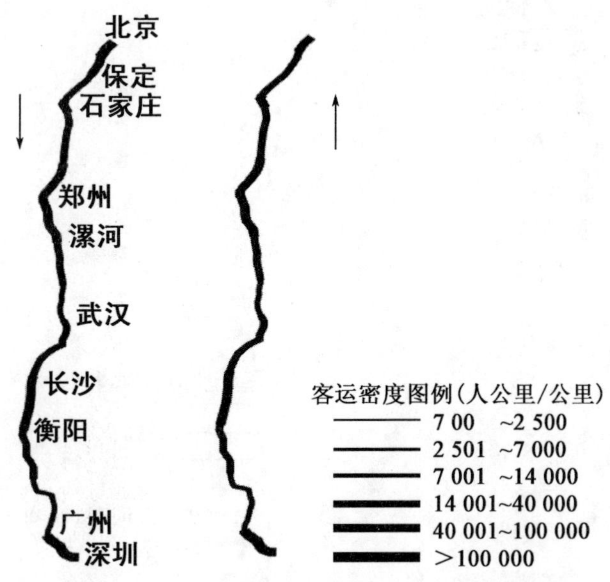

图 3.5　2016 年京港澳高速公路(G4)客运密度

3.3.2 货运密度分布如表3.6和图3.6所示。

2016年京港澳高速公路(G4)货运密度 表3.6

路　段	路段起止点	货运密度（吨公里/公里）	路段起止点	货运密度（吨公里/公里）
北京段	六环—琉璃河南(京冀界)	69 942	琉璃河南(京冀界)—六环	57 765
河北段	涿州北(冀京界)—保定	42 725	保定—涿州北(冀京界)	43 772
	保定—石家庄	44 159	石家庄—保定	64 882
	石家庄—栾城	24 557	栾城—石家庄	24 472
	栾城—临漳(冀豫界)	54 772	临漳(冀豫界)—栾城	44 959
河南段	京港澳豫冀界—鹤壁	77 257	鹤壁—京港澳豫冀界	61 135
	鹤壁—新乡	81 256	新乡—鹤壁	68 528
	新乡—郑州	141 239	郑州—新乡	91 975
	郑州—许昌	93 192	许昌—郑州	85 235
	许昌—漯河	111 432	漯河—许昌	90 104
	漯河—驻马店	120 941	驻马店—漯河	108 595
	驻马店—京港澳豫鄂界	119 094	京港澳豫鄂界—驻马店	112 693
湖北段	豫鄂界—武汉北	84 503	武汉北—豫鄂界	74 242
	武汉北—鄂南(鄂湘界)	99 796	鄂南(鄂湘界)—武汉北	90 538
湖南段	羊楼司(湘鄂界)—岳阳	109 472	岳阳—羊楼司(湘鄂界)	97 450
	岳阳—长沙	161 903	长沙—岳阳	134 492
	长沙—湘潭	136 787	湘潭—长沙	123 047
	湘潭—衡阳	144 893	衡阳—湘潭	145 185
	衡阳—郴州	104 906	郴州—衡阳	99 495
	郴州—宜章	105 286	宜章—郴州	102 820
	宜章—小塘(湘粤界)	105 433	小塘(湘粤界)—宜章	102 145
广东段	粤北(粤湘界)—广州	43 481	广州—粤北(粤湘界)	41 239
	广州—太平	103 772	太平—广州	82 456
	太平—深圳皇岗	50 446	深圳皇岗—太平	35 338

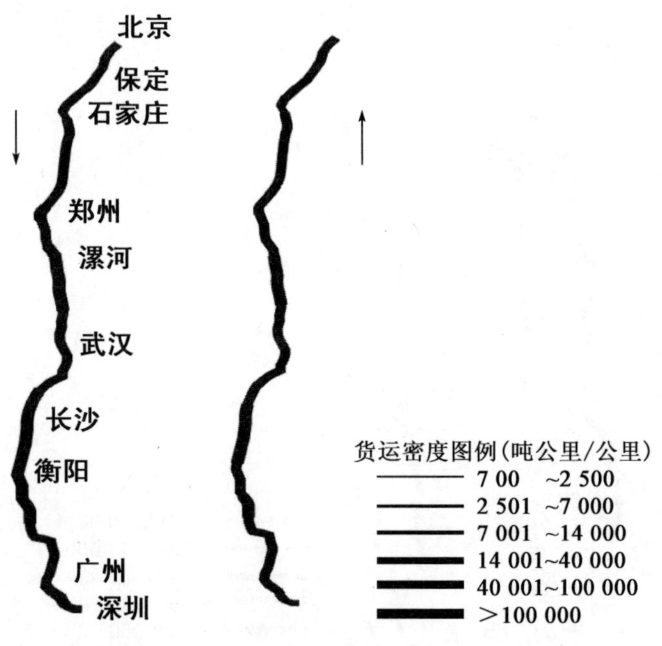

图3.6 2016年京港澳高速公路(G4)货运密度

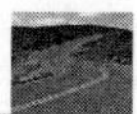

3.4　京昆高速公路(G5)运输密度

3.4.1　客运密度分布如表 3.7 和图 3.7 所示。

2016 年京昆高速公路(G5)客运密度　　表 3.7

路　段	路段起止点	客运密度（人公里/公里）	路段起止点	客运密度（人公里/公里）
北京段	六环—琉璃河南(京冀界)	106 448	琉璃河南(京冀界)—六环	93 222
河北段	涿州—满城	15 138	满城—涿州	15 062
	满城—石家庄	11 181	石家庄—满城	11 731
	石家庄—井陉西(冀晋界)	8 868	井陉西(冀晋界)—石家庄	10 636
山西段	旧关(晋冀界)—阳泉	6 515	阳泉—旧关(晋冀界)	8 810
	阳泉—太原	19 959	太原—阳泉	21 902
	太原—罗城	17 136	罗城—太原	19 109
	罗城—交城	49 024	交城—罗城	48 262
	交城—侯马	19 101	侯马—交城	18 630
	侯马—龙门大桥(晋陕界)	8 901	龙门大桥(晋陕界)—侯马	8 115
陕西段	禹门口(陕晋界)—西安	22 622	西安—禹门口(陕晋界)	22 784
	西安—汉中	22 367	汉中—西安	21 837
	汉中—棋盘关(陕川界)	10 615	棋盘关(陕川界)—汉中	10 396
四川段	棋盘关—广元	10 799	广元—棋盘关	10 878
	广元—绵阳	21 046	绵阳—广元	22 742
	绵阳—德阳	32 046	德阳—绵阳	34 759
	德阳—成都	54 436	成都—德阳	64 925
	成都—青龙	104 950	青龙—成都	86 991
	青龙—雅安东	26 552	雅安东—青龙	28 452
	雅安东—西昌	19 152	西昌—雅安东	17 438
	西昌—攀枝花	10 467	攀枝花—西昌	9 432

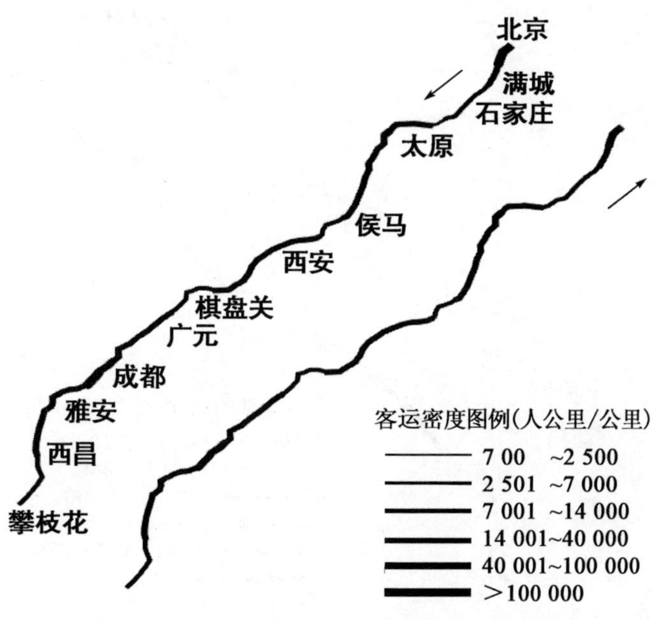

图 3.7　2016 年京昆高速公路(G5)客运密度

3.4.2 货运密度分布如表3.8和图3.8所示。

2016年京昆高速公路(G5)货运密度 表3.8

路　段	路段起止点	货运密度（吨公里/公里）	路段起止点	货运密度（吨公里/公里）
北京段	六环—琉璃河南(京冀界)	69 942	琉璃河南(京冀界)—六环	57 765
河北段	涿州—满城	19 575	满城—涿州	58 964
	满城—石家庄	16 917	石家庄—满城	19 758
	石家庄—井陉西(冀晋界)	72 949	井陉西(冀晋界)—石家庄	136 816
山西段	旧关(晋冀界)—阳泉	57 309	阳泉—旧关(晋冀界)	89 570
	阳泉—太原	53 351	太原—阳泉	73 916
	太原—罗城	42 550	罗城—太原	35 653
	罗城—交城	58 515	交城—罗城	65 614
	交城—侯马	20 054	侯马—交城	18 249
	侯马—龙门大桥(晋陕界)	26 677	龙门大桥(晋陕界)—侯马	16 667
陕西段	禹门口(陕晋界)—西安	33 107	西安—禹门口(陕晋界)	18 187
	西安—汉中	85 583	汉中—西安	53 240
	汉中—棋盘关(陕川界)	100 825	棋盘关(陕川界)—汉中	61 494
四川段	棋盘关—广元	96 532	广元—棋盘关	52 413
	广元—绵阳	94 646	绵阳—广元	59 310
	绵阳—德阳	58 431	德阳—绵阳	37 412
	德阳—成都	31 691	成都—德阳	21 627
	成都—青龙	34 842	青龙—成都	44 187
	青龙—雅安东	6 185	雅安东—青龙	9 236
	雅安东—西昌	22 243	西昌—雅安东	21 454
	西昌—攀枝花	14 968	攀枝花—西昌	17 476

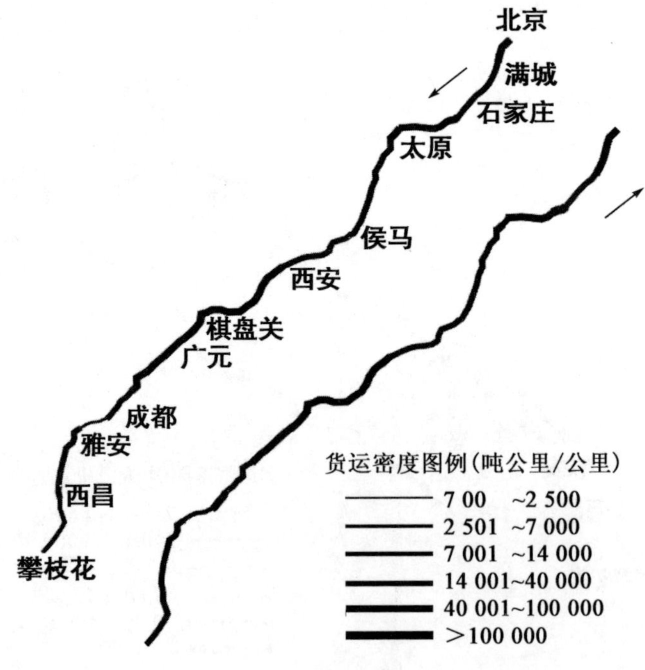

图3.8 2016年京昆高速公路(G5)货运密度

3.5　京藏高速公路(G6)运输密度

3.5.1　客运密度分布如表3.9和图3.9所示。

2016年京藏高速公路(G6)客运密度　　表3.9

路　段	路段起止点	客运密度（人公里/公里）	路段起止点	客运密度（人公里/公里）
北京段	六环—居庸关	89 435	居庸关—六环	113 462
	居庸关—市界	47 036	市界—居庸关	53 913
河北段	东花园—宣化主线	19 271	宣化主线—东花园	19 389
	宣化主线—东洋河	9 932	东洋河—宣化主线	9 369
内蒙古段	蒙冀界—乌兰察布	7 166	乌兰察布—蒙冀界	6 512
	乌兰察布—呼和浩特	15 199	呼和浩特—乌兰察布	14 693
	呼和浩特—包头	24 197	包头—呼和浩特	23 834
	包头—临河	8 534	临河—包头	7 978
	临河—磴口	4 965	磴口—临河	4 954
	磴口—蒙宁界	5 218	蒙宁界—磴口	5 192
宁夏段	惠农主线(宁蒙界)—姚伏	8 933	姚伏—惠农主线(宁蒙界)	9 042
	姚伏—银川	19 719	银川—姚伏	18 095
	银川—吴忠	25 362	吴忠—银川	19 904
	吴忠—中宁	15 581	中宁—吴忠	15 367
	中宁—桃山	6 532	桃山—中宁	6 747
	桃山—兴仁主线(宁甘界)	4 706	兴仁主线(宁甘界)—桃山	4 595
甘肃段	刘家寨主线(甘宁界)—白银	9 215	白银—刘家寨主线(甘宁界)	8 185
	白银—树屏	21 840	树屏—白银	20 360
	树屏—河口	22 663	河口—树屏	21 675
	河口—海石湾主线(甘青界)	13 346	海石湾主线(甘青界)—河口	12 409
青海段	马场垣主线(青甘界)—平安	23 847	平安—马场垣主线(青甘界)	14 236
	平安—西宁	49 432	西宁—平安	38 830

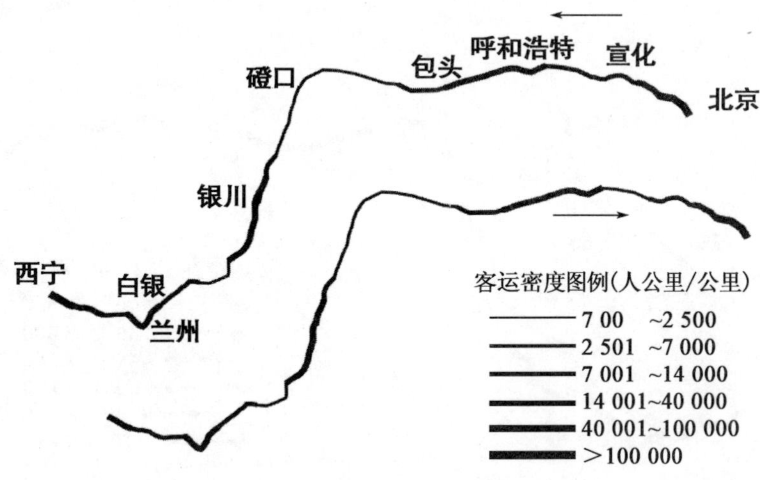

图3.9　2016年京藏高速公路(G6)客运密度

3.5.2　货运密度分布如表3.10和图3.10所示。

2016年京藏高速公路(G6)货运密度　　表3.10

路　段	路段起止点	货运密度（吨公里/公里）	路段起止点	货运密度（吨公里/公里）
北京段	六环—居庸关	123 012	居庸关—六环	29 293
	居庸关—市界	134 905	市界—居庸关	6 849
河北段	东花园—宣化主线	32 900	宣化主线—东花园	27 952
	宣化主线—东洋河	17 511	东洋河—宣化主线	27 912
内蒙古段	蒙冀界—乌兰察布	74 380	乌兰察布—蒙冀界	97 986
	乌兰察布—呼和浩特	73 529	呼和浩特—乌兰察布	92 404
	呼和浩特—包头	56 172	包头—呼和浩特	75 000
	包头—临河	30 470	临河—包头	32 596
	临河—磴口	8 037	磴口—临河	9 407
	磴口—蒙宁界	31 901	蒙宁界—磴口	26 453
宁夏段	惠农主线(宁蒙界)—姚伏	22 945	姚伏—惠农主线(宁蒙界)	13 397
	姚伏—银川	36 710	银川—姚伏	21 004
	银川—吴忠	18 395	吴忠—银川	12 778
	吴忠—中宁	10 792	中宁—吴忠	8 611
	中宁—桃山	18 317	桃山—中宁	14 547
	桃山—兴仁主线(宁甘界)	22 676	兴仁主线(宁甘界)—桃山	13 481
甘肃段	刘家寨主线(甘宁界)—白银	28 573	白银—刘家寨主线(甘宁界)	17 401
	白银—树屏	36 772	树屏—白银	26 929
	树屏—河口	58 598	河口—树屏	49 255
	河口—海石湾主线(甘青界)	48 053	海石湾主线(甘青界)—河口	39 936
青海段	马场垣主线(青甘界)—平安	56 591	平安—马场垣主线(青甘界)	94 270
	平安—西宁	69 194	西宁—平安	38 078

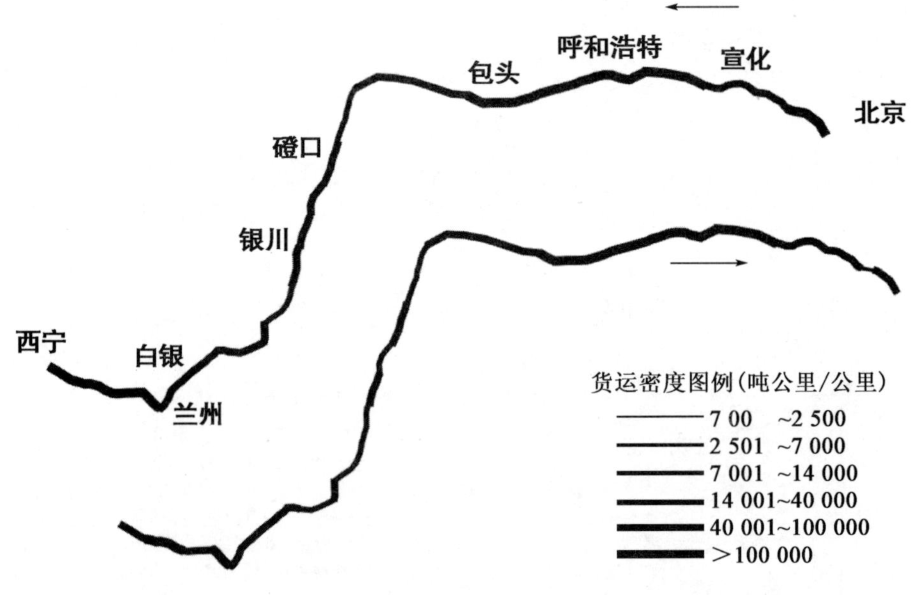

图3.10　2016年京藏高速公路(G6)货运密度

3.6　沈海高速公路(G15)运输密度

3.6.1　客运密度分布如表 3.11 和图 3.11 所示。

2016 年沈海高速公路(G15)客运密度　表 3.11

路　段	路段起止点	客运密度(人公里/公里)	路段起止点	客运密度(人公里/公里)
辽宁段	沈阳—鞍山	42 489	鞍山—沈阳	43 290
	鞍山—营口	32 864	营口—鞍山	33 562
	营口—鲅鱼圈	39 584	鲅鱼圈—营口	40 115
	鲅鱼圈—大连	36 716	大连—鲅鱼圈	36 941
山东段	烟台—栖霞	31 681	栖霞—烟台	30 998
	栖霞—青岛	14 522	青岛—栖霞	11 837
	青岛—沈海鲁苏	32 436	沈海鲁苏—青岛	29 855
江苏段	沈海苏鲁—南通	31 984	南通—沈海苏鲁	32 585
	南通—常熟	106 035	常熟—南通	114 883
	常熟—太仓主线(苏沪界)	91 540	太仓主线(苏沪界)—常熟	95 249
上海段	朱桥(沪苏界)—嘉浏	121 679	嘉浏—朱桥(沪苏界)	131 262
	嘉浏—新桥	69 424	新桥—嘉浏	71 978
	新桥—嘉金莘奉金立交	39 995	嘉金莘奉金立交—新桥	39 048
	嘉金莘奉金立交—金山卫	22 510	金山卫—嘉金莘奉金立交	21 765
浙江段	浙沪主线—宁波北	30 516	宁波北—浙沪主线	30 491
	宁波姜山—宁海	39 110	宁海—宁波姜山	39 531
	宁海—吴岙	26 191	吴岙—宁海	26 183
	吴岙—台州	42 534	台州—吴岙	41 394
	台州—温州	34 065	温州—台州	33 649
	温州—平阳	67 001	平阳—温州	66 341
	平阳—分水关(浙闽界)	25 287	分水关(浙闽界)—平阳	25 056
福建段	闽浙—福州	19 252	福州—闽浙	18 365
	福州—莆田	35 986	莆田—福州	34 843
	莆田—泉州	43 021	泉州—莆田	41 975
	泉州—厦门	58 918	厦门—泉州	59 291
	厦门—漳州	54 745	漳州—厦门	55 415
	漳州—闽粤界	20 257	闽粤界—漳州	18 945
广东段	汾水关—汕头	20 132	汕头—汾水关	20 241
	汕头—陆丰	17 486	陆丰—汕头	21 684
	陆丰—深圳	44 402	深圳—陆丰	43 282
	深圳—广州	137 721	广州—深圳	137 014
	广州—阳江	71 668	阳江—广州	70 961
	阳江—湛江	40 949	湛江—阳江	36 999
	湛江—徐闻	10 816	徐闻—湛江	12 438

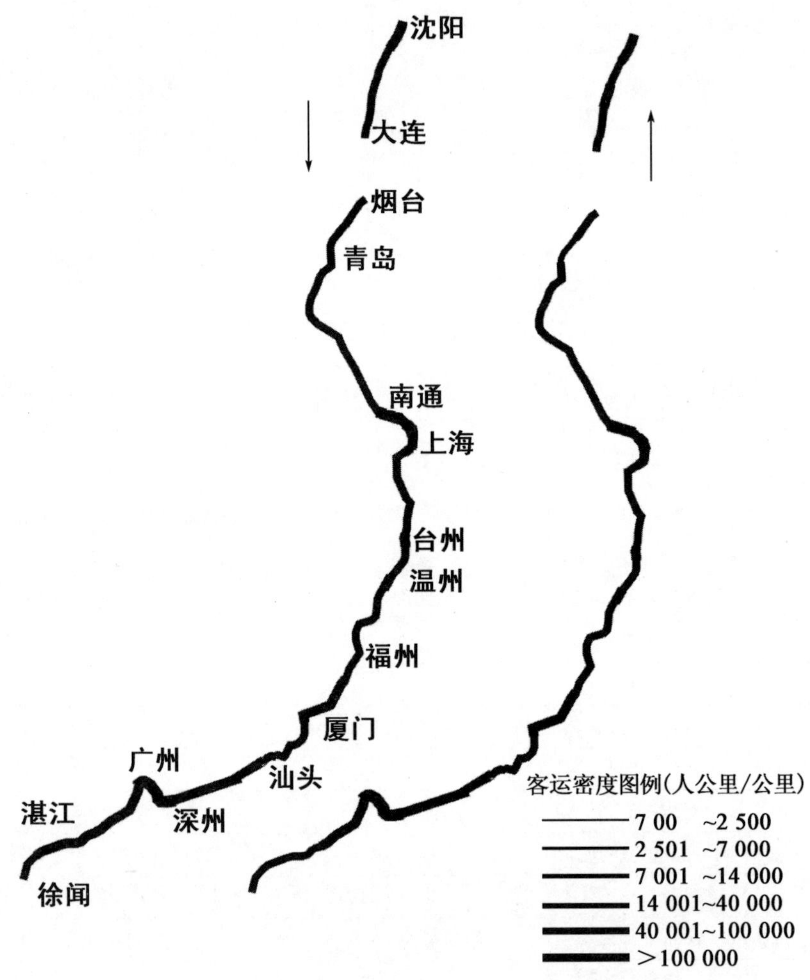

图 3.11 2016 年沈海高速公路(G15)客运密度

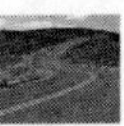

3.6.2　货运密度分布如表 3.12 和图 3.12 所示。

2016 年沈海高速公路(G15)货运密度　　表 3.12

路　段	路段起止点	货运密度（吨公里/公里）	路段起止点	货运密度（吨公里/公里）
辽宁段	沈阳—鞍山	33 863	鞍山—沈阳	33 170
	鞍山—营口	46 644	营口—鞍山	44 394
	营口—鲅鱼圈	84 415	鲅鱼圈—营口	69 292
	鲅鱼圈—大连	52 375	大连—鲅鱼圈	38 309
山东段	烟台—栖霞	24 009	栖霞—烟台	24 457
	栖霞—青岛	32 248	青岛—栖霞	26 630
	青岛—沈海鲁苏	67 694	沈海鲁苏—青岛	61 627
江苏段	沈海苏鲁—南通	48 352	南通—沈海苏鲁	52 099
	南通——常熟	161 202	常熟—南通	151 205
	常熟—太仓主线	98 061	太仓主线—常熟	95 345
上海段	朱桥(沪苏界)—嘉浏	142 485	嘉浏—朱桥(沪苏界)	145 094
	嘉浏—新桥	140 864	新桥—嘉浏	134 356
	新桥—嘉金莘奉金立交	51 153	嘉金莘奉金立交—新桥	47 257
	嘉金莘奉金立交—金山卫	50 850	金山卫—嘉金莘奉金立交	51 998
浙江段	浙沪主线—宁波北	63 065	宁波北—浙沪主线	53 847
	宁波姜山—宁海	86 463	宁海—宁波姜山	73 079
	宁海—吴岙	64 094	吴岙—宁海	93 396
	吴岙—台州	118 117	台州—吴岙	80 947
	台州—温州	80 754	温州—台州	70 640
	温州—平阳	107 946	平阳—温州	86 562
	平阳—分水关(浙闽界)	85 722	分水关(浙闽界)—平阳	72 030
福建段	闽浙—福州	59 403	福州—闽浙	62 017
	福州—莆田	61 260	莆田—福州	64 040
	莆田—泉州	68 810	泉州—莆田	69 955
	泉州—厦门	68 396	厦门—泉州	68 538
	厦门—漳州	54 747	漳州—厦门	56 544
	漳州—闽粤界	39 228	闽粤界—漳州	34 740
广东段	汾水关—汕头	67 101	汕头—汾水关	59 645
	汕头—陆丰	42 857	陆丰—汕头	41 193
	陆丰—深圳	44 963	深圳—陆丰	44 982
	深圳—广州	82 531	广州—深圳	96 708
	广州—阳江	92 605	阳江—广州	80 365
	阳江—湛江	74 522	湛江—阳江	56 103
	湛江—徐闻	20 735	徐闻—湛江	27 470

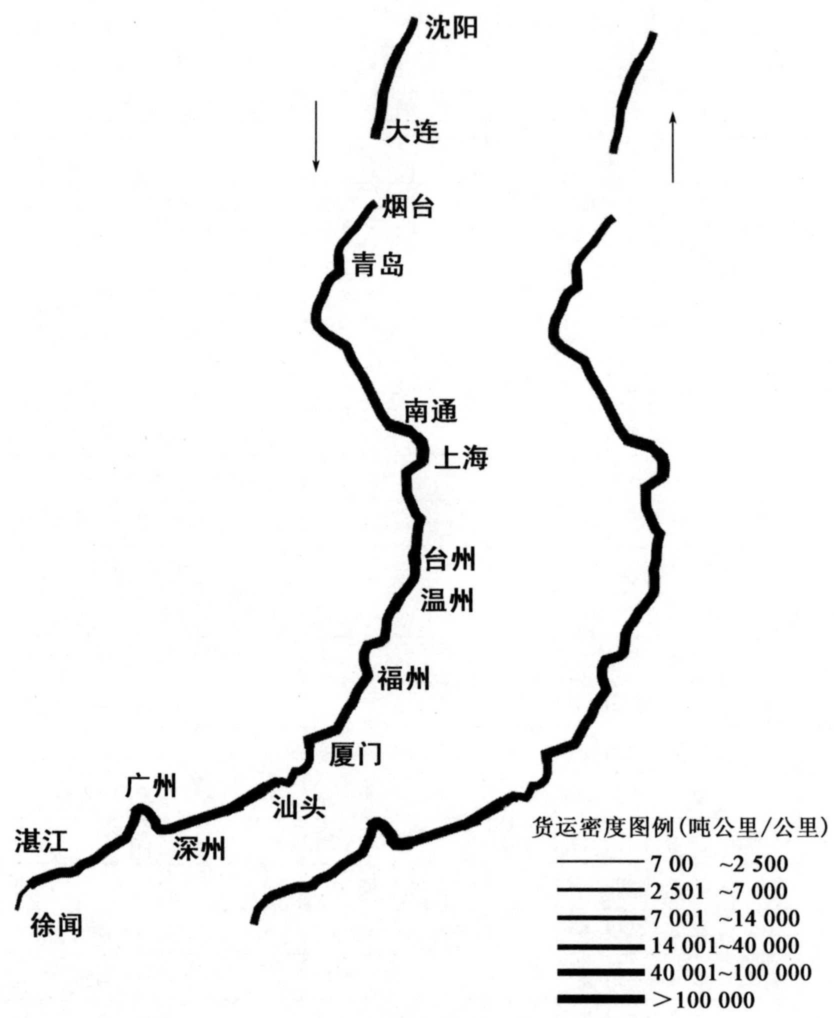

图 3.12　2016 年沈海高速公路(G15)货运密度

3.7　青银高速公路(G20)运输密度

3.7.1　客运密度分布如表 3.13 和图 3.13 所示。

2016 年青银高速公路(G20)客运密度　　表 3.13

路　　段	路段起止点	客运密度（人公里/公里）	路段起止点	客运密度（人公里/公里）
山东段	青岛—胶州	21 812	胶州—青岛	20 526
	胶州—潍坊	16 980	潍坊—胶州	14 446
	潍坊—济南	33 020	济南—潍坊	26 402
	济南—齐河	18 488	齐河—济南	18 667
	齐河—青银鲁冀	14 513	青银鲁冀—齐河	12 797
河北段	清河(冀鲁界)—栾城	12 082	栾城—清河(冀鲁界)	12 579
	栾城—石家庄	8 281	石家庄—栾城	8 679
	石家庄—井陉西(冀晋界)	7 731	井陉西(冀晋界)—石家庄	9 543
山西段	旧关(晋冀界)—阳泉	6 515	阳泉—旧关(晋冀界)	8 810
	阳泉—太原	19 959	太原—阳泉	21 902
	太原—罗城	17 136	罗城—太原	19 109
	罗城—交城	49 024	交城—罗城	48 262
	交城—吕梁	18 234	吕梁—交城	18 558
	吕梁—柳林	13 413	柳林—吕梁	5 537
陕西段	吴堡主线(陕晋界)—靖边	2 966	靖边—吴堡主线(陕晋界)	2 950
	靖边—王圈梁(陕宁界)	7 001	王圈梁(陕宁界)—靖边	6 987
宁夏段	盐池主线(宁陕界)—临河	10 004	临河—盐池主线(宁陕界)	9 791
	临河—银川	42 642	银川—临河	44 605

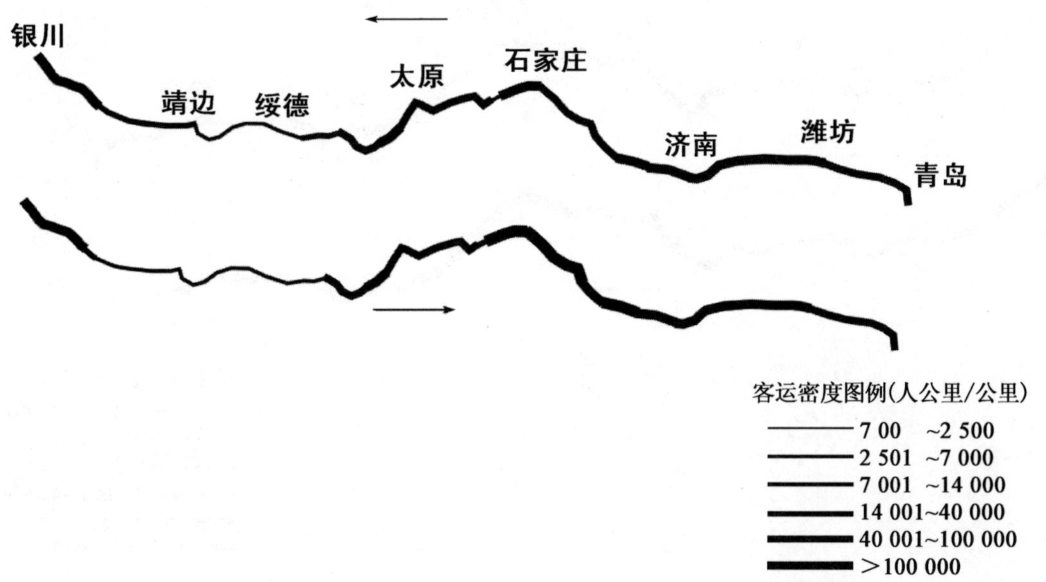

图 3.13　2016 年青银高速公路(G20)客运密度

3.7.2　货运密度分布如表 3.14 和图 3.14 所示。

2016 年青银高速公路(G20)货运密度　　表 3.14

路　段	路段起止点	货运密度（吨公里/公里）	路段起止点	货运密度（吨公里/公里）
山东段	青岛—胶州	23 840	胶州—青岛	18 724
	胶州—潍坊	22 956	潍坊—胶州	16 384
	潍坊—济南	63 351	济南—潍坊	66 923
	济南—齐河	96 603	齐河—济南	86 487
	齐河—青银鲁冀	75 945	青银鲁冀—齐河	131 546
河北段	清河(冀鲁界)—栾城	21 770	栾城—清河(冀鲁界)	50 134
	栾城—石家庄	23 276	石家庄—栾城	100 759
	石家庄—井陉西(冀晋界)	67 770	井陉西(冀晋界)—石家庄	154 827
山西段	旧关(晋冀界)—阳泉	57 309	阳泉—旧关(晋冀界)	89 570
	阳泉—太原	53 351	太原—阳泉	73 916
	太原—罗城	42 550	罗城—太原	35 653
	罗城—交城	58 515	交城—罗城	65 614
	交城—吕梁	45 176	吕梁—交城	79 741
	吕梁—柳林	86 721	柳林—吕梁	138 797
陕西段	吴堡主线(陕晋界)—靖边	73 271	靖边—吴堡主线(陕晋界)	82 664
	靖边—王圈梁(陕宁界)	45 207	王圈梁(陕宁界)—靖边	38 869
宁夏段	盐池主线(宁陕界)—临河	8 520	临河—盐池主线(宁陕界)	6 838
	临河—银川	24 461	银川—临河	29 923

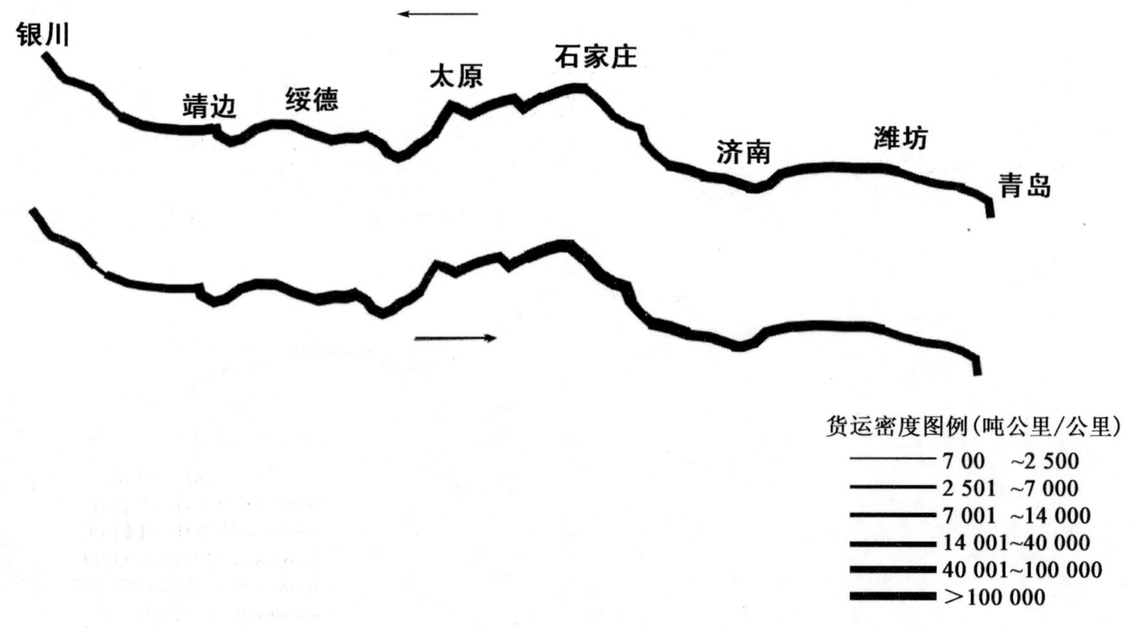

图 3.14　2016 年青银高速公路(G20)货运密度

3.8　连霍高速公路(G30)运输密度

3.8.1　客运密度分布如表 3.15 和图 3.15 所示。

2016 年连霍高速公路(G30)客运密度　　表 3.15

路段	路段起止点	客运密度(人公里/公里)	路段起止点	客运密度(人公里/公里)
江苏段	连云港—徐州	13267	徐州—连云港	13 190
	徐州—苏皖省界	21 767	苏皖省界—徐州	21 177
安徽段	皖苏—皖豫	21 481	皖豫—皖苏	21 957
河南段	连霍豫皖界—商丘	25 111	商丘—连霍豫皖界	26 008
	商丘—开封	33 652	开封—商丘	34 826
	开封—郑州	67 384	郑州—开封	67 720
	郑州—洛阳	43 173	洛阳—郑州	42 743
	洛阳—三门峡	23 212	三门峡—洛阳	23 018
	三门峡—连霍豫陕界	15 047	连霍豫陕界—三门峡	15 029
陕西段	潼关(陕豫界)—西安	35 828	西安—潼关(陕豫界)	36 369
	西安—咸阳	62 730	咸阳—西安	59 799
	咸阳—杨凌	46 210	杨凌—咸阳	43 233
	杨凌—宝鸡	28 699	宝鸡—杨凌	27 306
	宝鸡—陈仓(陕甘界)	8 952	陈仓(陕甘界)—宝鸡	8 652
甘肃段	陈仓(甘陕界)—天水	6 130	天水—陈仓(甘陕界)	5 835
	天水—定西	10 535	定西—天水	10 155
	定西—兰州	34 108	兰州—定西	34 175
	兰州—龙泉寺	23 939	龙泉寺—兰州	22 492
	龙泉寺—华藏寺	10 516	华藏寺—龙泉寺	10 494
	华藏寺—双塔	9 617	双塔—华藏寺	9 801
	双塔—武威	13 896	武威—双塔	13 556
	武威—张掖	5 889	张掖—武威	5 949
	张掖—清水主线	5 942	清水主线—张掖	6 060
	清水主线—嘉峪关	6 253	嘉峪关—清水主线	6 365
	嘉峪关—瓜州站	6 175	瓜州站—嘉峪关	6 373
	瓜州站—柳园北主线(甘疆界)	2 609	柳园北主线(甘疆界)—瓜州站	2 098

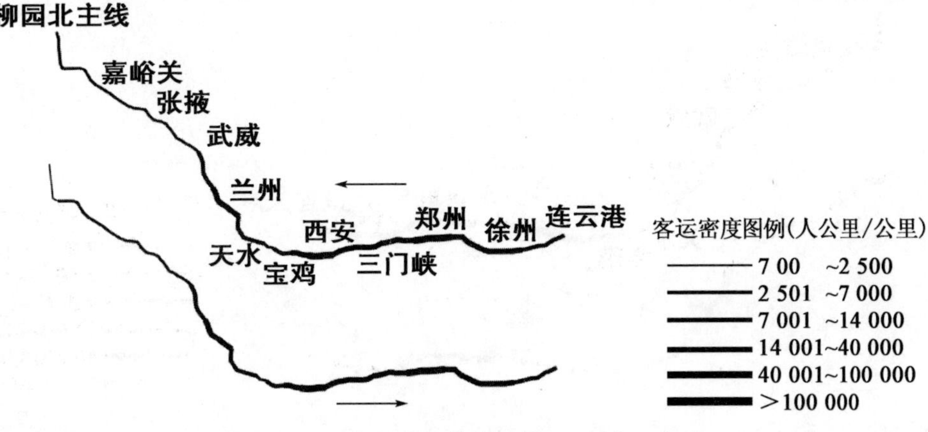

图 3.15　2016 年连霍高速公路(G30)客运密度

3.8.2 货运密度分布如表3.16和图3.16所示。

2016年连霍高速公路(G30)货运密度 表3.16

路　段	路段起止点	货运密度（吨公里/公里）	路段起止点	货运密度（吨公里/公里）
江苏段	连云港—徐州	17 866	徐州—连云港	19 995
	徐州—苏皖省界	112 079	苏皖省界—徐州	69 932
安徽段	皖苏—皖豫	34 553	皖豫—皖苏	25 290
河南段	连霍豫皖界—商丘	20 729	商丘—连霍豫皖界	17 980
	商丘—开封	29 832	开封—商丘	38 208
	开封—郑州	67 926	郑州—开封	69 821
	郑州—洛阳	71 450	洛阳—郑州	68 331
	洛阳—三门峡	110 744	三门峡—洛阳	86 366
	三门峡—连霍豫陕界	123 189	连霍豫陕界—三门峡	90 260
陕西段	潼关(陕豫界)—西安	137 046	西安—潼关(陕豫界)	89 712
	西安—咸阳	41 071	咸阳—西安	27 672
	咸阳—杨凌	48 473	杨凌—咸阳	34 600
	杨凌—宝鸡	41 145	宝鸡—杨凌	29 333
	宝鸡—陈仓(陕甘界)	29 193	陈仓(陕甘界)—宝鸡	22 213
甘肃段	陈仓(甘陕界)—天水	23 078	天水—陈仓(甘陕界)	19 671
	天水—定西	6 548	定西—天水	10 152
	定西—兰州	48 506	兰州—定西	46 517
	兰州—龙泉寺	34 400	龙泉寺—兰州	36 446
	龙泉寺—华藏寺	13 572	华藏寺—龙泉寺	17 427
	华藏寺—双塔	17 714	双塔—华藏寺	21 809
	双塔—武威	42 962	武威—双塔	45 212
	武威—张掖	37 740	张掖—武威	39 433
	张掖—清水主线	26 872	清水主线—张掖	31 243
	清水主线—嘉峪关	38 626	嘉峪关—清水主线	41 215
	嘉峪关—瓜州站	50 690	瓜州站—嘉峪关	52 166
	瓜州站—柳园北主线(甘疆界)	44 110	柳园北主线(甘疆界)—瓜州站	36 055

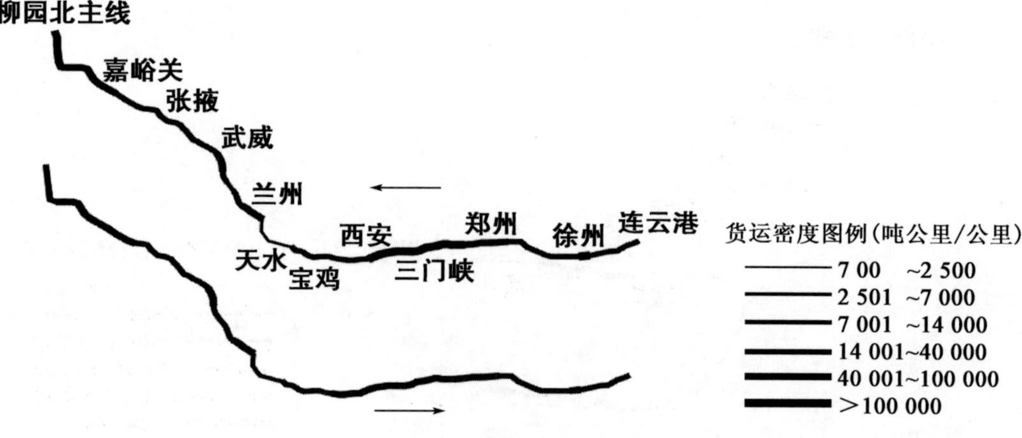

图3.16 2016年连霍高速公路(G30)货运密度

3.9 宁洛高速公路(G36)运输密度

3.9.1 客运密度分布如表 3.17 和图 3.17 所示。

2016 年宁洛高速公路(G36)客运密度 表 3.17

路 段	路段起止点	客运密度(人公里/公里)	路段起止点	客运密度(人公里/公里)
安徽段	曹庄(皖苏界)—滁州	56 296	滁州—曹庄(皖苏界)	55 164
	滁州—蚌埠	54 413	蚌埠—滁州	52 706
	蚌埠—界首(皖豫界)	28 413	界首(皖豫界)—蚌埠	27 905
河南段	宁洛豫皖界—漯河	25 052	漯河—宁洛豫皖界	24 429
	漯河—平顶山	17 466	平顶山—漯河	17 213
	平顶山—洛阳	15 167	洛阳—平顶山	14 653

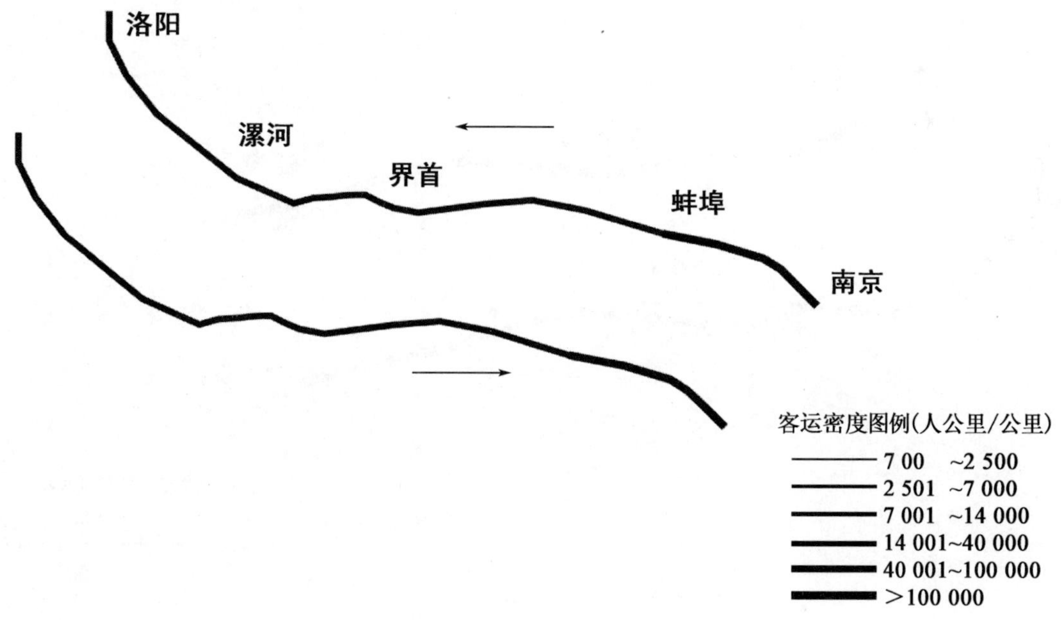

图 3.17 2016 年宁洛高速公路(G36)客运密度

3.9.2 货运密度分布如表 3.18 和图 3.18 所示。

2016 年宁洛高速公路(G36)货运密度 表 3.18

路 段	路段起止点	货运密度（吨公里/公里）	路段起止点	货运密度（吨公里/公里）
安徽段	曹庄(皖苏界)—滁州	61 424	滁州—曹庄(皖苏界)	71 890
	滁州—蚌埠	58 259	蚌埠—滁州	72 357
	蚌埠—界首(皖豫界)	45 378	界首(皖豫界)—蚌埠	47 726
河南段	宁洛豫皖界—漯河	32 671	漯河—宁洛豫皖界	41 869
	漯河—平顶山	24 435	平顶山—漯河	37 821
	平顶山—洛阳	23 378	洛阳—平顶山	45 898

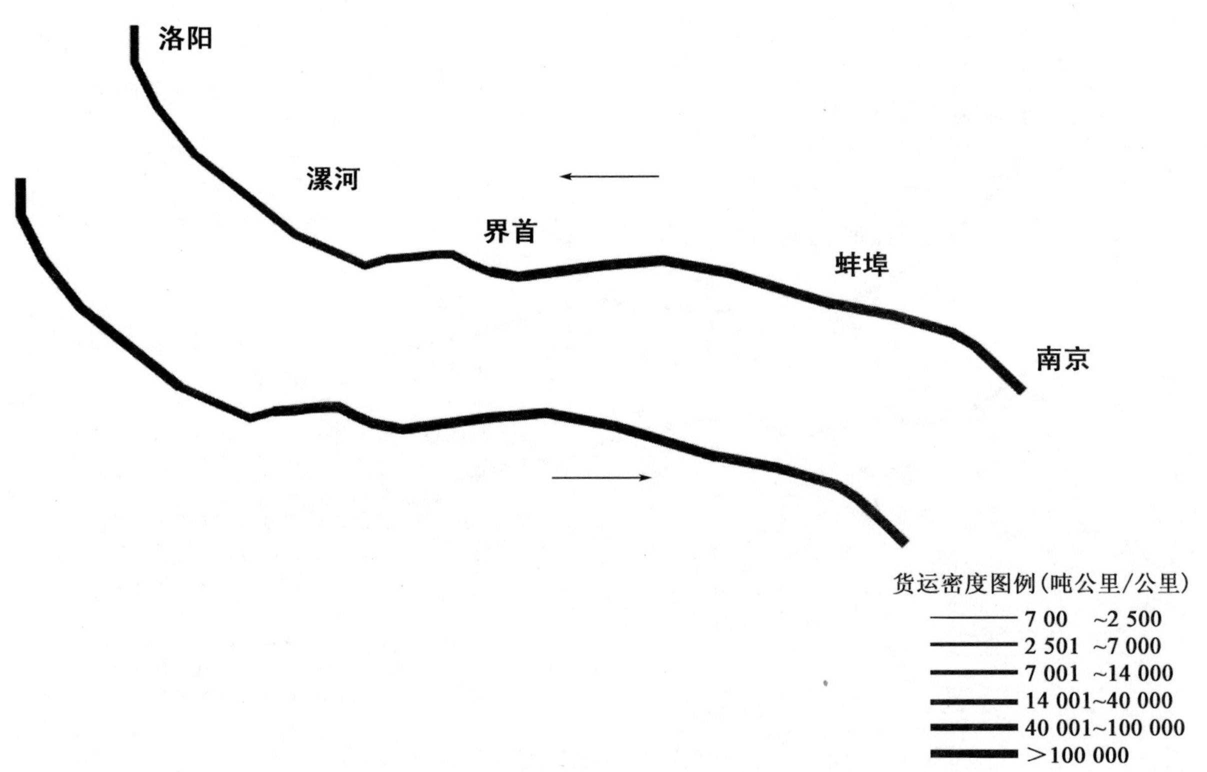

图 3.18 2016 年宁洛高速公路(G36)货运密度

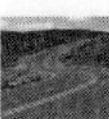

3.10 沪陕高速公路(G40)运输密度

3.10.1 客运密度分布如表3.19和图3.19所示。

2016年沪陕高速公路(G40)客运密度 表3.19

路段	路段起止点	客运密度(人公里/公里)	路段起止点	客运密度(人公里/公里)
江苏段	南通—广陵	34 678	广陵—南通	36 981
	广陵—南京	43 906	南京—广陵	44 760
	南京—皖苏界	33 917	皖苏界—南京	40 317
安徽段	吴庄(皖苏界)—合肥	43 868	合肥—吴庄(皖苏界)	44 456
	合肥—叶集(皖豫界)	36 806	叶集(皖豫界)—合肥	35 960
河南段	沪陕豫皖界—南阳	14 932	南阳—沪陕豫皖界	14 585
	南阳—沪陕豫陕界	11 388	沪陕豫陕界—南阳	11 307
陕西段	界牌(陕豫界)—商洛	6 736	商洛—界牌(陕豫界)	6 674
	商洛—西安	18 631	西安—商洛	17 599

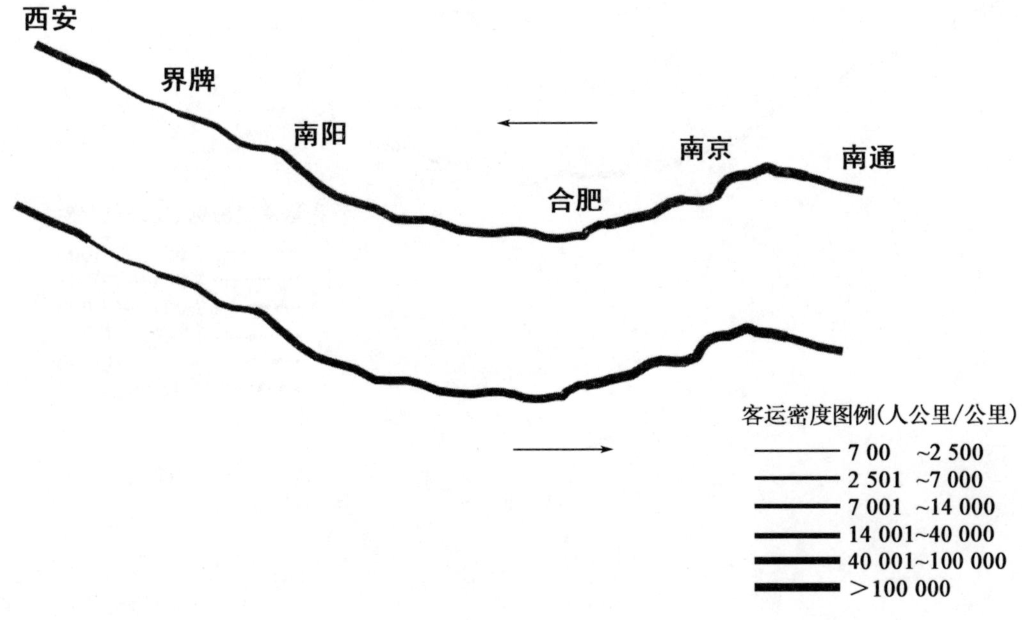

图3.19 2016年沪陕高速公路(G40)客运密度

3.10.2 货运密度分布如表3.20和图3.20所示。

2016年沪陕高速公路(G40)货运密度 表3.20

路段	路段起止点	货运密度(吨公里/公里)	路段起止点	货运密度(吨公里/公里)
江苏段	南通—广陵	15 912	广陵—南通	17 893
	广陵—南京	28 551	南京—广陵	31 175
	南京—皖苏界	112 079	皖苏界—南京	69 932
安徽段	吴庄(皖苏界)—合肥	52 335	合肥—吴庄(皖苏界)	38 189
	合肥—叶集(皖豫界)	83 718	叶集(皖豫界)—合肥	76 430
河南段	沪陕豫皖界—南阳	19 509	南阳—沪陕豫皖界	21 843
	南阳—沪陕豫陕界	16 107	沪陕豫陕界—南阳	26 824
陕西段	界牌(陕豫界)—商洛	54 843	商洛—界牌(陕豫界)	95 293
	商洛—西安	55 836	西安—商洛	95 894

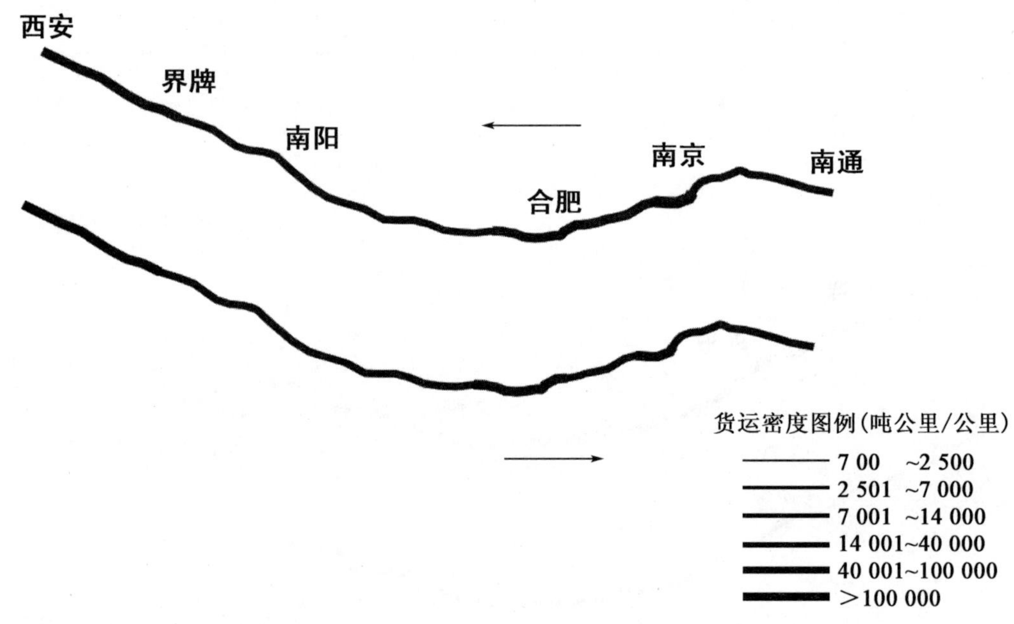

图3.20 2016年沪陕高速公路(G40)货运密度

3.11　沪蓉高速公路(G42)运输密度

3.11.1　客运密度分布如表 3.21 和图 3.21 所示。

2016 年沪蓉高速公路(G42)客运密度　　表 3.21

路　段	路段起止点	客运密度(人公里/公里)	路段起止点	客运密度(人公里/公里)
上海段	江桥—安亭主线(沪苏界)	139 775	安亭主线(沪苏界)—江桥	155 596
江苏段	花桥主线(苏沪界)—苏州北	104 126	苏州北—花桥主线(苏沪界)	103 989
	苏州北—无锡	145 993	无锡—苏州北	149 819
	无锡—南京	103 390	南京—无锡	105 358
	南京—苏皖界	33 917	苏皖界—南京	40 317
安徽段	吴庄(皖苏界)—合肥	43 868	合肥—吴庄(皖苏界)	44 456
	合肥—六安	51 061	六安—合肥	48 621
	六安—长岭关(皖鄂界)	20 255	长岭关(皖鄂界)—六安	19 760
湖北段	麻城—武汉	15 900	武汉—麻城	15 591
	武汉—荆门	16 374	荆门—武汉	15 716
	荆门—宜昌	15 389	宜昌—荆门	13 446
	宜昌—神农溪	9 751	神农溪—宜昌	9 236
重庆段	巫山—云阳	11 272	云阳—巫山	11 250
	云阳—垫江	17 787	垫江—云阳	17 839
	垫江—邻水	7 371	邻水—垫江	7 163
四川段	邻水—南充	16 608	南充—邻水	16 672
	南充—遂宁	23 497	遂宁—南充	20 111
	遂宁—成都	41 540	成都—遂宁	32 477

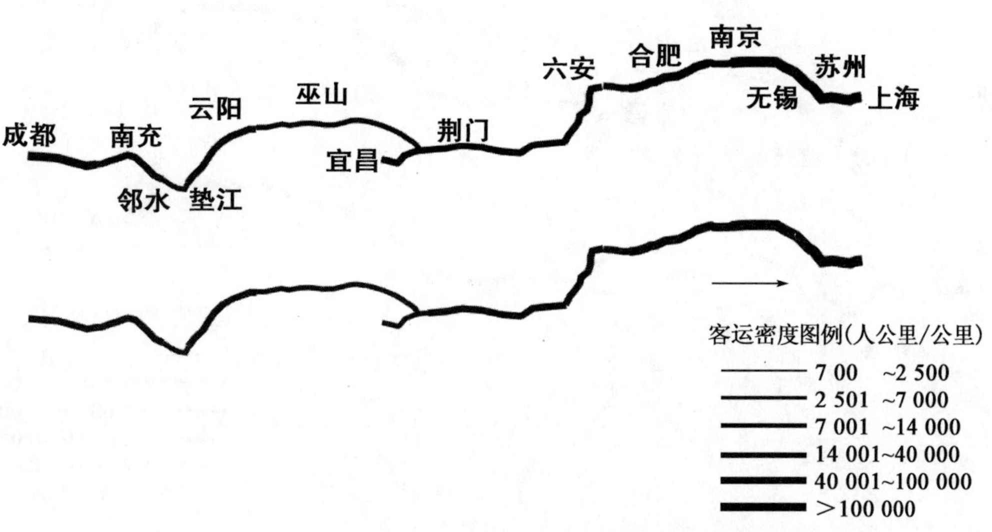

图 3.21　2016 年沪蓉高速公路(G42)客运密度

3.11.2　货运密度分布如表 3.22 和图 3.22 所示。

2016 年沪蓉高速公路(G42)货运密度　　表 3.22

路　段	路段起止点	货运密度(吨公里/公里)	路段起止点	货运密度(吨公里/公里)
上海段	江桥—安亭主线(沪苏界)	51 631	安亭主线(沪苏界)—江桥	52 451
江苏段	花桥主线(苏沪界)—苏州北	70 773	苏州北—花桥主线(苏沪界)	69 225
	苏州北—无锡	147 450	无锡—苏州北	140 459
	无锡—南京	74 744	南京—无锡	76 855
	南京—苏皖界	65 327	苏皖界—南京	20 488
安徽段	吴庄(皖苏界)—合肥	52 335	合肥—吴庄(皖苏界)	38 189
	合肥—六安	90 368	六安—合肥	81 821
	六安—长岭关(皖鄂界)	66 393	长岭关(皖鄂界)—六安	52 903
湖北段	麻城—武汉	44 069	武汉—麻城	28 144
	武汉—荆门	7 800	荆门—武汉	9 546
	荆门—宜昌	22 050	宜昌—荆门	12 825
	宜昌—神农溪	5 269	神农溪—宜昌	3 431
重庆段	巫山—云阳	5 008	云阳—巫山	5 349
	云阳—垫江	6 042	垫江—云阳	9 477
	垫江—邻水	13 836	邻水—垫江	13 777
四川段	邻水—南充	10 215	南充—邻水	16 761
	南充—遂宁	14 908	遂宁—南充	9 716
	遂宁—成都	37 957	成都—遂宁	40 134

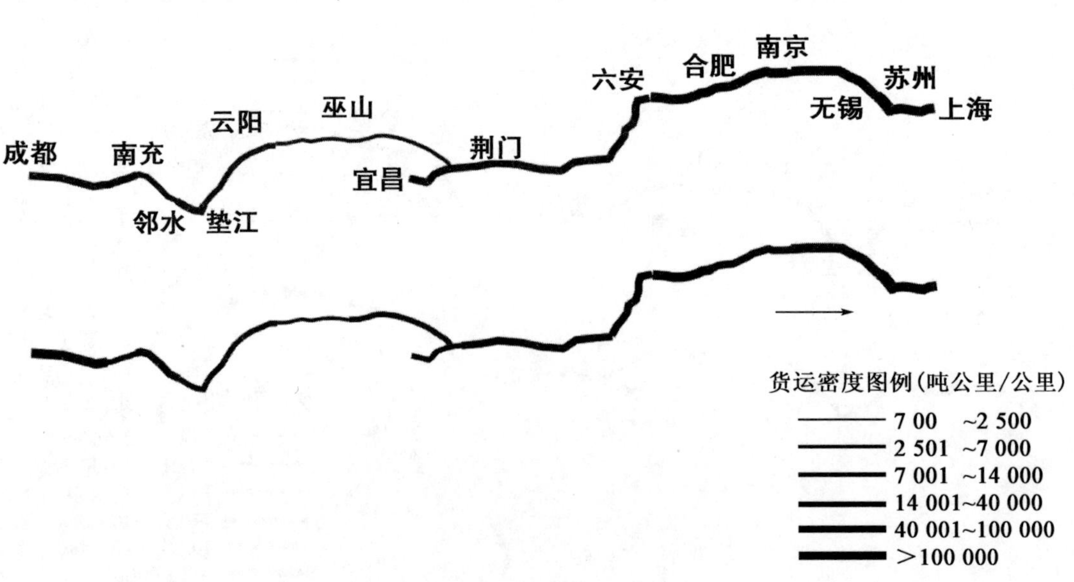

图 3.22　2016 年沪蓉高速公路(G42)货运密度

3.12　沪渝高速公路(G50)运输密度

3.12.1　客运密度分布如表 3.23 和图 3.23 所示。

2016 年沪渝高速公路(G50)客运密度　　表 3.23

路　段	路段起止点	客运密度(人公里/公里)	路段起止点	客运密度(人公里/公里)
上海段	徐泾—嘉松	131 375	嘉松—徐泾	116 827
	嘉松—G50 沪苏(苏沪界)	57 095	G50 沪苏(苏沪界)—嘉松	55 156
江苏段	苏沪主线—苏浙省界	40 887	苏浙省界—苏沪主线	38 949
浙江段	浙苏主线—湖州	33 214	湖州—浙苏主线	31 563
	湖州—浙皖主线	34 052	浙皖主线—湖州	32 973
安徽段	广德(皖浙界)—宣城	35 865	宣城—广德(皖浙界)	34 926
	宣城—芜湖	25 803	芜湖—宣城	25 465
	芜湖—安庆	21 619	安庆—芜湖	21 109
	安庆—怀宁	22 873	怀宁—安庆	22 092
	怀宁—宿松(皖鄂界)	20 797	宿松(皖鄂界)—怀宁	20 520
湖北段	鄂皖界—黄梅	26 991	黄梅—鄂皖界	26 478
	黄梅—黄石	31 063	黄石—黄梅	31 038
	黄石—武汉	52 590	武汉—黄石	51 781
	武汉—荆州	32 221	荆州—武汉	30 765
	荆州—宜昌	18 888	宜昌—荆州	18 007
	宜昌—白羊塘(鄂渝界)	11 891	白羊塘(鄂渝界)—宜昌	11 023
重庆段	冷水(渝鄂界)—垫江	8 096	垫江—冷水(渝鄂界)	7 638
	垫江—长寿	32 999	长寿—垫江	33 930
	长寿—重庆	47 930	重庆—长寿	48 330

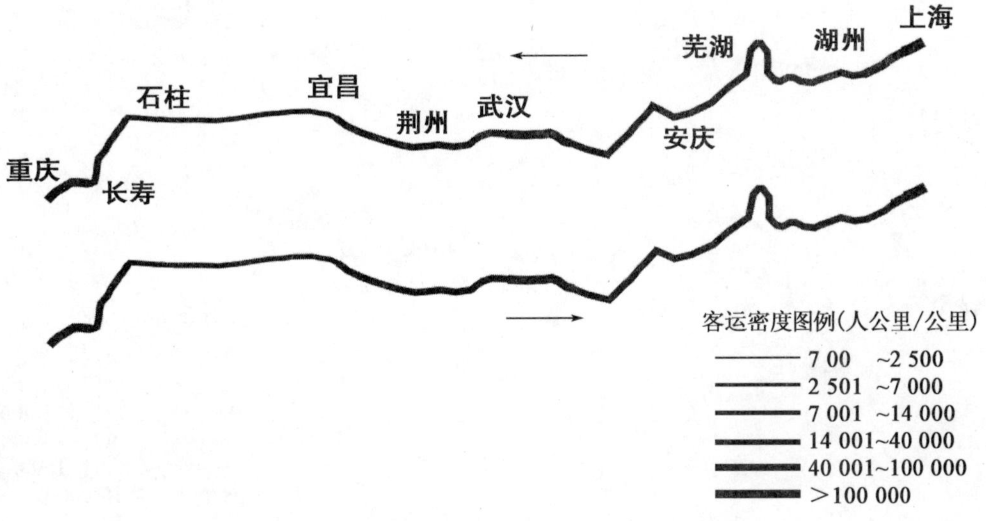

图 3.23　2016 年沪渝高速公路(G50)客运密度

3.12.2　货运密度分布如表3.24和图3.24所示。

2016年沪渝高速公路(G50)货运密度　　表3.24

路　段	路段起止点	货运密度(吨公里/公里)	路段起止点	货运密度(吨公里/公里)
上海段	徐泾—嘉松	34 354	嘉松—徐泾	28 022
	嘉松—G50沪苏(苏沪界)	20 874	G50沪苏(苏沪界)—嘉松	21 416
江苏段	苏沪主线—苏浙省界	20 641	苏浙省界—苏沪主线	19 177
浙江段	浙苏主线—湖州	21 745	湖州—浙苏主线	19 370
	湖州—浙皖主线	21 206	浙皖主线—湖州	20 332
安徽段	广德(皖浙界)—宣城	30 103	宣城—广德(皖浙界)	33 489
	宣城—芜湖	36 576	芜湖—宣城	38 668
	芜湖—安庆	25 231	安庆—芜湖	22 903
	安庆—怀宁	26 708	怀宁—安庆	26 255
	怀宁—宿松(皖鄂界)	62 719	宿松(皖鄂界)—怀宁	52 219
湖北段	鄂皖界—黄梅	40 107	黄梅—鄂皖界	45 315
	黄梅—黄石	35 313	黄石—黄梅	43 162
	黄石—武汉	37 418	武汉—黄石	41 046
	武汉—荆州	35 869	荆州—武汉	28 393
	荆州—宜昌	31 694	宜昌—荆州	21 782
	宜昌—白羊塘(鄂渝界)	29 607	白羊塘(鄂渝界)—宜昌	15 674
重庆段	冷水(渝鄂界)—垫江	13 257	垫江—冷水(渝鄂界)	10 773
	垫江—长寿	8 700	长寿—垫江	14 613
	长寿—重庆	30 988	重庆—长寿	28 548

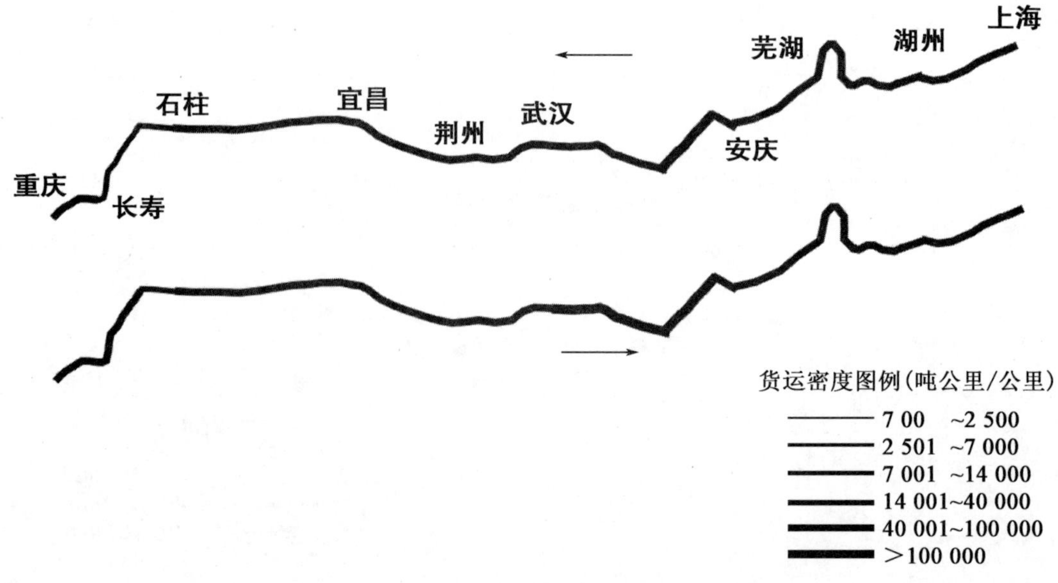

图3.24　2016年沪渝高速公路(G50)货运密度

3.13　沪昆高速公路(G60)运输密度

3.13.1　客运密度分布如表3.25和图3.25所示。

2016年沪昆高速公路(G60)客运密度　　表3.25

路　段	路段起止点	客运密度(人公里/公里)	路段起止点	客运密度(人公里/公里)
上海段	莘庄—新桥	199 984	新桥—莘庄	202 039
	新桥—大港	130 465	大港—新桥	132 811
	大港—枫泾(沪浙界)	96 767	枫泾(沪浙界)—大港	97 176
浙江段	大云(浙沪界)—嘉兴	83 214	嘉兴—大云(浙沪界)	82 106
	嘉兴—杭州	75 513	杭州—嘉兴	74 911
	杭州—金华	45 806	金华—杭州	47 431
	金华—龙游	36 590	龙游—金华	35 828
	龙游—浙赣界	46 941	浙赣界—龙游	43 928
江西段	浙赣界—上饶	31 928	上饶—浙赣界	29 685
	上饶—鹰潭	30 613	鹰潭—上饶	28 560
	鹰潭—南昌	25 829	南昌—鹰潭	26 421
	南昌—新余	31 434	新余—南昌	30 864
	新余—萍乡	23 162	萍乡—新余	22 536
	萍乡—赣湘界	20 700	赣湘界—萍乡	19 014
湖南段	赣湘界—株洲	35 159	株洲—赣湘界	35 997
	株洲—娄底	39 186	娄底—株洲	35 677
	娄底—邵阳	34 149	邵阳—娄底	31 176
	邵阳—怀化	39 909	怀化—邵阳	38 181
	怀化—新晃(湘黔界)	13 552	新晃(湘黔界)—怀化	12 447
贵州段	大龙主线(黔湘界)—麻江	24 708	麻江—大龙主线(黔湘界)	24 262
	麻江—贵阳	44 489	贵阳—麻江	43 469
	贵阳—镇宁	49 844	镇宁—贵阳	48 496
	镇宁—胜境关(黔滇界)	13 594	胜境关(黔滇界)—镇宁	13 309
云南段	胜境关(滇黔界)—曲靖	18 957	曲靖—胜境关(滇黔界)	28 725
	曲靖—嵩明	26 135	嵩明—曲靖	60 839
	嵩明—昆明	58 112	昆明—嵩明	80 606

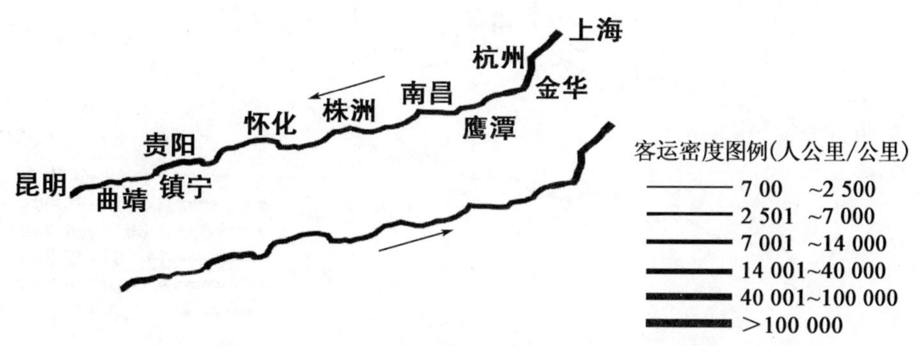

图3.25　2016年沪昆高速公路(G60)客运密度

3.13.2　货运密度分布如表3.26和图3.26所示。

2016年沪昆高速公路(G60)货运密度　　表3.26

路　段	路段起止点	货运密度(吨公里/公里)	路段起止点	货运密度(吨公里/公里)
上海段	莘庄—新桥	61 012	新桥—莘庄	61 760
	新桥—大港	39 920	大港—新桥	45 432
	大港—枫泾(沪浙界)	76 372	枫泾(沪浙界)—大港	77 431
浙江段	大云(浙沪界)—嘉兴	80 686	嘉兴—大云(浙沪界)	96 476
	嘉兴—杭州	92 986	杭州—嘉兴	124 461
	杭州—金华	63 460	金华—杭州	81 013
	金华—龙游	73 153	龙游—金华	59 981
	龙游—浙赣界	130 110	浙赣界—龙游	134 957
江西段	浙赣界—上饶	91 638	上饶—浙赣界	94 805
	上饶—鹰潭	94 530	鹰潭—上饶	98 065
	鹰潭—南昌	73 516	南昌—鹰潭	72 329
	南昌—新余	74 701	新余—南昌	69 840
	新余—萍乡	45 118	萍乡—新余	37 552
	萍乡—赣湘界	65 583	赣湘界—萍乡	47 102
湖南段	赣湘界—株洲	63 925	株洲—赣湘界	63 621
	株洲—娄底	43 107	娄底—株洲	32 865
	娄底—邵阳	35 325	邵阳—娄底	21 731
	邵阳—怀化	48 176	怀化—邵阳	34 270
	怀化—新晃(湘黔界)	25 781	新晃(湘黔界)—怀化	21 991
贵州段	大龙主线(黔湘界)—麻江	29 516	麻江—大龙主线(黔湘界)	24 069
	麻江—贵阳	59 766	贵阳—麻江	58 416
	贵阳—镇宁	29 032	镇宁—贵阳	33 546
	镇宁—胜境关(黔滇界)	23 780	胜境关(黔滇界)—镇宁	31 931
云南段	胜境关(滇黔界)—曲靖	30 125	曲靖—胜境关(滇黔界)	38 754
	曲靖—嵩明	32 699	嵩明—曲靖	40 555
	嵩明—昆明	35 626	昆明—嵩明	38 586

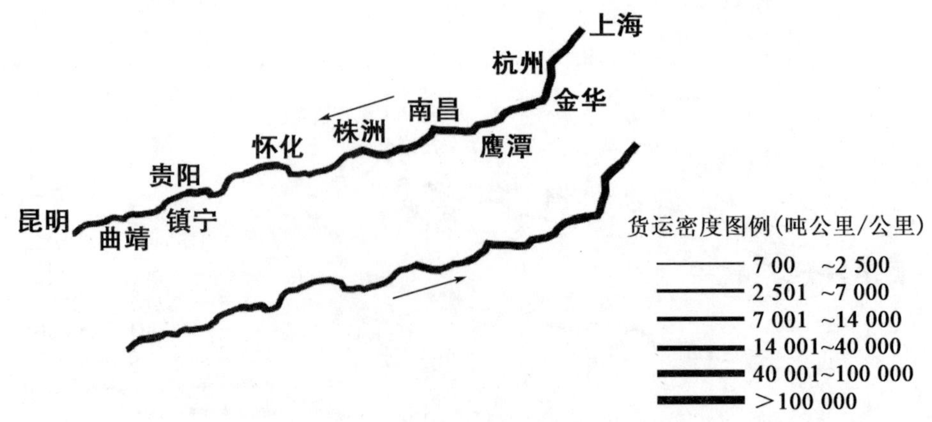

图3.26　2016年沪昆高速公路(G60)货运密度

3.14　包茂高速公路(G65)运输密度

3.14.1　客运密度分布如表3.27和图3.27所示。

2016年包茂高速公路(G65)客运密度　　表3.27

路　段	路段起止点	客运密度（人公里/公里）	路段起止点	客运密度（人公里/公里）
内蒙古段	包头—蒙陕界	5 397	蒙陕界—包头	5 364
陕西段	陕蒙界—榆林	3 276	榆林—陕蒙界	3 332
	榆林—靖边	4 959	靖边—榆林	4 726
	靖边—延安	9 477	延安—靖边	9 128
	延安—铜川	12 577	铜川—延安	10 732
	铜川—未央(西安)	13 439	未央(西安)—铜川	10 314
	西安—安康	14 534	安康—西安	14 319
	安康—巴山(陕川界)	7 200	巴山(陕川界)—安康	7 015
四川段	巴山(川陕界)—达州	8 867	达州—巴山(川陕界)	8 130
	达州—邻水	19 441	邻水—达州	19 227
	邻水—川渝界	24 591	川渝界—邻水	22 482
重庆段	草坝场(渝川界)—重庆	22 432	重庆—草坝场(渝川界)	21 571
	重庆—南川	31 738	南川—重庆	32 199
	南川—武隆	22 837	武隆—南川	23 157
	武隆—黔江	15 219	黔江—武隆	15 374
	黔江—濯水	13 383	濯水—黔江	13 638
	濯水—洪安(渝湘界)	12 962	洪安(渝湘界)—濯水	13 432
湖南段	吉首—凤凰	30 079	凤凰—吉首	29 804
	凤凰—怀化西	28 395	怀化西—凤凰	27 795
	怀化西—会同	13 669	会同—怀化西	13 278
	会同—通道	3 665	通道—会同	3 246
广西段	桂林—梧州	12 471	梧州—桂林	11 998
	梧州—岑溪	8 919	岑溪—梧州	8 698

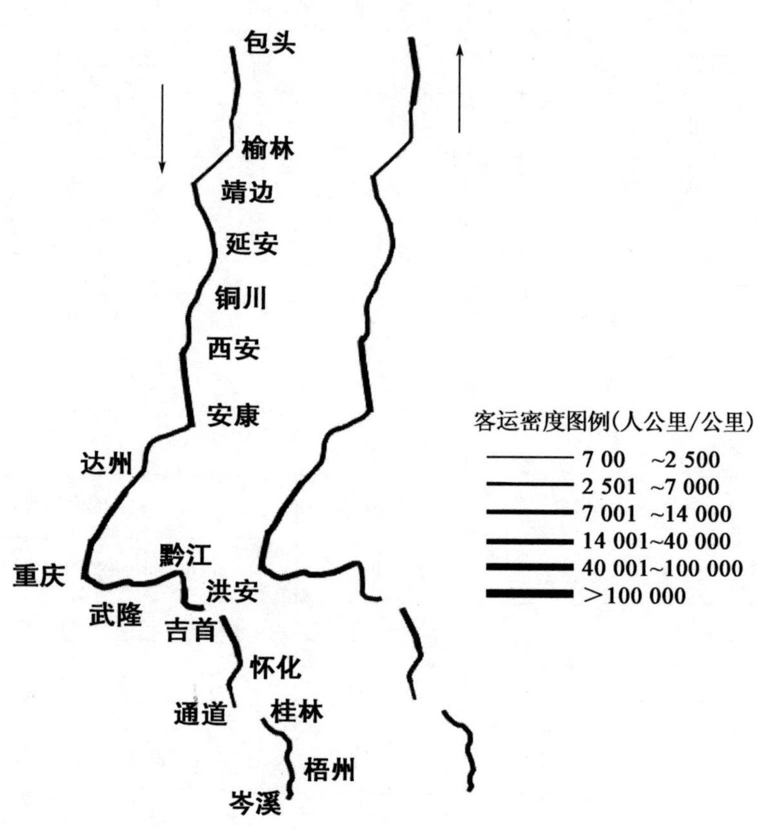

图 3.27　2016 年包茂高速公路(G65)客运密度

3.14.2　货运密度分布如表 3.28 和图 3.28 所示。

2016 年包茂高速公路(G65)客运密度　　表 3.28

路　段	路段起止点	客运密度（人公里/公里）	路段起止点	客运密度（人公里/公里）
内蒙古段	包头—蒙陕界	13 618	蒙陕界—包头	26 618
陕西段	陕蒙界—榆林	25 170	榆林—陕蒙界	12 703
	榆林—靖边	39 427	靖边—榆林	12 326
	靖边—延安	42 843	延安—靖边	17 953
	延安—铜川	21 270	铜川—延安	17 304
	铜川—未央(西安)	32 525	未央(西安)—铜川	16 720
	西安—安康	32 128	安康—西安	13 402
	安康—巴山(陕川界)	33 434	巴山(陕川界)—安康	16 585
四川段	巴山(川陕界)—达州	14 002	达州—巴山(川陕界)	27 584
	达州—邻水	20 519	邻水—达州	30 000
	邻水—川渝界	17 141	川渝界—邻水	25 854
重庆段	草坝场(渝川界)—重庆	27 431	重庆—草坝场(渝川界)	16 030
	重庆—南川	21 599	南川—重庆	27 156
	南川—武隆	24 566	武隆—南川	32 215
	武隆—黔江	29 231	黔江—武隆	38 240
	黔江—濯水	26 583	濯水—黔江	37 412
	濯水—洪安(渝湘界)	25 822	洪安(渝湘界)—濯水	38 165
湖南段	吉首—凤凰	39 954	凤凰—吉首	41 435
	凤凰—怀化西	17 745	怀化西—凤凰	27 939
	怀化西—会同	7 591	会同—怀化西	9 926
	会同—通道	3 024	通道—会同	3 433
广西段	桂林—梧州	8 389	梧州—桂林	7 798
	梧州—岑溪	3 910	岑溪—梧州	4 632

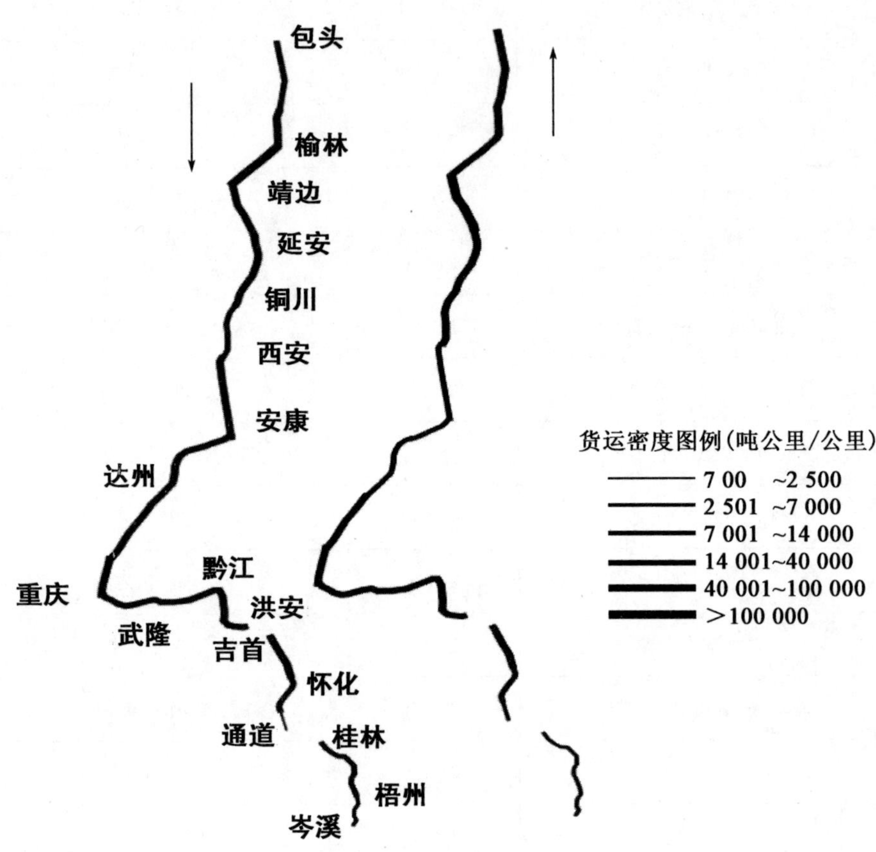

图 3.28 2016 年包茂高速公路(G65)货运密度

3.15　兰海高速公路(G75)运输密度

3.15.1　客运密度分布如表3.29和图3.29所示。

2016年兰海高速公路(G75)客运密度　　表3.29

路　段	路段起止点	客运密度(人公里/公里)	路段起止点	客运密度(人公里/公里)
甘肃段	兰州—康家崖	23 517	康家崖—兰州	21 193
	康家崖—临洮	10 162	临洮—康家崖	9 764
四川段	川甘界—广元	8 203	广元—川甘界	7 220
	广元—南充	14 119	南充—广元	14 133
	南充—南渝四川站	17 897	南渝四川站—南充	17 491
重庆段	兴山(渝川界)—合川	18 256	合川—兴山(渝川界)	18 343
	合川—重庆	46 461	重庆—合川	46 630
	重庆—綦江	45 101	綦江—重庆	44 107
	綦江—崇溪河(渝黔界)	23 755	崇溪河(渝黔界)—綦江	23 199
贵州段	松坎主线(黔渝界)—遵义	24 799	遵义—松坎主线(黔渝界)	24 768
	遵义—贵阳	48 949	贵阳—遵义	50 203
	贵阳—都匀	38 033	都匀—贵阳	39 284
	都匀—新寨(黔桂界)	14 978	新寨(黔桂界)—都匀	14 983
广西段	六寨(桂黔界)—都安	8 281	都安—六寨(桂黔界)	8 335
	都安—南宁	24 093	南宁—都安	24 672
	南宁—钦州	29 885	钦州—南宁	27 137
	钦州—桂海(桂粤界)	26 505	桂海(桂粤界)—钦州	24 039
广东段	粤西(粤桂界)—湛江	3 751	湛江—粤西(粤桂界)	14 312

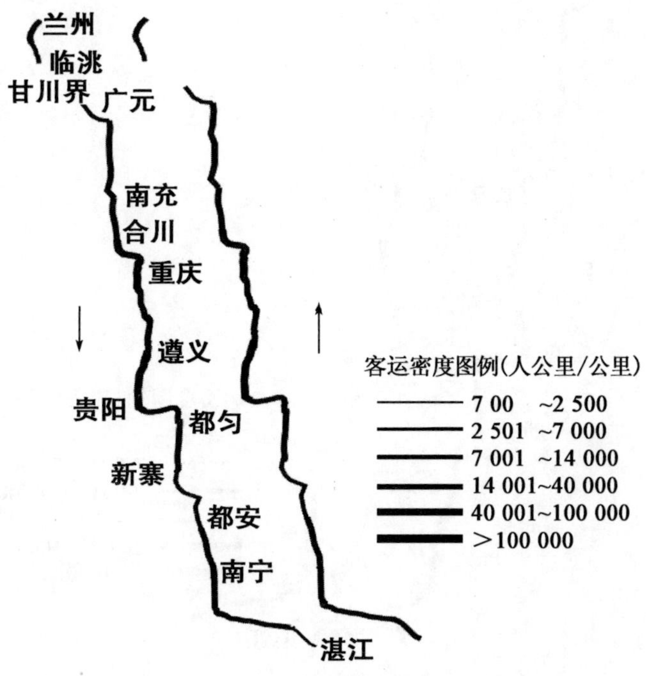

图3.29　2016年兰海高速公路(G75)客运密度

3.15.2　货运密度分布如表3.30和图3.30所示。

2016年兰海高速公路(G75)货运密度　　表3.30

路　段	路段起止点	货运密度（吨公里/公里）	路段起止点	货运密度吨公里/公里）
甘肃段	兰州—康家崖	4 987	康家崖—兰州	3 553
	康家崖—临洮	2 487	临洮—康家崖	2 644
四川段	甘川界—广元	9 739	广元—甘川界	11 386
	广元—南充	11 053	南充—广元	18 253
	南充—南渝四川站	6 853	南渝四川站—南充	7 056
重庆段	兴山(渝川界)—合川	8 651	合川—兴山(渝川界)	10 689
	合川—重庆	35 788	重庆—合川	36 597
	重庆—綦江	26 610	綦江—重庆	17 327
	綦江—崇溪河(渝黔界)	25 608	崇溪河(渝黔界)—綦江	17 957
贵州段	松坎主线(黔渝界)—遵义	21 350	遵义—松坎主线(黔渝界)	16 909
	遵义—贵阳	15 431	贵阳—遵义	16 142
	贵阳—都匀	48 267	都匀—贵阳	49 276
	都匀—新寨(黔桂界)	27 135	新寨(黔桂界)—都匀	27 097
广西段	六寨(桂黔界)—都安	12 566	都安—六寨(桂黔界)	16 889
	都安—南宁	15 992	南宁—都安	18 145
	南宁—钦州	27 127	钦州—南宁	37 914
	钦州—桂海(桂粤界)	38 574	桂海(桂粤界)—钦州	26 269
广东段	粤西(粤桂界)—湛江	2 744	湛江—粤西(粤桂界)	40 470

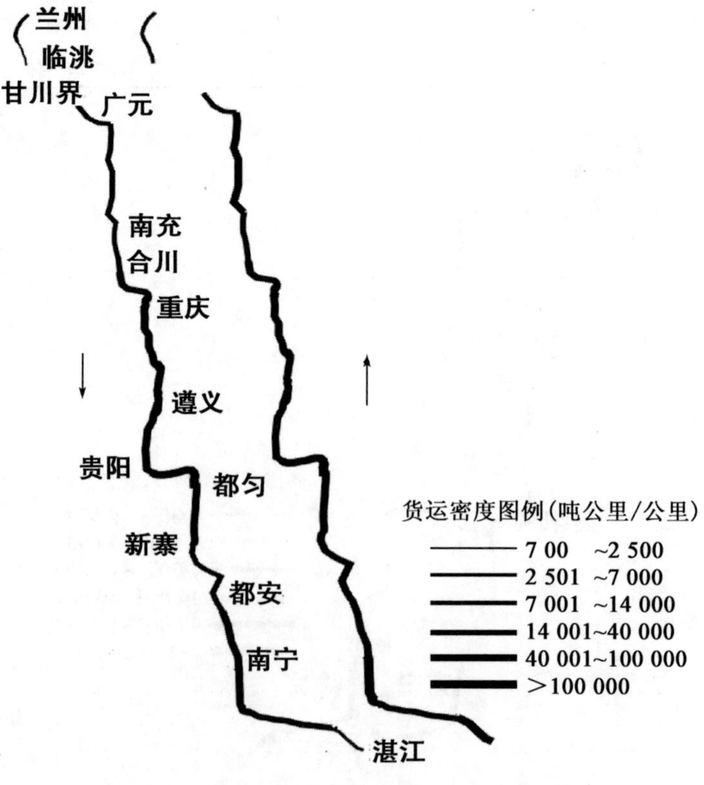

图3.30　2016年兰海高速公路(G65)货运密度

第 4 章　部分省(市)高速公路运输密度

4.1　天津市高速公路运输密度

4.1.1　客运密度分布如表 4.1 和图 4.1 所示。

2016 年天津市高速公路客运密度　　表 4.1

路段起止点	客运密度（人公里/公里）	路段起止点	客运密度（人公里/公里）
高村—徐庄	40 962	徐庄—高村	42 664
徐庄—汉沽	21 880	汉沽—徐庄	23 329
汉沽—独流	23 865	独流—汉沽	24 588
独流—九宣闸	10 192	九宣闸—独流	10 169
徐庄—东堤头	18 030	东堤头—徐庄	18 310
东堤头—北塘	11 583	北塘—东堤头	15 255
莲花岭—宝坻北	17 663	宝坻北—莲花岭	17 872
宝坻北—津蓟天津	28 713	津蓟天津—宝坻北	29 503
汉沽—芦台	12 615	芦台—汉沽	12 864
宁河—塘沽西	15 161	塘沽西—宁河	15 025
塘沽西—陈官屯	10 702	陈官屯—塘沽西	12 668
津静—九宣闸	20 232	九宣闸—津静	19 710
杨柳青—津晋高速塘沽	12 106	津晋高速塘沽—杨柳青	14 215
津港天津—大港	33 687	大港—津港天津	28 180
荣乌天津—霍庄子	20 948	霍庄子—荣乌天津	19 738
泗村店—天津机场	34 738	天津机场—泗村店	38 063
天津机场—塘沽	42 713	塘沽—天津机场	51 536
大羊坊—泗村店	90 229	泗村店—大羊坊	94 874
京沈互通新安镇—七里海	2 205	七里海—京沈互通新安镇	2 311
北辰东—芦台西	8 047	芦台西—北辰东	7 268

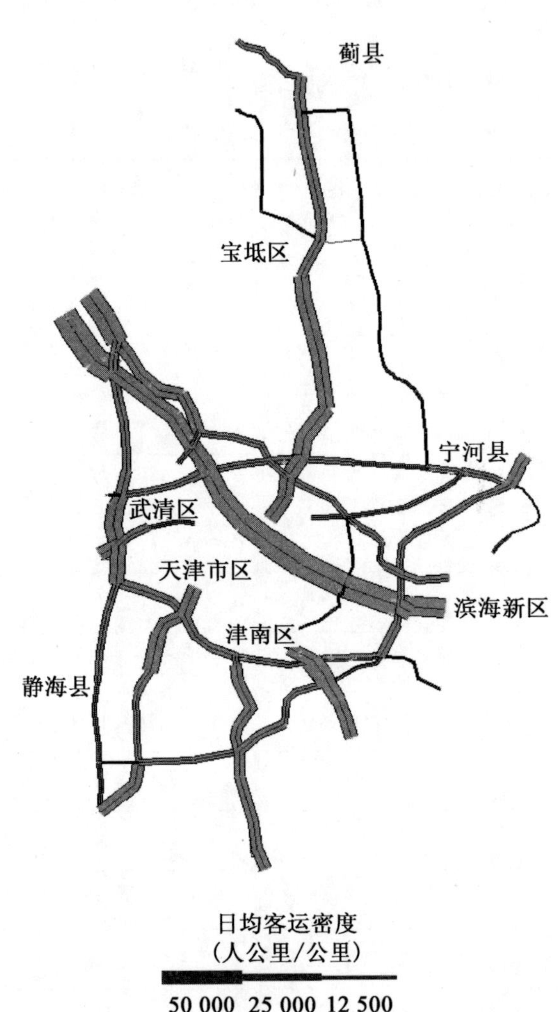

图 4.1　2016 年天津市高速公路日均客运密度

4.1.2　货运密度分布如表4.2和图4.2所示。

2016年天津市高速公路货运密度　　　　表4.2

路段起止点	货运密度（吨公里/公里）	路段起止点	货运密度（吨公里/公里）
高村—徐庄	28 156	徐庄—高村	34 492
徐庄—汉沽	34 430	汉沽—徐庄	39 163
汉沽—独流	54 707	独流—汉沽	50 834
独流—九宣闸	13 130	九宣闸—独流	12 889
徐庄—东堤头	15 834	东堤头—徐庄	16 629
东堤头—北塘	18 251	北塘—东堤头	17 422
莲花岭—宝坻北	13 488	宝坻北—莲花岭	7 169
宝坻北—津蓟天津	11 659	津蓟天津—宝坻北	9 594
汉沽—芦台	55 481	芦台—汉沽	45 456
宁河—塘沽西	104 968	塘沽西—宁河	97 991
塘沽西—陈官屯	65 368	陈官屯—塘沽西	83 074
津静—九宣闸	15 764	九宣闸—津静	16 914
杨柳青—津晋高速塘沽	53 095	津晋高速塘沽—杨柳青	51 749
津港天津—大港	43 008	大港—津港天津	9 395
荣乌天津—霍庄子	27 804	霍庄子—荣乌天津	40 373
泗村店—天津机场	84 327	天津机场—泗村店	73 665
天津机场—塘沽	95 779	塘沽—天津机场	78 673
大羊坊—泗村店	68 336	泗村店—大羊坊	76 445
京沈互通新安镇—七里海	5 777	七里海—京沈互通新安镇	3 902
北辰东—芦台西	6 194	芦台西—北辰东	9 091

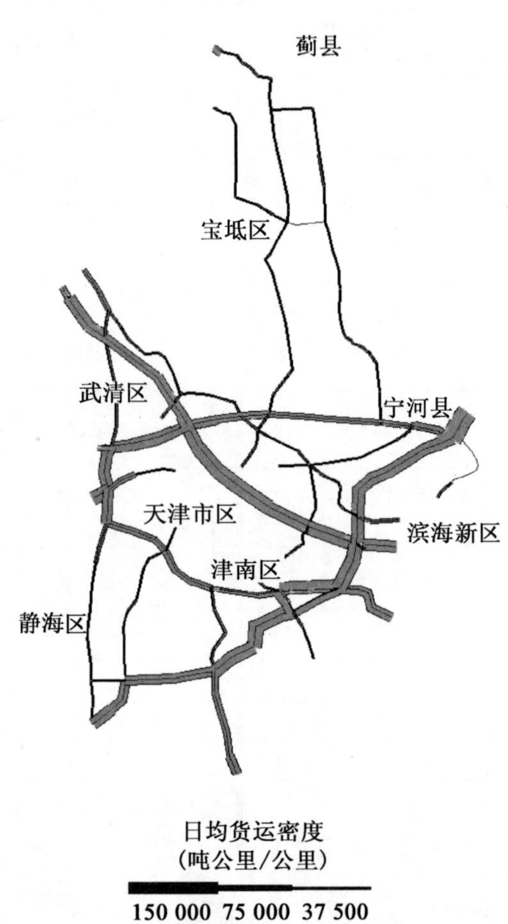

图 4.2　2016 年天津市高速公路日均货运密度

4.2　河北省高速公路运输密度

4.2.1　客运密度分布如表 4.3 和图 4.3 所示。

2016 年河北省高速公路客运密度　　表 4.3

路段起止点	客运密度（人公里/公里）	路段起止点	客运密度（人公里/公里）
宣化主线—东洋河	9 932	东洋河—宣化主线	9 369
东花园——宣化主线	1 9271	宣化主线—东花园	19 389
沙城西——万全	14 405	万全——沙城西	14 110
张家口北—九连城	5 461	九连城——张家口北	8 649
化稍营—蔚县	2 071	蔚县—化稍营	1 933
冀晋主线—宣化主线	6 435	宣化主线—冀晋主线	6 538
屈家庄—崇礼北	5 980	崇礼北—屈家庄	6 093
迁安—香河	32 121	香河—迁安	34 244
秦皇岛—迁安	30 321	迁安—秦皇岛	32 388
万家主线—秦皇岛	19 306	秦皇岛—万家主线	11 738
秦皇岛—京唐港	7 392	京唐港—秦皇岛	7 617
京唐港—涧河	6 441	涧河—京唐港	6 538
京唐港—唐山	10 855	唐山—京唐港	12 714
唐津—唐山	14 640	唐山—唐津	15 371
唐山—丰南西	16 362	丰南西—唐山	17 047
唐山西—承唐主线	13 207	承唐主线—唐山西	13 806
唐山西—曹妃甸	10 030	曹妃甸—唐山西	9 975
涿州北—保定	39 499	保定—涿州北	37 467
保定—冀津主线	20 532	冀津主线—保定	19 595
保定—石家庄北	33 321	石家庄北—保定	32 531
石家庄北—井陉西	10 105	井陉西—石家庄北	11 735
廊坊西—涞水	12 979	涞水—廊坊西	12 670
涞水—满城	14 515	满城—涞水	14 863
满城—石家庄	11 181	石家庄—满城	11 731
衡水北—石家庄北	25 112	石家庄北—衡水北	25 560
石家庄北—栾城	38 299	栾城—石家庄北	37 222
栾城—临漳	23 962	临漳—栾城	23 146
邯郸西—冀鲁主线	9 452	冀鲁主线—邯郸西	9 155
邢台南—冀鲁界	9 773	冀鲁界—邢台南	9 391
衡水北—景州主线	12 888	景州主线—衡水北	12 409
鹿泉—栾城	10 760	栾城—鹿泉	10 663
栾城—清河主线	12 191	清河主线—栾城	11 634
河城街—衡水北	11 569	衡水北—河城街	11 542
沧州西—河城街	21 746	河城街—沧州西	22 151

续上表

路段起止点	客运密度（人公里/公里）	路段起止点	客运密度（人公里/公里）
黄骅港—沧州西	7 060	沧州西—黄骅港	7 778
黄骅北线—海兴	15 583	海兴—黄骅北线	15 255
青县主线—沧州南	29 290	沧州南—青县主线	26 928
沧州南—吴桥主线	19 502	吴桥主线—沧州南	18 585
京冀主线—霸州	35 194	霸州—京冀主线	33 061
霸州—高阳	28 105	高阳—霸州	27 442
高阳—衡水	30 761	衡水—高阳	29 961
衡水—威县	23 212	威县—衡水	23 195
威县—大名	19 132	大名—威县	19 103
保定—沧州	18 418	沧州—保定	17 476
邯郸—涉县	6 077	涉县—邯郸	6 037
保定西—晋冀主线	6 708	晋冀主线—保定西	6 302
黄骅岐口—海港主线	3 922	海港主线—黄骅岐口	3 275
永清—沧州开发区	9 059	沧州开发区—永清	8 924
石家庄—西柏坡	11 009	西柏坡—石家庄	10 499
承唐主线—承德	7 292	承德—承唐主线	7 601
金山岭—红石砬	15 774	红石砬—金山岭	15 737
红石砬—双峰寺	14 632	双峰寺—红石砬	14 099
双峰寺—七家	9 512	七家—双峰寺	9 564
七家—冀蒙界收费站	6 132	冀蒙界收费站—七家	6 635
七家—围场北	3 713	围场北—七家	3 403
双峰寺—冀辽主线	4 343	冀辽主线—双峰寺	4 247
承德—坂城	5 641	坂城—承德	5 363
榛子镇—迁西	5 408	迁西—榛子镇	5 352
迁安—白羊裕	3 981	白羊裕—迁安	3 958
坂城—北戴河	4 450	北戴河—坂城	4 328
定州南—正定	39 966	正定—定州南	39 195
藁城北—赵县	4 607	赵县—藁城北	4 710
路罗—坂上	4 651	坂上—路罗	4 453
坂上—邢台南	2 960	邢台南—坂上	2 950
坂上—内丘南	1 749	内丘南—坂上	1 646
内丘南—新河南	5 545	新河南—内丘南	5 613
逐鹿北—涞水东	5 757	涞水东—逐鹿北	6 479
冀南新区—铺上	5 375	铺上—冀南新区	5 012
铺上—大名冀鲁界	944	大名冀鲁界—铺上	586
遵化南—清东陵	2 828	清东陵—遵化南	2 877
蔚县南—涞水	7 071	涞水—蔚县南	6 605

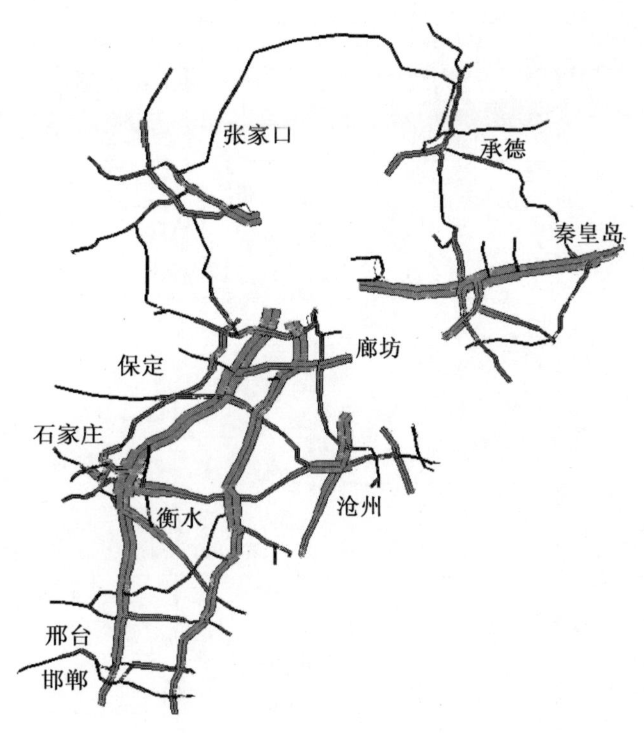

图 4.3　2016 年河北省高速公路日均客运密度

4.2.2 货运密度分布如表 4.4 和图 4.4 所示。

2016 年河北省高速公路货运密度

表 4.4

路段起止点	货运密度（吨公里/公里）	路段起止点	货运密度（吨公里/公里）
宣化主线—东洋河	17 511	东洋河—宣化主线	27 912
东花园——宣化主线	32 900	宣化主线—东花园	27 952
沙城西——万全	61 437	万全——沙城西	84 140
张家口北—九连城	3 735	九连城——张家口北	6 626
化稍营—蔚县	7 275	蔚县—化稍营	3 679
冀晋主线—宣化主线	13 427	宣化主线—冀晋主线	8 428
屈家庄—崇礼北	852	崇礼北—屈家庄	2 747
迁安—香河	80 280	香河—迁安	98 630
秦皇岛—迁安	140 327	迁安—秦皇岛	169 209
万家主线—秦皇岛	207 386	秦皇岛—万家主线	116 427
秦皇岛—京唐港	104 356	京唐港—秦皇岛	89 930
京唐港—涧河	121 175	涧河—京唐港	105 748
京唐港—唐山	12 172	唐山—京唐港	15 202
唐津—唐山	106 330	唐山—唐津	111 338
唐山—丰南西	117 052	丰南西—唐山	118 963
唐山西—承唐主线	26 613	承唐主线—唐山西	41 540
唐山西—曹妃甸	29 287	曹妃甸—唐山西	36 171
涿州北—保定	42 725	保定—涿州北	43 772
保定—冀津主线	62 537	冀津主线—保定	36 185
保定—石家庄北	38 593	石家庄北—保定	58 152
石家庄北—井陉西	62 890	井陉西—石家庄北	117 520
廊坊西—涞水	21 861	涞水—廊坊西	72 652
涞水—满城	15 843	满城—涞水	15 847
满城—石家庄	16 917	石家庄—满城	19 758
衡水北—石家庄北	28 863	石家庄北—衡水北	54 621
石家庄北—栾城	27 787	栾城—石家庄北	23 729
栾城—临漳	54 772	临漳—栾城	44 959
邯郸西—冀鲁主线	41 143	冀鲁主线—邯郸西	39 805
邢台南—冀鲁界	34 513	冀鲁界—邢台南	17 529
衡水北—景州主线	31 605	景州主线—衡水北	25 161
鹿泉—栾城	90 975	栾城—鹿泉	51 144
栾城—清河主线	49 988	清河主线—栾城	21 622
河城街—衡水北	45 087	衡水北—河城街	55 007
沧州西—河城街	70 825	河城街—沧州西	78 709
黄骅港—沧州西	35 299	沧州西—黄骅港	35 862

续上表

路段起止点	货运密度（吨公里/公里）	路段起止点	货运密度（吨公里/公里）
黄骅北线—海兴	78 441	海兴—黄骅北线	85 547
青县主线—沧州南	96 172	沧州南—青县主线	86 495
沧州南—吴桥主线	67 397	吴桥主线—沧州南	50 791
京冀主线—霸州	63 894	霸州—京冀主线	63 955
霸州—高阳	44 393	高阳—霸州	52 868
高阳—衡水	57 057	衡水—高阳	56 407
衡水—威县	65 909	威县—衡水	61 675
威县—大名	70 240	大名—威县	58 450
保定—沧州	61 968	沧州—保定	38 621
邯郸—涉县	13 082	涉县—邯郸	12 985
保定西—晋冀主线	9 797	晋冀主线—保定西	74 644
黄骅岐口—海港主线	55 886	海港主线—黄骅岐口	32 273
永清—沧州开发区	34 578	沧州开发区—永清	29 043
石家庄—西柏坡	12 847	西柏坡—石家庄	68 910
承唐主线—承德	16 532	承德—承唐主线	18 952
金山岭—红石砬	9 513	红石砬—金山岭	15 667
红石砬—双峰寺	16 404	双峰寺—红石砬	22 740
双峰寺—七家	9 774	七家—双峰寺	15 347
七家—冀蒙界收费站	9 488	冀蒙界收费站—七家	14 217
七家—围场北	1 572	围场北—七家	4 045
双峰寺—冀辽主线	11 913	冀辽主线—双峰寺	7 468
承德—坂城	5 272	坂城—承德	3 023
榛子镇—迁西	2 596	迁西—榛子镇	1 554
迁安—白羊峪	4 148	白羊峪—迁安	3 641
坂城—北戴河	3 256	北戴河—坂城	2 442
定州南—正定	35 745	正定—定州南	50 377
藁城北—赵县	14 262	赵县—藁城北	9 002
路罗—坂上	93 702	坂上—路罗	21 288
坂上—邢台南	51 533	邢台南—坂上	16 774
坂上—内丘南	6 638	内丘南—坂上	3 621
内丘南—新河南	5 303	新河南—内丘南	5 554
逐鹿北—涞水东	93 203	涞水东—逐鹿北	23 373
冀南新区—铺上	10 198	铺上—冀南新区	8 265
铺上—大名冀鲁界	818	大名冀鲁界—铺上	463
遵化南—清东陵	4 687	清东陵—遵化南	5 580
蔚县南—涞水	98 639	涞水—蔚县南	17 476

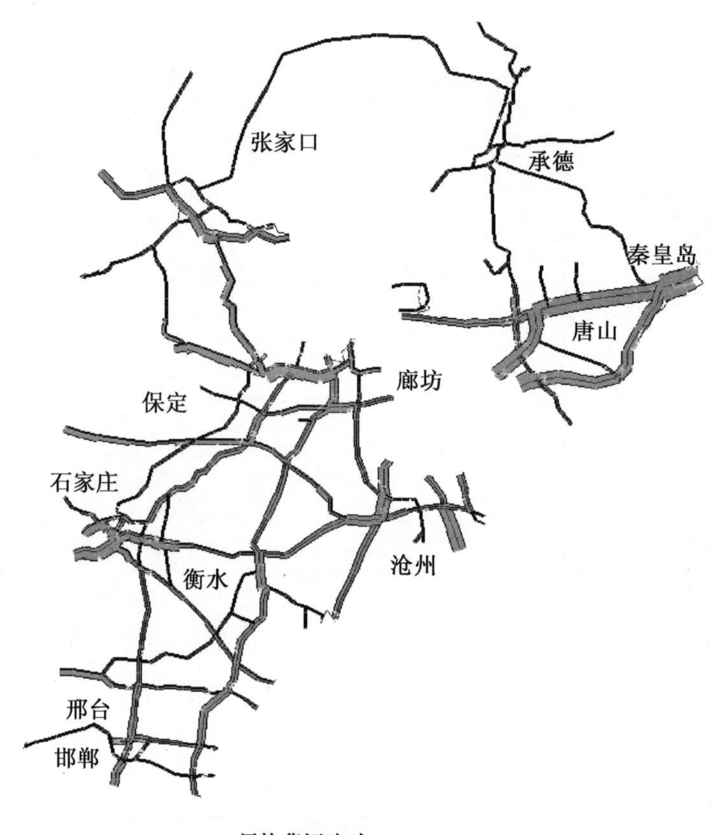

图 4.4 2016 年河北省高速公路日均货运密度

4.2.3 道路负荷分布如表 4.5 和图 4.5 所示。

2016 年河北省高速公路轴载　　　　表 4.5

路段起止点	轴载（标准轴载当量轴次/日）	路段起止点	轴载（标准轴载当量轴次/日）
宣化主线—东洋河	3 338	东洋河—宣化主线	10 238
东花园——宣化主线	7 450	宣化主线—东花园	15 449
沙城西——万全	8 626	万全——沙城西	8 976
张家口北—九连城	691	九连城——张家口北	1 098
化稍营—蔚县	2 612	蔚县—化稍营	2 234
冀晋主线—宣化主线	4 015	宣化主线—冀晋主线	1 860
屈家庄—崇礼北	198	崇礼北—屈家庄	443
迁安—香河	17 238	香河—迁安	18 565
秦皇岛—迁安	26 477	迁安—秦皇岛	27 469
万家主线—秦皇岛	34 258	秦皇岛—万家主线	18 478
秦皇岛—京唐港	12 094	京唐港—秦皇岛	10 992
京唐港—涧河	17 409	涧河—京唐港	15 100
京唐港—唐山	2 267	唐山—京唐港	3 456
唐津—唐山	25 062	唐山—唐津	7 180
唐山—丰南西	27 451	丰南西—唐山	15 380
唐山西—承唐主线	11 870	承唐主线—唐山西	11 125
唐山西—曹妃甸	11 928	曹妃甸—唐山西	12 328
涿州北—保定	9 224	保定—涿州北	7 899
保定—冀津主线	14 952	冀津主线—保定	6 034
保定—石家庄北	6 681	石家庄北—保定	7 331
石家庄北—井陉西	11 499	井陉西—石家庄北	20 852
廊坊西—涞水	3 853	涞水—廊坊西	18 485
涞水—满城	10 048	满城—涞水	6 147
满城—石家庄	5 269	石家庄—满城	7 820
衡水北—石家庄北	3 937	石家庄北—衡水北	9 776
石家庄北—栾城	11 703	栾城—石家庄北	3 847
栾城—临漳	11 763	临漳—栾城	7 469
邯郸西—冀鲁主线	5 911	冀鲁主线—邯郸西	5 327
邢台南—冀鲁界	7 912	冀鲁界—邢台南	3 455
衡水北—景州主线	4 208	景州主线—衡水北	2 741
鹿泉—栾城	11 426	栾城—鹿泉	7 438
栾城—清河主线	9 533	清河主线—栾城	4 332
河城街—衡水北	5 777	衡水北—河城街	8 448
沧州西—河城街	11 475	河城街—沧州西	13 710
黄骅港—沧州西	5 165	沧州西—黄骅港	6 016
黄骅北线—海兴	12 149	海兴—黄骅北线	12 403

续上表

路段起止点	轴载（标准轴载当量轴次/日）	路段起止点	轴载（标准轴载当量轴次/日）
青县主线—沧州南	14 184	沧州南—青县主线	12 889
沧州南—吴桥主线	10 479	吴桥主线—沧州南	7 728
京冀主线—霸州	8 081	霸州—京冀主线	13 046
霸州—高阳	7 396	高阳—霸州	13 007
高阳—衡水	8 763	衡水—高阳	10 708
衡水—威县	5 637	威县—衡水	3 822
威县—大名	9 428	大名—威县	7 369
保定—沧州	14 554	沧州—保定	7 346
邯郸—涉县	2 169	涉县—邯郸	2 124
保定西—晋冀主线	1 773	晋冀主线—保定西	13 521
黄骅岐口—海港主线	8 385	海港主线—黄骅岐口	4 923
永清—沧州开发区	6 657	沧州开发区—永清	5 420
石家庄—西柏坡	3 298	西柏坡—石家庄	9 783
承唐主线—承德	5 217	承德—承唐主线	7 916
金山岭—红石砬	1 666	红石砬—金山岭	3 257
红石砬—双峰寺	2 456	双峰寺—红石砬	3 694
双峰寺—七家	1 163	七家—双峰寺	2 104
七家—冀蒙界收费站	1 091	冀蒙界收费站—七家	2 000
七家—围场北	225	围场北—七家	498
双峰寺—冀辽主线	1 859	冀辽主线—双峰寺	1 378
承德—坂城	5 325	坂城—承德	3 632
榛子镇—迁西	572	迁西—榛子镇	380
迁安—白羊裕	767	白羊裕—迁安	850
坂城—北戴河	4 603	北戴河—坂城	2 681
定州南—正定	5 831	正定—定州南	5 180
藁城北—赵县	4 538	赵县—藁城北	4 783
路罗—坂上	18 194	坂上—路罗	4 212
坂上—邢台南	6 781	邢台南—坂上	3 147
坂上—内丘南	4 983	内丘南—坂上	1 429
内丘南—新河南	8 401	新河南—内丘南	3 197
逐鹿北—涞水东	19 420	涞水东—逐鹿北	2 925
冀南新区—铺上	3 439	铺上—冀南新区	2 461
铺上—大名冀鲁界	355	大名冀鲁界—铺上	75
遵化南—清东陵	1 330	清东陵—遵化南	1 589
蔚县南—涞水	24 085	涞水—蔚县南	3 393

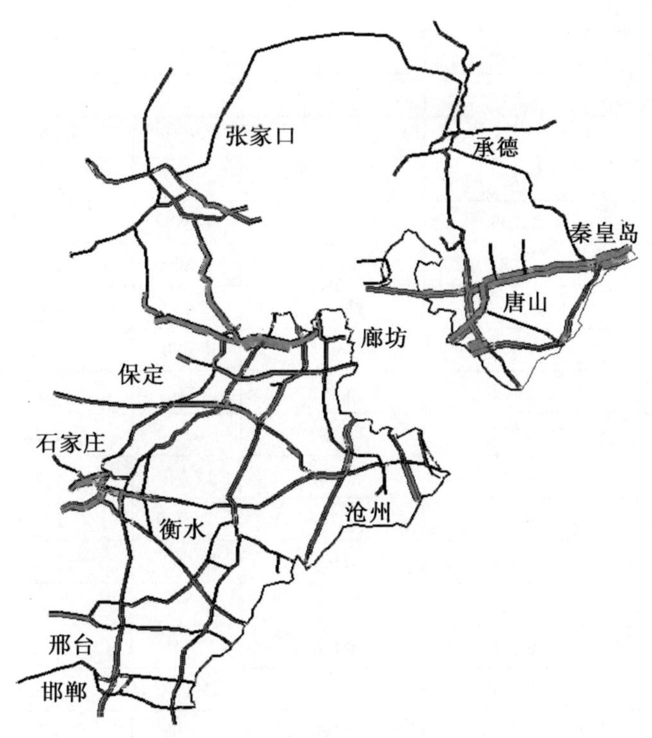

图 4.5　2016 年河北省高速公路日均轴载

4.2.4 交通量分布如表 4.6 和图 4.6 所示。

2016 年河北省高速公路交通量 表 4.6

路段起止点	正向			反向		
	客车折算交通量（辆/日）	货车折算交通量（辆/日）	小计	客车折算交通量（辆/日）	货车折算交通量（辆/日）	小计
宣化主线—东洋河	2 903	4 401	7 304	2 820	3 959	6 779
东花园—宣化主线	5 254	9 493	14 747	5 085	3 935	9 020
沙城西—万全	4 146	15 538	19 684	4 066	15 410	19 476
张家口北—九连城	1 544	1 195	2 739	2 489	1 453	3 942
化稍营—蔚县	629	1 148	1 777	609	1 021	1 630
冀晋主线—宣化主线	1 845	2 161	4 006	1 884	3 425	5 309
屈家庄—崇礼北	1 881	357	2 238	1 917	653	2 570
迁安—香河	9 678	15 953	25 631	9 848	17 080	26 928
秦皇岛—迁安	9 129	22 923	32 052	9 255	24 282	33 537
万家主线—秦皇岛	5 735	33 156	38 891	3 183	17 564	20 747
秦皇岛—京唐港	2 183	18 646	20 829	2 192	16 622	18 814
京唐港—涧河	1 852	21 116	22 968	1 776	18 904	20 680
京唐港—唐山	3 946	4 626	8 572	3 844	4 669	8 513
唐津—唐山	4 137	15 469	19 606	4 373	17 223	21 596
唐山—丰南西	4 805	18 934	23 739	4 968	20 652	25 620
唐山西—承唐主线	4 146	8 503	12 649	4 200	8 302	12 502
唐山西—曹妃甸	2 804	7 716	10 520	2 838	7 795	10 633
涿州北—保定	11 658	10 938	22 596	11 001	9 760	20 761
保定—冀津主线	5 928	10 506	16 434	5 864	11 620	17 484
保定—石家庄北	9 749	10 867	20 616	9 486	10 679	20 165
石家庄北—井陉西	3 187	16 310	19 497	3 373	16 660	20 033
廊坊西—涞水	3 804	12 034	15 838	3 720	14 884	18 604
涞水—满城	4 385	4 744	9 129	4 471	4 469	8 940
满城—石家庄	3 397	4 985	8 382	3 569	4 256	7 825
衡水北—石家庄北	7 883	9 226	17 109	8 043	9 850	17 893
石家庄北—栾城	11 202	6 729	17 931	10 586	6 292	16 878
栾城—临漳	6 977	10 262	17 239	6 637	11 244	17 881
邯郸西—冀鲁主线	2 706	7 157	9 863	2 641	8 718	11 359
邢台南—冀鲁界	2 815	5 365	8 180	2 784	5 753	8 537
衡水北—景州主线	3 676	6 142	9 818	3 567	5 891	9 458
鹿泉—栾城	3 210	12 665	15 875	3 209	11 674	14 883
栾城—清河主线	3 413	7 636	11 049	3 279	7 559	10 838
河城街—衡水北	3 299	8 945	12 244	3 251	9 371	12 622
沧州西—河城街	6 423	13 574	19 997	6 320	13 624	19 944
黄骅港—沧州西	2 363	7 364	9 727	2 363	6 801	9 164
黄骅北线—海兴	4 602	14 066	18 668	4 610	15 902	20 512
青县主线—沧州南	8 333	17 967	26 300	7 818	17 110	24 928

续上表

路段起止点	正向		小计	反向		小计
	客车折算交通量（辆/日）	货车折算交通量（辆/日）		客车折算交通量（辆/日）	货车折算交通量（辆/日）	
沧州南—吴桥主线	5 656	12 475	18 131	5 414	10 540	15 954
京冀主线—霸州	9 772	13 618	23 390	9 553	13 168	22 721
霸州—高阳	7 528	10 348	17 876	7 247	10 125	17 372
高阳—衡水	8 394	11 188	19 582	8 032	11 028	19 060
衡水—威县	5 812	10 912	16 724	5 659	11 111	16 770
威县—大名	4 767	10 974	15 741	4 684	10 298	14 982
保定—沧州	5 511	11 195	16 706	5 264	11 293	16 557
邯郸—涉县	1 765	3 649	5 414	1 739	3 851	5 590
保定西—晋冀主线	1 983	12 071	14 054	1 893	9 267	11 160
黄骅岐口—海港主线	1 168	8 752	9 920	975	5 788	6 763
永清—沧州开发区	2 794	7 057	9 851	2 747	5 608	8 355
石家庄—西柏坡	3 285	8 320	11 605	3 136	9 734	12 870
承唐主线—承德	2 139	3 360	5 499	2 118	3 341	5 459
金山岭—红石砬	4 075	2 095	6 170	4 198	2 925	7 123
红石砬—双峰寺	4 008	3 592	7 600	4 062	4 313	8 375
双峰寺—七家	2 624	2 389	5 013	2 624	2 674	5 298
七家—冀蒙界收费站	1 704	2 320	4 024	1 776	2 537	4 313
七家—围场北	1 055	660	1 715	948	723	1 671
双峰寺—冀辽主线	1 236	1 913	3 149	1 211	1 543	2 754
承德—坂城	1 750	1 119	2 869	1 606	1 055	2 661
榛子镇—迁西	1 693	684	2 377	1 684	629	2 313
迁安—白羊峪	1 266	1 169	2 435	1 240	1 075	2 315
坂城—北戴河	1 364	743	2 107	1 286	673	1 959
定州南—正定	11 533	9 547	21 080	11 274	9 331	20 605
藁城北—赵县	1 440	3 527	4 967	1 475	3 392	4 867
路罗—坂上	1 286	12 130	13 416	1 249	15 733	16 982
坂上—邢台南	837	6 849	7 686	833	8 777	9 610
坂上—内丘南	497	1 529	2 026	480	1 507	1 987
内丘南—新河南	1 683	1 305	2 988	1 702	1 608	3 310
逐鹿北—涞水东	1 601	12 068	13 669	1 747	9 141	10 888
马头—铺上	1 582	1 897	3 479	1 507	2 040	3 547
铺上—大名冀鲁界	294	243	537	177	209	386
遵化南—清东陵	882	2 738	3 620	845	1 806	2 651
蔚县南—涞水	2 082	12 670	14 752	1 965	12 124	14 089

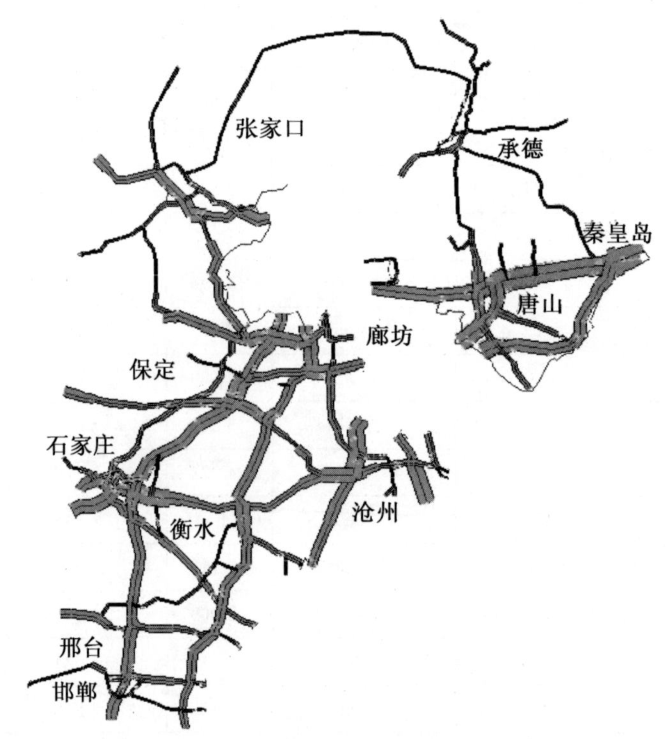

图 4.6 2016 年河北省高速公路日均交通量

4.3　山西省高速公路运输密度

4.3.1　客运密度分布如表4.7和图4.7所示。

2016年山西省高速公路客运密度　　表4.7

路段起止点	客运密度（人公里/公里）	路段起止点	客运密度（人公里/公里）
得胜口—大同北	3 857	大同北—得胜口	4 242
大同北—马连庄	3 858	马连庄—大同北	3 704
马连庄—孙启庄	8 190	孙启庄—马连庄	8 267
马连庄—大同北	5 148	大同北—马连庄	4 962
大同—元营	17 577	元营—大同	17 410
元营—朔州	11 906	朔州—元营	11 142
元营—忻州	22 525	忻州—元营	21 596
忻州—武宿	39 479	武宿—忻州	35 658
罗城—交城	49 024	交城—罗城	48 262
交城—汾阳	24 790	汾阳—交城	24 700
交城—平遥	24 047	平遥—交城	23 963
平遥—临汾	18 507	临汾—平遥	17 915
临汾—侯马	15 949	侯马—临汾	15 519
北柴—龙门大桥	8 901	龙门大桥—北柴	8 115
侯马—运城	16 074	运城—侯马	15 270
运城—平陆	10 422	平陆—运城	10 314
运城—风陵渡	6 314	风陵渡—运城	6 151
东郭—运城西	3 640	运城西—东郭	4 367
小店—屯留	24 671	屯留—小店	24 434
屯留—晋城东	20 952	晋城东—屯留	20 738
晋城—泽州	4 622	泽州—晋城	4 403
大同北—西口	2 545	西口—大同北	2 473
驿马岭—山阴	3 419	山阴—驿马岭	2 909
五台山主线—顿村	7 144	顿村—五台山主线	6 529
顿村—杨家湾	5 011	杨家湾—顿村	5 080
黄寨—太佳	3 368	太佳—黄寨	3 385
郝家庄主线—阳曲	4 969	阳曲—郝家庄主线	4 378
阳曲—古交	15 461	古交—阳曲	15 819
旧关—晋中北	13 766	晋中北—旧关	15 613
晋中北—罗城	22 664	罗城—晋中北	22 508

续上表

路段起止点	客运密度（人公里/公里）	路段起止点	客运密度（人公里/公里）
晋中北—祁县	9 913	祁县—晋中北	10 211
盂县东—平定	3 513	平定—盂县东	5 715
左权—平遥	3 947	平遥—左权	3 779
平遥—汾阳	4 849	汾阳—平遥	4 801
汾阳—军渡	11 673	军渡—汾阳	10 951
东阳关—屯留	2 838	屯留—东阳关	4 040
潞城—长治县	1 758	长治县—潞城	1 679
明姜—广胜寺景区	1 038	广胜寺景区—明姜	1 027
龙马枢纽—洪洞西	638	洪洞西—龙马枢纽	728
临汾枢纽—壶口	5 084	壶口—临汾枢纽	4 679
王莽岭—南义城	1 559	南义城—王莽岭	1 544
南义城—晋城西	1 741	晋城西—南义城	2 264
丹河—北留	13 023	北留—丹河	13 239
北留—阳城	9 343	阳城—北留	7 273
北留—侯马	7 123	侯马—北留	6 571
河津—临猗西	1 826	临猗西—河津	1 874
蒲掌—东镇	5 774	东镇—蒲掌	6 483
北垣—王显	2 743	王显—北垣	2 714
新平堡—大同县	2 225	大同县—新平堡	1 977
大同县—浑源西	4 720	浑源西—大同县	4 729
浑源北—焦山主线	1 059	焦山主线—浑源北	1 124
汤头—五台山北	1 665	五台山北—汤头	1 786
长治东—虹梯关	2 355	虹梯关—长治东	2 037
定襄西—高蒲	7 866	定襄西—高蒲	7 896
五台山北—代县	2 442	五台山北—代县	2 682
岢岚—临县北	510	岢岚—临县北	552
平定—左权	1 929	平定—左权	2 219
朔州东—平鲁	1 129	朔州东—平鲁	1 157
二道梁—山阴	1 269	山阴—二道梁	1 408
临县北—离石西	3 137	离石西—临县北	2 855
义井—河曲	1 408	河曲—义井	1 241

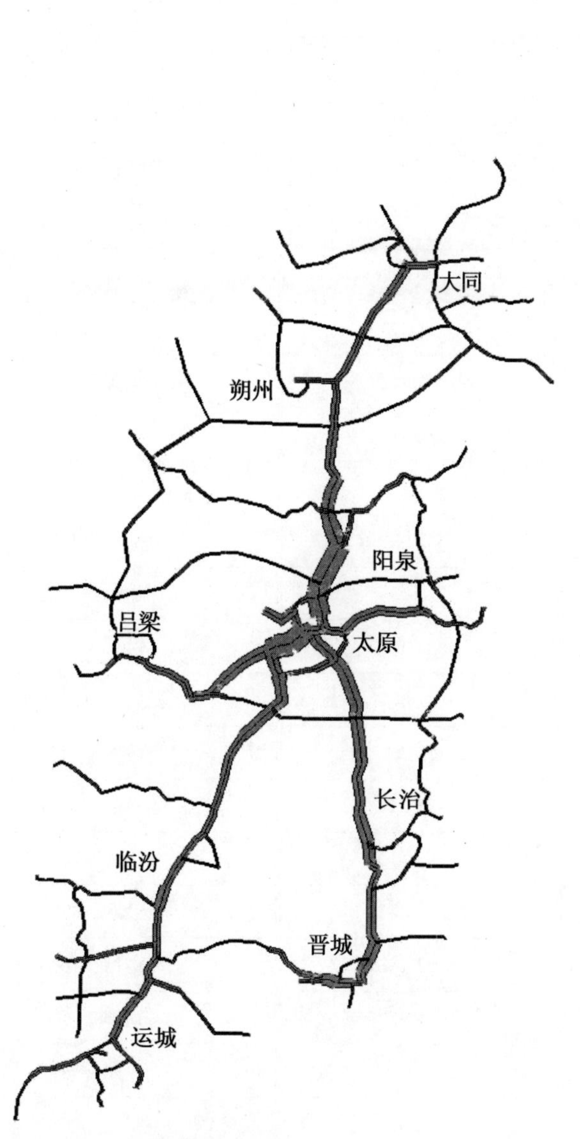

图 4.7　2016 年山西省高速公路日均客运密度

4.3.2 货运密度分布如表 4.8 和图 4.8 所示。

2016 年山西省高速公路货运密度 表 4.8

路段起止点	货运密度（吨公里/公里）	路段起止点	货运密度（吨公里/公里）
得胜口—大同北	3 186	大同北—得胜口	4 531
大同北—马连庄	10 590	马连庄—大同北	4 163
马连庄—孙启庄	5 655	孙启庄—马连庄	4 129
马连庄—大同北	8 856	大同北—马连庄	8 700
大同—元营	6 998	元营—大同	10 480
元营—朔州	1 951	朔州—元营	4 254
元营—忻州	22 245	忻州—元营	10 959
忻州—武宿	56 002	武宿—忻州	19 309
罗城—交城	58 515	交城—罗城	65 614
交城—汾阳	42 550	汾阳—交城	65 180
交城—平遥	33 392	平遥—交城	29 463
平遥—临汾	15 549	临汾—平遥	16 254
临汾—侯马	23 009	侯马—临汾	13 653
北柴—龙门大桥	26 677	龙门大桥—北柴	16 667
侯马—运城	12 259	运城—侯马	6 696
运城—平陆	28 942	平陆—运城	14 486
运城—风陵渡	3 410	风陵渡—运城	3 228
东郭—运城西	1 471	运城西—东郭	1 852
小店—屯留	54 185	屯留—小店	24 475
屯留—晋城东	24 832	晋城东—屯留	13 550
晋城—泽州	36 089	泽州—晋城	9 118
大同北—西口	3 332	西口—大同北	11 061
驿马岭—山阴	14 191	山阴—驿马岭	50 534
五台山主线—顿村	6 854	顿村—五台山主线	100 010
顿村—杨家湾	5 237	杨家湾—顿村	147 989
黄寨—太佳	5 349	太佳—黄寨	45 591
郝家庄主线—阳曲	13 347	阳曲—郝家庄主线	72 122
阳曲—古交	14 984	古交—阳曲	15 608
旧关—晋中北	58 635	晋中北—旧关	83 007
晋中北—罗城	67 046	罗城—晋中北	96 090

续上表

路段起止点	货运密度（吨公里/公里）	路段起止点	货运密度（吨公里/公里）
晋中北—祁县	35 338	祁县—晋中北	70 523
盂县东—平定	19 633	平定—盂县东	6 469
左权—平遥	13 295	平遥—左权	76 371
平遥—汾阳	8 322	汾阳—平遥	26 169
汾阳—军渡	61 118	军渡—汾阳	105 010
东阳关—屯留	582	屯留—东阳关	5 587
潞城—长治县	3 825	长治县—潞城	5 989
明姜—广胜寺景区	395	广胜寺景区—明姜	235
龙马枢纽—洪洞西	1 790	洪洞西—龙马枢纽	2 949
临汾枢纽—壶口	5 122	壶口—临汾枢纽	5 999
王莽岭—南义城	132	南义城—王莽岭	138
南义城—晋城西	4 105	晋城西—南义城	2 330
丹河—北留	6 361	北留—丹河	12 530
北留—阳城	368	阳城—北留	1 220
北留—侯马	6 232	侯马—北留	7 708
河津—临猗西	1 782	临猗西—河津	2 309
蒲掌—东镇	8 413	东镇—蒲掌	27 086
北垣—王显	1 136	王显—北垣	3 819
新平堡—大同县	1 006	大同县—新平堡	3 443
大同县—浑源西	2 559	浑源西—大同县	4 210
浑源北—焦山主线	14 433	焦山主线—浑源北	353
汤头—五台山北	1 451	五台山北—汤头	3 132
长治东—虹梯关	31 406	虹梯关—长治东	3 982
定襄西—高蒲	2 099	定襄西—高蒲	2 341
五台山北—代县	531	五台山北—代县	445
岢岚—临县北	1 577	岢岚—临县北	5 364
平定—左权	1 093	平定—左权	6 233
朔州东—平鲁	1 754	朔州东—平鲁	934
二道梁—山阴	29 021	山阴—二道梁	2 077
临县北—离石西	27 993	离石西—临县北	3 741
义井—河曲	1 247	河曲—义井	16 196

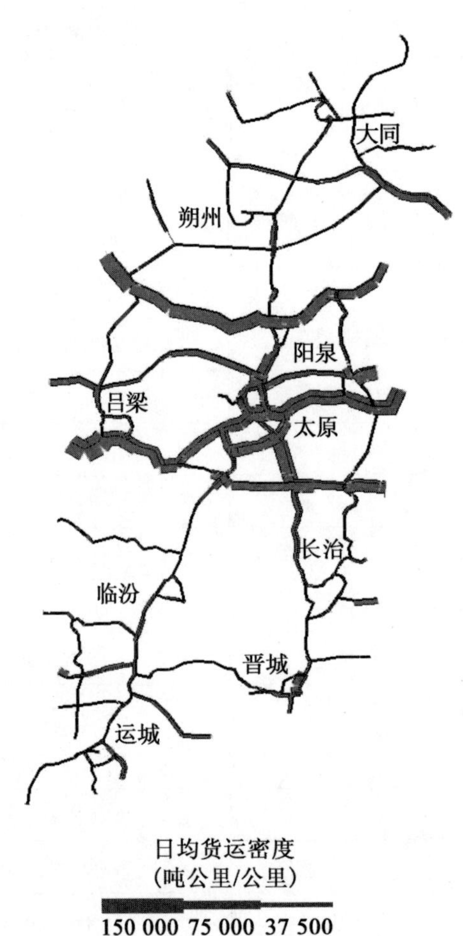

图 4.8　2016 年山西省高速公路日均货运密度

4.3.3 道路负荷分布如表 4.9 和图 4.9 所示。

2016 年山西省高速公路轴载 表 4.9

路段起止点	轴载（标准轴载当量轴次/日）	路段起止点	轴载（标准轴载当量轴次/日）
得胜口—大同北	526	大同北—得胜口	831
大同北—马连庄	1 765	马连庄—大同北	662
马连庄—孙启庄	1 044	孙启庄—马连庄	598
马连庄—大同北	1 525	大同北—马连庄	1 417
大同—元营	1 092	元营—大同	1 786
元营—朔州	297	朔州—元营	645
元营—忻州	4 248	忻州—元营	1 776
忻州—武宿	10 166	武宿—忻州	3 164
罗城—交城	8 513	交城—罗城	10 609
交城—汾阳	5 371	汾阳—交城	9 494
交城—平遥	5 435	平遥—交城	4 914
平遥—临汾	2 518	临汾—平遥	2 730
临汾—侯马	3 915	侯马—临汾	2 193
北柴—龙门大桥	4 654	龙门大桥—北柴	2 746
侯马—运城	2 143	运城—侯马	1 044
运城—平陆	6 174	平陆—运城	2 317
运城—风陵渡	477	风陵渡—运城	473
东郭—运城西	263	运城西—东郭	363
小店—屯留	9 283	屯留—小店	3 728
屯留—晋城东	3 972	晋城东—屯留	1 917
晋城—泽州	6 823	泽州—晋城	1 293
大同北—西口	534	西口—大同北	1 581
驿马岭—山阴	2 281	山阴—驿马岭	9 529
五台山主线—顿村	1 263	顿村—五台山主线	19 587
顿村—杨家湾	1 184	杨家湾—顿村	30 133
黄寨—太佳	919	太佳—黄寨	8 415
郝家庄主线—阳曲	2 208	阳曲—郝家庄主线	12 506
阳曲—古交	2 651	古交—阳曲	3 056
旧关—晋中北	7 897	晋中北—旧关	13 154
晋中北—罗城	9 968	罗城—晋中北	18 654
晋中北—祁县	6 110	祁县—晋中北	13 036
盂县东—平定	3 523	平定—盂县东	1 121
左权—平遥	2 396	平遥—左权	17 793
平遥—汾阳	1 439	汾阳—平遥	5 622
汾阳—军渡	8 382	军渡—汾阳	18 352
东阳关—屯留	67	屯留—东阳关	1 462
潞城—长治县	714	长治县—潞城	1 213
明姜—广胜寺景区	60	广胜寺景区—明姜	32
龙马枢纽—洪洞西	142	洪洞西—龙马枢纽	566

续上表

路段起止点	轴载 （标准轴载当量轴次/日）	路段起止点	轴载 （标准轴载当量轴次/日）
临汾枢纽—壶口	825	壶口—临汾枢纽	907
王莽岭—南义城	24	南义城—王莽岭	26
南义城—晋城西	828	晋城西—南义城	504
丹河—北留	796	北留—丹河	2 402
北留—阳城	65	阳城—北留	275
北留—侯马	996	侯马—北留	1 298
河津—临猗西	316	临猗西—河津	482
蒲掌—东镇	1 332	东镇—蒲掌	5 320
北垣—王显	180	王显—北垣	754
新平堡—大同县	200	大同县—新平堡	762
大同县—浑源西	320	浑源西—大同县	752
浑源北—焦山主线	3 474	焦山主线—浑源北	102
汤头—五台山北	241	五台山北—汤头	546
长治东—虹梯关	6 171	虹梯关—长治东	906
定襄西—高蒲	263	定襄西—高蒲	350
五台山北—代县	69	五台山北—代县	60
岢岚—临县北	323	岢岚—临县北	1 119
平定—左权	164	平定—左权	1 265
朔州东—平鲁	265	朔州东—平鲁	168
二道梁—山阴	5 755	山阴—二道梁	397
临县北—离石西	4 888	离石西—临县北	672
义井—河曲	328	河曲—义井	3115

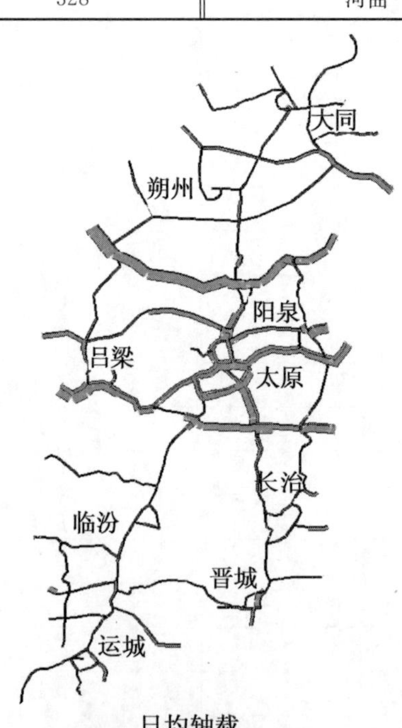

图 4.9　2016 年山西省高速公路日均轴载

4.3.4　交通量分布如表 4.10 和图 4.10 所示。

2016 年山西省高速公路交通量　　表 4.10

路段起止点	正向			反向		
	客车折算交通量(辆/日)	货车折算交通量(辆/日)	小计	客车折算交通量(辆/日)	货车折算交通量(辆/日)	小计
得胜口—大同北	1 236	999	2 235	1 353	1 031	2 384
大同北—马连庄	1 254	1 759	3 013	1 176	2 078	3 254
马连庄—孙启庄	2 458	1 062	3 520	2 495	1 865	4 360
马连庄—大同北	1 624	2 568	4 192	1 560	2 375	3 935
大同—元营	5 214	3 110	8 324	5 178	2 248	7 426
元营—朔州	3 476	1 567	5 043	3 171	883	4 054
元营—忻州	6 282	4 038	10 320	6 118	4 555	10 673
忻州—武宿	11 219	9 305	20 524	10 366	10 872	21 238
罗城—交城	15 349	13 785	29 134	15 110	11 460	26 570
交城—汾阳	7 599	16 692	2 4291	7 596	9 914	17 510
交城—平遥	7 574	6 738	14 312	7 545	8 214	15 759
平遥—临汾	5 598	4 139	9 737	5 408	4 908	10 316
临汾—侯马	4 960	4 814	9 774	4 831	6 967	11 798
北柴—龙门大桥	2 775	5 176	7 951	2 546	4 613	7 159
侯马—运城	5 109	2 933	8 042	4 904	3 805	8 709
运城—平陆	3 044	4 464	7 508	2 941	6 100	9 041
运城—风陵渡	1 866	873	2 739	1 832	1 345	3 177
东郭—运城西	1 193	579	1 772	1 380	591	1 971
小店—屯留	6 406	8 100	1 4506	6 340	10 843	17 183
屯留—晋城东	5 652	4 483	10 135	5 617	6 383	12 000
晋城—泽州	1 188	4 774	5 962	1 154	4 796	5 950
大同北—西口	832	3 616	4 448	810	1 499	2 309
驿马岭—山阴	961	8 550	9 511	865	6 445	7 310
五台山主线—顿村	2 125	19 309	21 434	1 900	12 928	14 828
顿村—杨家湾	1 344	27 630	28 974	1 308	18 307	19 615
黄寨—太佳	993	5 957	6 950	978	5 804	6 782
郝家庄主线—阳曲	1 534	10 249	11 783	1 333	9 213	10 546
阳曲—古交	4 907	3 970	8 877	5 030	3 438	8 468
旧关—晋中北	4 086	13 564	17 650	4 591	12 059	16 650
晋中北—罗城	7 241	14 893	22 134	7 210	14 390	21 600
晋中北—祁县	3 144	10 822	13 966	3 234	10 273	13 507

续上表

路段起止点	正向		小计	反向		小计
	客车折算交通量（辆/日）	货车折算交通量（辆/日）		客车折算交通量（辆/日）	货车折算交通量（辆/日）	
盂县东—平定	1 176	2 680	3 856	1 756	4 952	6 708
左权—平遥	1 089	10 608	11 697	1 032	9 479	10 511
平遥—汾阳	1 475	4 653	6 128	1 463	3 736	5 199
汾阳—军渡	35 16	18 268	21 784	3 277	13 585	16 862
东阳关—屯留	717	223	940	990	886	1 876
潞城—长治县	466	2 305	2 771	443	1 014	1 457
明姜—广胜寺景区	331	129	460	333	149	482
龙马枢纽—洪洞西	215	548	763	245	618	863
临汾枢纽—壶口	1 413	1 408	2 821	1 281	1 048	2 329
王莽岭—南义城	479	77	556	476	85	561
南义城—晋城西	605	846	1 451	754	1 631	2 385
丹河—北留	3 684	3 068	6 752	3 732	2 582	6 314
北留—阳城	3 241	445	3 686	2 512	265	2 777
北留—侯马	1 934	2 218	4 152	1 812	1 690	3 502
河津—临猗西	622	552	1 174	638	673	1 311
蒲掌—东镇	1 543	3 333	4 876	1 738	3 857	5 595
北垣—王显	927	691	1 618	915	834	1 749
新平堡—大同县	692	669	1 361	615	493	1 108
大同县—浑源西	1 511	890	2 401	1 477	859	2 336
浑源北—焦山主线	333	1 711	2 044	356	2 048	2 404
汤头—五台山北	488	950	1 438	493	507	1 000
长治东—虹梯关	503	3 780	4 283	442	3 824	4 266
定襄西—高蒲	2 246	732	2 978	2 200	714	2 914
五台山北—代县	850	371	1 221	788	184	972
岢岚—临县北	183	855	1 038	168	640	808
平定—左权	686	1 042	1 728	599	975	1 574
朔州东—平鲁	357	783	1 140	360	383	743
山阴—二道梁	428	3 442	3 870	387	3 539	3 926
临县北—离石西	924	3 617	4 541	825	4 797	5 622
义井—河曲	385	4 380	4 765	329	1 992	2 321

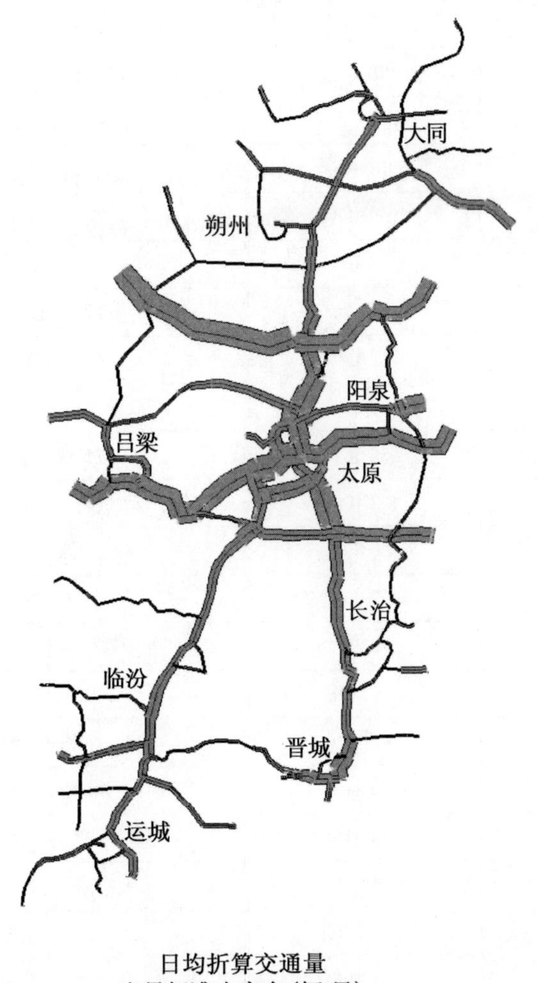

图 4.10　2016 年山西省高速公路日均交通量

4.4 辽宁省高速公路运输密度

4.4.1 客运密度分布如表 4.11 和图 4.11 所示。

2016 年辽宁省高速公路客运密度　　表 4.11

路段起止点	客运密度（人公里/公里）	路段起止点	客运密度（人公里/公里）
万家—葫芦岛	22 959	葫芦岛—万家	22 659
葫芦岛—锦州	28 882	锦州—葫芦岛	28 731
锦州—沈阳西	30 136	沈阳西—锦州	29 687
沈阳—毛家店	13 847	毛家店—沈阳	10 855
锦州—朝阳	9 488	朝阳—锦州	9 500
朝阳—黑水	3 863	黑水—朝阳	3 830
锦州东—阜新	7 593	阜新—锦州东	7 960
沈阳—鞍山	42 489	鞍山—沈阳	43 290
鞍山—营口	32 810	营口—鞍山	33 615
营口—鲅鱼圈	39 584	鲅鱼圈—营口	40 115
鲅鱼圈—炮台	23 400	炮台—鲅鱼圈	23 844
炮台—长兴岛	9 899	长兴岛—炮台	10 121
炮台—大连	57 008	大连—炮台	56 897
大连—旅顺新港	12 293	旅顺新港—大连	13 506
大连—庄河	20 069	庄河—大连	19 391
庄河—丹东	5 260	丹东—庄河	5 121
丹东—本溪	9 310	本溪—丹东	9 340
本溪—沈阳	28 916	沈阳—本溪	27 502
三十里堡—大窑湾	24 009	大窑湾—三十里堡	24 173
光辉—西安	23 135	西安—光辉	23 428
西安—西柳	7 196	西柳—西安	7 339
西安—营口	13 808	营口—西安	13 993
沈阳—草市	13 288	草市—沈阳	12 601
毛家店—三十家子	6 141	三十家子—毛家店	5 770
三面船—北台	4 026	北台—三面船	4 111
彰武—红旗台	11 534	红旗台—彰武	11 793
康平北—沈北新区	7 680	沈北新区—康平北	7 996
沈阳西环(逆时针)	28 560	沈阳西环(顺时针)	33 680
沈阳东环(逆时针)	19 786	沈阳东环(顺时针)	19 286
西柳—大孤山	6 363	大孤山—西柳	6 267
彰武—阿尔乡	4 657	阿尔乡—彰武	4 302

续上表

路段起止点	客运密度（人公里/公里）	路段起止点	客运密度（人公里/公里）
金岛—皮口	3 667	皮口—金岛	3 815
旺清门主线—南杂木	5 260	南杂木—旺清门主线	5 266
永陵—桓仁	2 164	桓仁—永陵	2 188
鹤大辽吉界—丹东	3 423	丹东—鹤大辽吉界	3 410
盖州—庄河西	4 898	庄河西—盖州	4 925
金沟子—安民主线	1 412	安民主线—金沟子	1 998
阜新—甜水	4 033	甜水—阜新	4 034
茨榆坨—灯塔	4 291	灯塔—茨榆坨	4 394
兴城—建昌	5 240	建昌—兴城	5 270
西安—辽东湾	666	辽东湾—西安	777

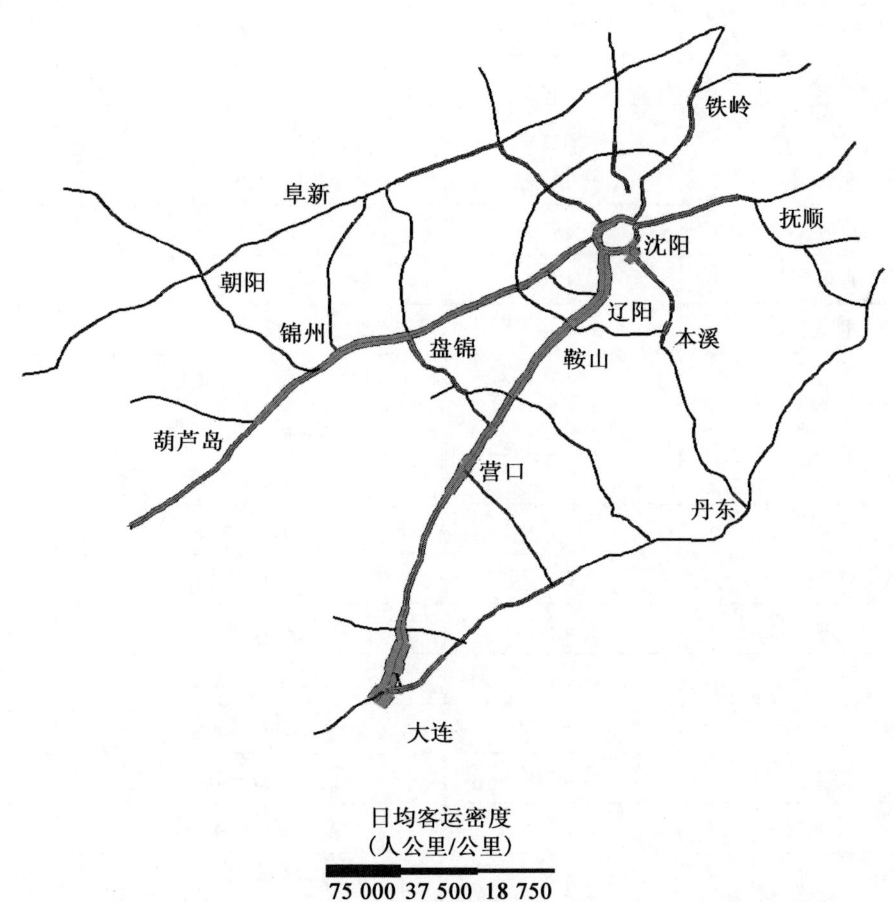

图 4.11 2016 年辽宁省高速公路日均客运密度

4.4.2 货运密度分布如表 4.12 和图 4.12 所示。

2016 年辽宁省高速公路货运密度 表 4.12

路段起止点	货运密度（吨公里/公里）	路段起止点	货运密度（吨公里/公里）
万家—葫芦岛	177 257	葫芦岛—万家	167 295
葫芦岛—锦州	207 921	锦州—葫芦岛	192 271
锦州—沈阳西	153 725	沈阳西—锦州	120 208
沈阳—毛家店	77 821	毛家店—沈阳	52 453
锦州—朝阳	15 659	朝阳—锦州	23 061
朝阳—黑水	7 949	黑水—朝阳	13 071
锦州东—阜新	36 169	阜新—锦州东	44 052
沈阳—鞍山	33 863	鞍山—沈阳	33 170
鞍山—营口	46 899	营口—鞍山	44 139
营口—鲅鱼圈	84 415	鲅鱼圈—营口	69 292
鲅鱼圈—炮台	56 696	炮台—鲅鱼圈	42 167
炮台—长兴岛	9 712	长兴岛—炮台	8 092
炮台—大连	45 790	大连—炮台	32 431
大连—旅顺新港	5 290	旅顺新港—大连	6 199
大连—庄河	6 772	庄河—大连	8 570
庄河—丹东	4 454	丹东—庄河	4 212
丹东—本溪	5 900	本溪—丹东	7 045
本溪—沈阳	4 164	沈阳—本溪	5 554
三十里堡—大窑湾	36 514	大窑湾—三十里堡	28 929
光辉—西安	92 022	西安—光辉	103 434
西安—西柳	19 151	西柳—西安	21 366
西安—营口	36 197	营口—西安	33 584
沈阳—草市	16 701	草市—沈阳	21 505
毛家店—三十家子	14 966	三十家子—毛家店	15 938
三面船—北台	6 458	北台—三面船	8 747
彰武—红旗台	6 231	红旗台—彰武	6 531
康平北—沈北新区	17 418	沈北新区—康平北	16 806
沈阳西环（逆时针）	64 479	沈阳西环（顺时针）	79 945
沈阳东环（逆时针）	21 600	沈阳东环（顺时针）	21 061
西柳—大孤山	9 265	大孤山—西柳	7 899
彰武—阿尔乡	8 801	阿尔乡—彰武	10 999
金岛—皮口	2 400	皮口—金岛	1 610

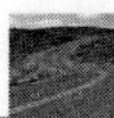

续上表

路段起止点	货运密度（吨公里/公里）	路段起止点	货运密度（吨公里/公里）
旺清门主线—南杂木	2 685	南杂木—旺清门主线	3 410
永陵—桓仁	873	桓仁—永陵	1 111
鹤大辽吉界—丹东	2 826	丹东—鹤大辽吉界	2 451
盖州——庄河西	6 564	庄河西—盖州	5 327
金沟子—安民主线	855	安民主线—金沟子	996
阜新—甜水	5 613	甜水—阜新	6 201
茨榆坨—灯塔	8 601	灯塔—茨榆坨	12 248
兴城—建昌	12 849	建昌—兴城	13 704
西安—辽东湾	1 777	辽东湾—西安	3 598

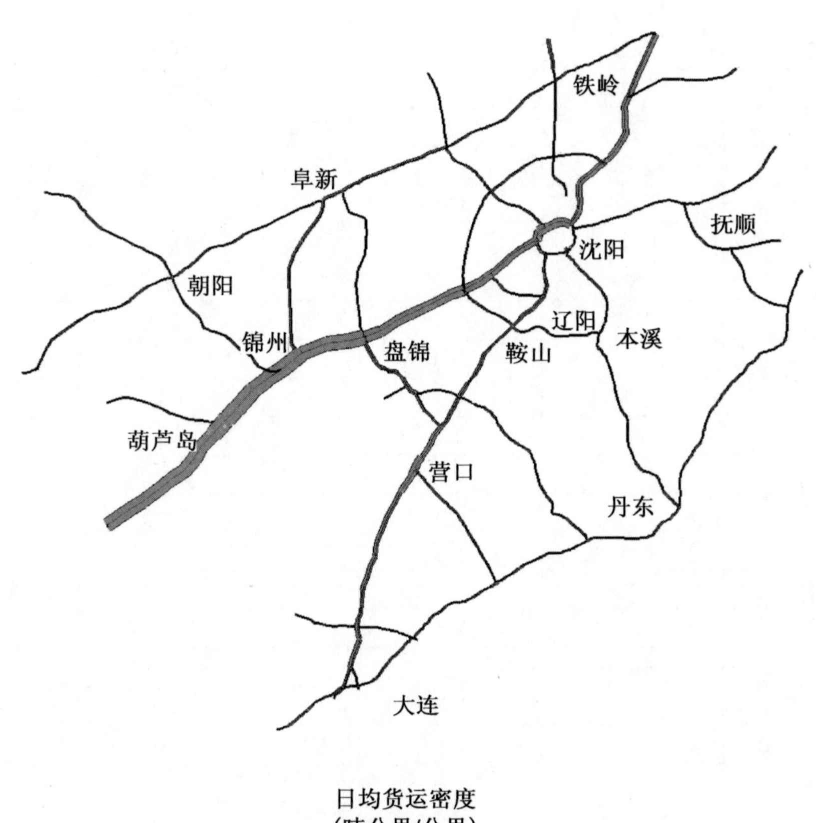

图 4.12　2016 年辽宁省高速公路日均货运密度

4.4.3 交通量分布如表4.13和图4.13所示。

2016年辽宁省高速公路交通量　　表4.13

路段起止点	正向		小计	反向		小计
	客车折算交通量（辆/日）	货车折算交通量（辆/日）		客车折算交通量（辆/日）	货车折算交通量（辆/日）	
万家—葫芦岛	5 874	28 630	34 504	5 735	28 096	33 831
葫芦岛—锦州	7 428	33 582	41 010	7 361	32 210	39 571
锦州—沈阳西	7 888	25 535	33 423	7 848	21 034	28 882
沈阳—毛家店	3 677	13 614	17 291	2 936	9 557	12 493
锦州—朝阳	2 405	3 145	5 550	2 404	3 799	6 203
朝阳—黑水	1 004	1 823	2 827	991	2 083	3 074
锦州东—阜新	2 051	5 920	7 971	2 073	7 205	9 278
沈阳—鞍山	11 847	8 136	19 983	11 992	8 296	20 288
鞍山—营口	8 762	9 582	18 344	8 915	10 385	19 300
营口—鲅鱼圈	10 262	15 743	26 005	10 366	16 897	27 263
鲅鱼圈—炮台	5 966	10 254	16 220	6 057	10 030	16 087
炮台—长兴岛	2 587	2 273	4 860	2 624	2 228	4 852
炮台—大连	14 837	10 025	24 862	14 912	9 880	24 792
大连—旅顺新港	3 331	1 598	4 929	3 686	1 825	5 511
大连—庄河	5 220	2 225	7 445	4 975	2 289	7 264
庄河—丹东	1 400	1 113	2 513	1 348	1 084	2 432
丹东—本溪	2 360	1 705	4 065	2 384	1 641	4 025
本溪—沈阳	8 256	1 389	9 645	7 842	1 501	9 343
三十里堡—大窑湾	6 514	7 967	1 4481	6 604	8 163	14 767
光辉—西安	5 887	17 273	23 160	5 906	16 105	22 011
西安—西柳	1 901	3 416	5 317	1 934	3 961	5 895
西安—营口	3 501	6 547	10 048	3 525	6 798	10 323
沈阳—草市	3 454	3 245	6 699	3 232	3 858	7 090
毛家店—三十家子	1 656	2 780	4 436	1 587	2 635	4 222
三面船—北台	1 093	1 490	2 583	1 109	1 648	2 757
彰武—红旗台	3 227	1 621	4 848	3 317	1 604	4 921
康平北—沈北新区	2 125	3 294	5 419	2 208	2 903	5 111
沈阳西环(逆时针)	8 331	15 274	23 605	9 761	17 930	27 691
沈阳东环(逆时针)	5 884	5 772	11 656	5 755	5 515	11 270
西柳—大孤山	1 649	1 907	3 556	1 626	1 837	3 463
彰武—阿尔乡	1 310	1 747	3 057	1 205	2 158	3 363
金岛—皮口	1 082	617	1 699	1 116	603	1 719
旺清门主线—南杂木	1 294	660	1 954	1 317	667	1 984
永陵——桓仁	579	232	811	569	267	836
鹤大辽吉界—丹东	901	659	1 560	895	650	1545
盖州——庄河西	1 301	1 452	2 753	1 291	1 444	2 735
金沟子—安民主线	415	246	661	581	310	891
阜新—甜水	1 136	1 143	2 279	1 134	1 303	2 437
茨榆坨—灯塔	1 204	2 143	3 347	1 194	1 590	2 784
兴城—建昌	1 447	2 414	3 861	1 439	2 283	3 722
西安—辽东湾	195	487	682	221	632	853

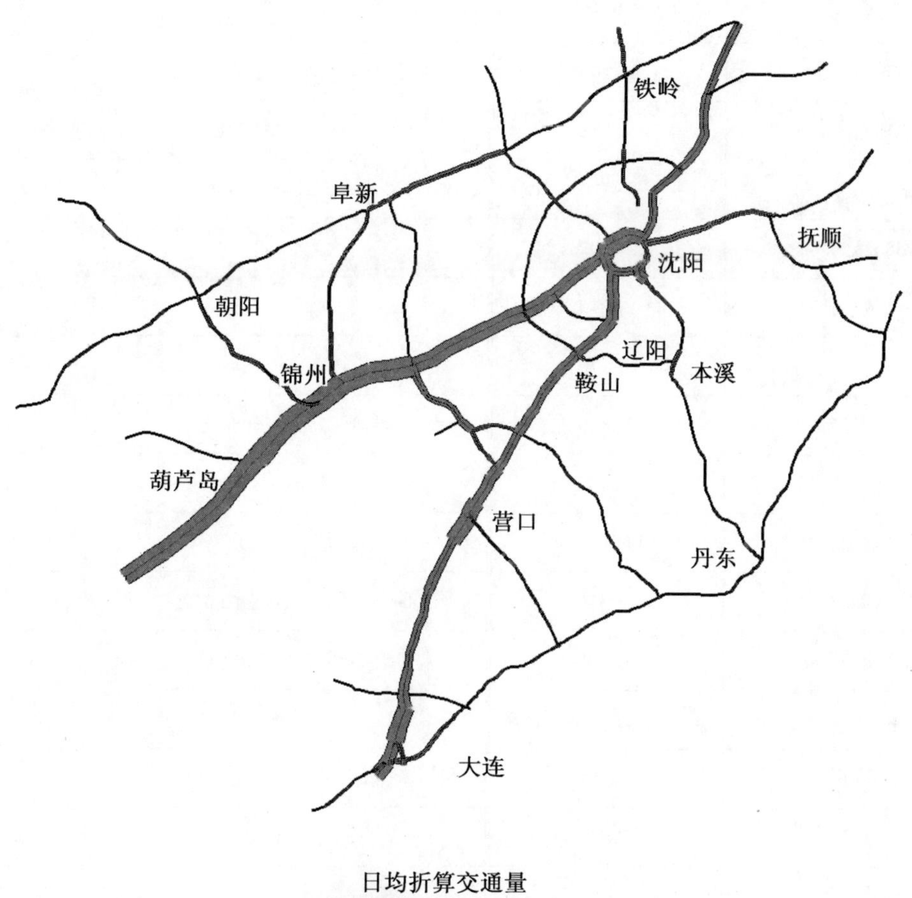

图 4.13 2016 年辽宁省高速公路日均交通量

4.5 上海市高速公路运输密度

4.5.1 客运密度分布如表 4.14 和图 4.14 所示。

2016 年上海市高速公路客运密度 表 4.14

路段起止点	客运密度（人公里/公里）	路段起止	客运密度（人公里/公里）
绕城月浦—沪嘉浏互通	17 560	沪嘉浏互通—绕城月浦	18 256
沪嘉浏互通—北环嘉浏立交	92 872	北环嘉浏立交—沪嘉浏互通	101 771
北环嘉浏立交—G2 安亭	35 920	G2 安亭—北环嘉浏立交	35 516
G2 安亭—G60 大港	26 902	G60 大港—G2 安亭	25 686
G60 大港—绕城亭枫	21 340	绕城亭枫—G60 大港	21 681
绕城亭枫—嘉金南环立交	9 170	嘉金南环立交—绕城亭枫	9 300
嘉金南环立交—界河	14 430	界河—嘉金南环立交	14 068
界河—G40 沪苏	42 100	G40 沪苏—界河	42 289
G15 朱桥—北环嘉浏立交	121 679	北环嘉浏立交—G15 朱桥	131 262
北环嘉浏立交—G60 新桥	68 185	G60 新桥—北环嘉浏立交	73 217
G60 新桥—嘉金南环立交	47 325	嘉金南环立交—G60 新桥	46 563
嘉金南环立交—G15 亭卫	22 258	G15 亭卫—嘉金南环立交	20 864
G2 安亭—G2 江桥	155 596	G2 江桥—G2 安亭	139 775
G50 沪浙—G50 嘉松	55 156	G50 嘉松—G50 沪浙	57 095
G50 嘉松—G50 徐泾	116 827	G50 徐泾—G50 嘉松	131 375
G60 枫泾—G60 大港	97 176	G60 大港—G60 枫泾	96 767
G60 大港—G60 新桥	132 811	G60 新桥—G60 大港	130 465
G60 新桥—G60 莘庄	202 039	G60 莘庄—G60 新桥	199 984
S32 沪浙—S32 祝桥	37 168	S32 祝桥—S32 沪浙	37 313
S36 枫泾—绕城亭枫	6 318	绕城亭枫—S36 枫泾	8116
G15 沪浙—S4 大叶	30 443	S4 大叶—G15 沪浙	30 714
S4 大叶—S4 颛桥	77 516	S4 颛桥—S4 大叶	101 231
S2 临港—S2 大叶	32 504	S2 大叶—S2 临港	32 941
S2 大叶—S2 康桥	55 622	S2 康桥—S2 大叶	66 231
S19 沈海南环立交—S19 新卫	6 662	S19 新卫—S19 沈海南环立交	13 249

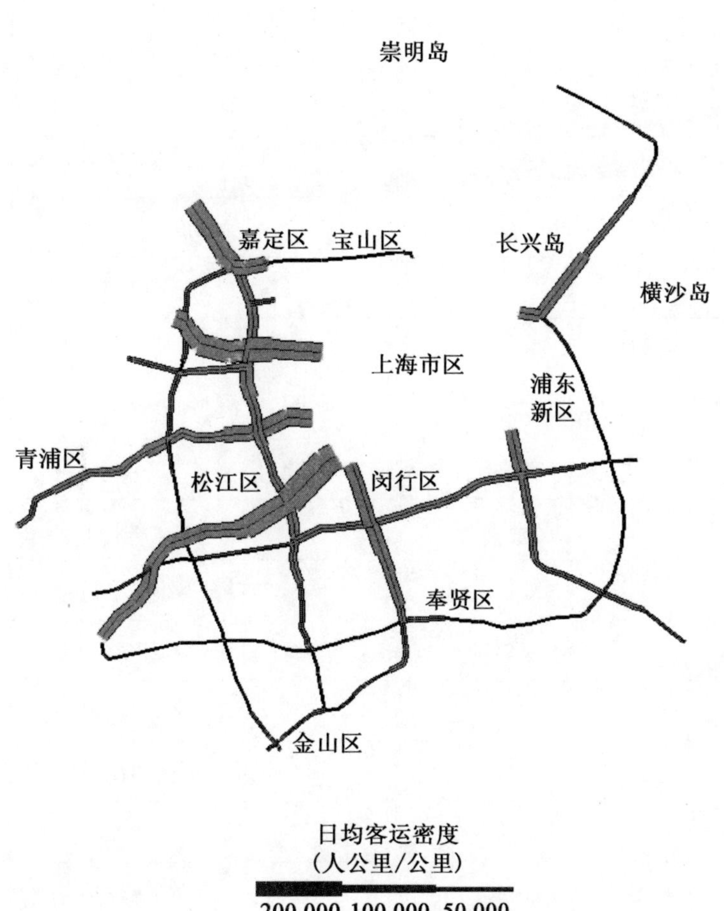

图 4.14　2016 年上海市高速公路日均客运密度

4.5.2 货运密度分布如表 4.15 和图 4.15 所示。

2016 年上海市高速公路货运密度　　表 4.15

路段起止点	货运密度（吨公里/公里）	路段起止点	货运密度（吨公里/公里）
绕城月浦—沪嘉浏互通	78 050	沪嘉浏互通—绕城月浦	94 812
沪嘉浏互通—北环嘉浏立交	113 339	北环嘉浏立交—沪嘉浏互通	126 365
北环嘉浏立交—G2 安亭	98 793	G2 安亭—北环嘉浏立交	97 034
G2 安亭—G60 大港	81 786	G60 大港—G2 安亭	73 297
G60 大港—绕城亭枫	38 303	绕城亭枫—G60 大港	30 432
绕城亭枫—嘉金南环立交	35 476	嘉金南环立交—绕城亭枫	25 072
嘉金南环立交—界河	77 942	界河—嘉金南环立交	53 940
界河—G40 沪苏	44 005	G40 沪苏—界河	37 301
G15 朱桥—北环嘉浏立交	142 485	北环嘉浏立交—G15 朱桥	145 094
北环嘉浏立交—G60 新桥	140 864	G60 新桥—北环嘉浏立交	134 356
G60 新桥—嘉金南环立交	59 685	嘉金南环立交—G60 新桥	55 093
嘉金南环立交—G15 亭卫	30 509	G15 亭卫—嘉金南环立交	28 298
G2 安亭—G2 江桥	52 451	G2 江桥—G2 安亭	51 631
G50 沪浙—G50 嘉松	21 416	G50 嘉松—G50 沪浙	20 874
G50 嘉松—G50 徐泾	28 022	G50 徐泾—G50 嘉松	34 354
G60 枫泾—G60 大港	77 431	G60 大港—G60 枫泾	76 372
G60 大港—G60 新桥	45 432	G60 新桥—G60 大港	39 920
G60 新桥—G60 莘庄	61 760	G60 莘庄—G60 新桥	61 012
S32 沪浙—S32 祝桥	43 114	S32 祝桥—S32 沪浙	44 798
S36 枫泾—绕城亭枫	10 805	绕城亭枫—S36 枫泾	9 967
G15 沪浙—S4 大叶	49 215	S4 大叶—G15 沪浙	49 063
S4 大叶—S4 颛桥	51 212	S4 颛桥—S4 大叶	60 999
S2 临港—S2 大叶	72 818	S2 大叶—S2 临港	76 050
S2 大叶—S2 康桥	38 378	S2 康桥—S2 大叶	44 667
S19 沈海南环立交—S19 新卫	8 062	S19 新卫—S19 沈海南环立交	7 978

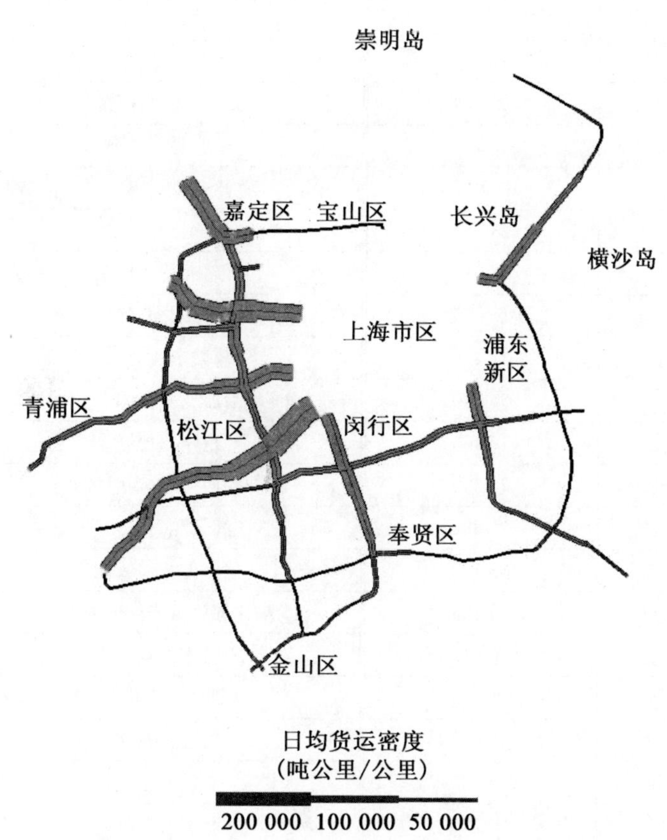

图 4.15　2016 年上海市高速公路日均货运密度

4.6　江苏省高速公路运输密度

4.6.1　客运密度分布如表 4.16 和图 4.16 所示。

2016 年江苏省高速公路客运密度　　表 4.16

路段起止点	客运密度（人公里/公里）	路段起止点	客运密度（人公里/公里）
苏鲁省界—淮安	21 526	淮安—苏鲁省界	21 445
淮安—江都	52 898	江都—淮安	53 289
江都—江阴	51 712	江阴—江都	50 645
江阴枢纽—无锡	38 605	无锡—江阴枢纽	39 311
广陵—南通北	36 975	南通北—广陵	34 707
南通—苏州北	69 802	苏州北—南通	74 672
小海—启东	28 741	启东—小海	24 762
启东—崇启大桥	17 014	崇启大桥—启东	16 366
沈海苏鲁—灌云	10 679	灌云—沈海苏鲁	10 868
灌云—盐城东	21 136	盐城东—灌云	21 489
盐城东—南通北	51 410	南通北—盐城东	49 899
盐城—楚州	19 405	楚州—盐城	19 392
淮安西绕城（顺时针）	28 596	淮安西绕城（逆时针）	28 945
淮阴—灌云北	22 692	灌云北—淮阴	22 859
灌云北—连云港	35 723	连云港—灌云北	36 175
连云港—临连苏鲁省界	14 123	临连苏鲁省界—连云港	13 773
淮安南—六合南	46 215	六合南—淮安南	44 969
六和南—刘村	100	刘村—六和南	95
黄花塘—宿迁	19 892	宿迁—黄花塘	21 107
宿迁—新沂	3 920	新沂—宿迁	4 129
淮安西—徐州	29 370	徐州—淮安西	29 570
徐州东—京福苏鲁	19 294	京福苏鲁—徐州东	19 411
徐州东—苏皖省界	22 698	苏皖省界—徐州东	23 242
徐州东—渔湾主线	11 935	渔湾主线—徐州东	12 056
海安—江都	17 725	江都—海安	18 073
江都—镇江	37 066	镇江—江都	36 101
南京—无锡	103 994	无锡—南京	104 754
无锡—苏州北	143 988	苏州北—无锡	151 824
苏州北—花桥主线	102 361	花桥主线—苏州北	105 755
苏州绕城（顺时针）	27 762	苏州绕城（逆时针）	27 960
石牌—岳王	15 634	岳王—石牌	16 234
角直—千灯	26 692	千灯—角直	27 704
苏州北—盛泽主线	65 273	盛泽主线—苏州北	65 930
苏浙省界—苏沪主线	38 949	苏沪主线—苏浙省界	40 887
南京—新昌	61 855	新昌—南京	51 375

续上表

路段起止点	客运密度（人公里/公里）	路段起止点	客运密度（人公里/公里）
新昌—长深苏浙	68 228	长深苏浙—新昌	55 878
丹徒—新昌	10 596	新昌—丹徒	7 840
西坞—无锡	27 733	无锡—西坞	33 184
骆家边—戚墅堰	37 030	戚墅堰—骆家边	48 185
戚墅堰—常熟	36 749	常熟—戚墅堰	37 465
常熟—太仓	72 181	太仓—常熟	75 730
南京三桥—麒麟	39 754	麒麟—南京三桥	34 480
麒麟—横梁	27 010	横梁—麒麟	31 736
横梁—马鞍	15 030	马鞍—横梁	18 100
南泉—锦丰	14 035	锦丰—南泉	13 738
武进—泰州大桥	68 690	泰州大桥—武进	68 009
石牌—董滨	38 222	董滨—石牌	37 528
彭城—丰县	8 674	丰县—彭城	7 033
六合—江都	23 007	江都—六合	22 978
骆家边—溧马高速苏皖省界	41 259	溧马高速苏皖省界—骆家边	33 960
南京南—和凤主线	17 976	和凤主线—南京南	17 516
璜泾—港城	2 198	港城—璜泾	2 279

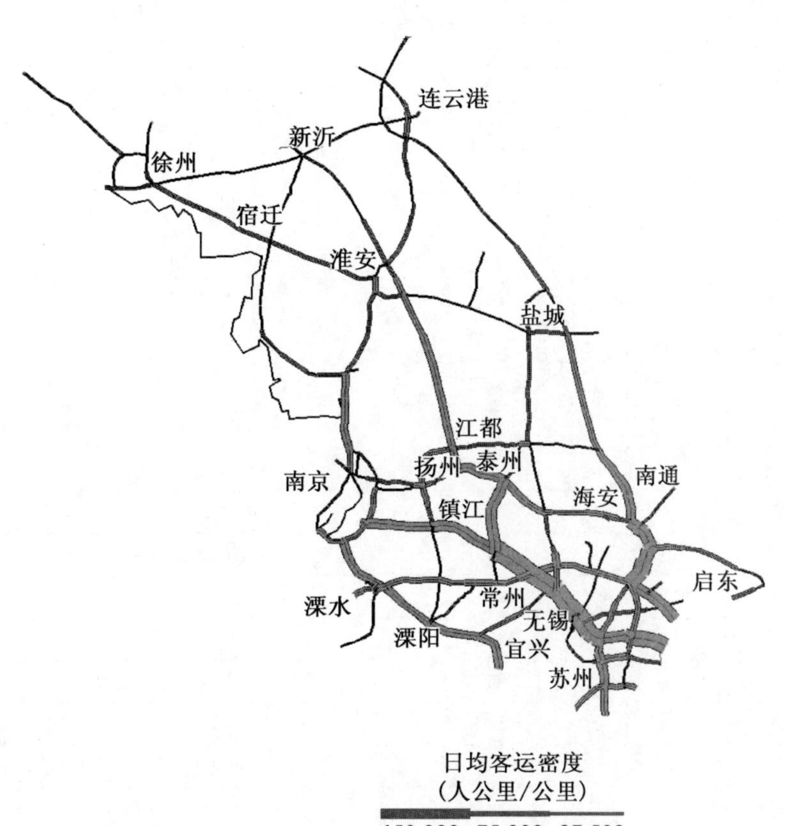

图 4.16　2016 年江苏省高速公路日均客运密度

4.6.2　货运密度分布如表4.17和图4.17所示。

2016年江苏省高速公路货运密度　　表4.17

路段起止点	货运密度（吨公里/公里）	路段起止点	货运密度（吨公里/公里）
苏鲁省界—淮安	125 905	淮安—苏鲁省界	92 499
淮安—江都	79 695	江都—淮安	70 977
江都—江阴	41 118	江阴—江都	38 674
江阴枢纽—无锡	20 577	无锡—江阴枢纽	14 437
广陵—南通北	17 902	南通北—广陵	15 882
南通—苏州北	84 020	苏州北—南通	77 934
小海—启东	5 878	启东—小海	4 480
启东—崇启大桥	6 167	崇启大桥—启东	3 960
沈海苏鲁—灌云	28 668	灌云—沈海苏鲁	22 026
灌云—盐城东	53 151	盐城东—灌云	50 625
盐城东—南通北	62 102	南通北—盐城东	55 726
盐城—楚州	17 581	楚州—盐城	21 948
淮安西绕城(顺时针)	40 634	淮安西绕城(逆时针)	56 606
淮阴—灌云北	37 907	灌云北—淮阴	47 263
灌云北—连云港	87 034	连云港—灌云北	99 482
连云港—临连苏鲁省界	96 569	临连苏鲁省界—连云港	117 672
淮安南—六合南	90 221	六合南—淮安南	61 191
六和南—刘村	137	刘村—六和南	112
黄花塘—宿迁	30 283	宿迁—黄花塘	42 275
宿迁—新沂	9 285	新沂—宿迁	15 742
淮安西—徐州	32 831	徐州—淮安西	42 122
徐州东—京福苏鲁	76 373	京福苏鲁—徐州东	130 204
徐州东—苏皖省界	113 539	苏皖省界—徐州东	70 773
徐州东—渔湾主线	14 128	渔湾主线—徐州东	17 736
海安—江都	10 248	江都—海安	9 258
江都—镇江	34 032	镇江—江都	25 305
南京—无锡	75 191	无锡—南京	74 793
无锡—苏州北	150 814	苏州北—无锡	137 095
苏州北—花桥主线	67 470	花桥主线—苏州北	72 528
苏州绕城(顺时针)	41 139	苏州绕城(逆时针)	36 264
石牌—岳王	13 934	岳王—石牌	17 349
角直—千灯	12 884	千灯—角直	12 538
苏州北—盛泽主线	15 8807	盛泽主线—苏州北	133 378
苏浙省界—苏沪主线	19 177	苏沪主线—苏浙省界	20 641
南京—新昌	102 672	新昌—南京	67 260
新昌—长深苏浙	130819	长深苏浙—新昌	84 717
丹徒—新昌	14 353	新昌—丹徒	7 077
西坞—无锡	9 269	无锡—西坞	10 873

续上表

路段起止点	货运密度（吨公里/公里）	路段起止点	货运密度（吨公里/公里）
骆家边—戚墅堰	40 852	戚墅堰—骆家边	51 785
戚墅堰—常熟	29 447	常熟—戚墅堰	32 802
常熟—太仓	67 300	太仓—常熟	68 436
南京三桥—麒麟	66 015	麒麟—南京三桥	66 432
麒麟—横梁	77 453	横梁—麒麟	106 511
横梁—马鞍	54 244	马鞍—横梁	75 684
南泉—锦丰	8 921	锦丰—南泉	10 891
武进—泰州大桥	69 119	泰州大桥—武进	70 798
石牌—董滨	70 491	董滨—石牌	93 081
彭城—济徐苏鲁省界	8 052	济徐苏鲁省界—彭城	6 679
六合—江都	10 739	江都—六合	13 028
骆家边—溧马高速苏皖省界	59 579	溧马高速苏皖省界—骆家边	47 508
南京南—和凤主线	3 410	和凤主线—南京南	2 751
璜泾—港城	4 529	港城—璜泾	4 969

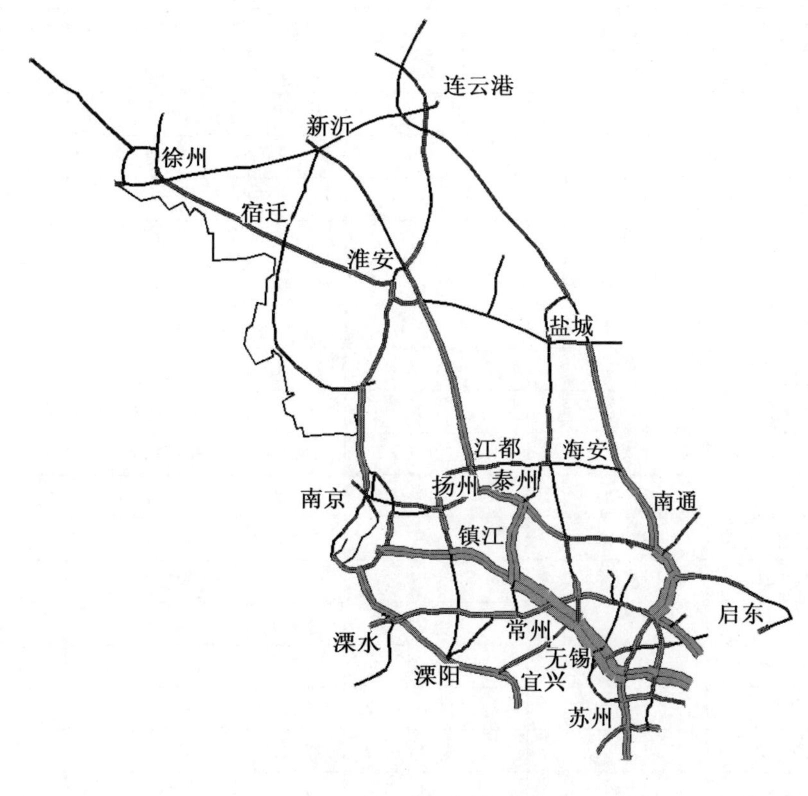

图 4.17　2016 年江苏省高速公路日均货运密度

4.6.3 交通量分布如表 4.18 和图 4.18 所示。

2016 年江苏省高速公路交通量 表 4.18

路段起止点	正向			反向		
	客车折算交通量（辆/日）	货车折算交通量（辆/日）	小计	客车折算交通量（辆/日）	货车折算交通量（辆/日）	小计
苏鲁省界—淮安	6 262	19 626	25 888	6 303	18 365	24 668
淮安—江都	12 863	14 245	27 108	13 131	15 249	28 380
江都—江阴	13 813	8 821	22 634	13 568	9 285	22 853
江阴枢纽—无锡	13 779	5 552	19 331	14 075	6 372	20 447
广陵—南通北	11 182	4 904	16 086	10 554	5 276	15 830
南通—苏州北	22 283	18 006	40 289	23 711	19 726	43 437
小海—启东	10 882	1 969	12 851	9 578	1 907	11 485
启东—崇启大桥	5 900	1 572	7 472	5 536	1 337	6 873
沈海苏鲁—灌云	3 080	5 145	8 225	3 106	6 192	9 298
灌云—盐城东	6 816	9 617	16 433	6 932	11 748	18 680
盐城东—南通北	16 085	12 002	28 087	15 518	13 177	28 695
盐城—楚州	6 273	4 415	10 688	6 318	4 515	10 833
淮安西绕城（顺时针）	7 763	8 817	16 580	7 747	10 107	17 854
淮阴—灌云北	7 049	9 541	16 590	7 064	9 136	16 200
灌云北—连云港	11 696	20 864	32 560	11 773	18 104	29 877
连云港—临连苏鲁省界	4 950	20 269	25 219	4 802	18 739	23 541
淮安南—六合南	13 214	15 124	28 338	13 093	12 423	25 516
六和南—刘村	41	89	130	33	79	112
黄花塘—宿迁	5 139	6 533	11 672	5 203	6 969	12 172
宿迁—新沂	1 439	2 611	4 050	1 492	2 808	4 300
淮安西—徐州	8 136	7 929	16 065	8 095	8 041	16 136
徐州东—京福苏鲁	6 666	19 105	25 771	6 662	20 464	27 126
徐州东—苏皖省界	7 956	18 825	26 781	8 021	17 199	25 220
徐州东—渔湾主线	4 406	3 862	8 268	4 476	4 172	8 648
海安—江都	6 342	2 987	9 329	6 360	2 766	9 126
江都—镇江	11 833	7 094	18 927	11 449	6 546	17 995
南京—无锡	32 931	19 272	52 203	33 516	19 918	53 434
无锡—苏州北	48 306	38 773	87 079	50 026	42 920	92 946
苏州北—花桥主线	36 722	21 904	58 626	37 282	24 610	61 892
苏州绕城（顺时针）	11 052	10 648	21 700	11 036	11 110	22 146
石牌—岳王	6 329	5 208	11 537	6 446	5 413	11 859
角直—千灯	11 782	5 641	17 423	12 033	5 371	17 404
苏州北—盛泽主线	22 623	32 312	54 935	22 869	35 789	58 658
苏浙省界—苏沪主线	11 719	5 079	16 798	12 196	5 401	17 597
南京—新昌	15 194	16 891	32 085	14 325	14 056	28 381
新昌—长深苏浙	15 589	20 697	36 286	14 154	17 308	31 462
丹徒—新昌	3 767	2 670	6 437	2 970	1 871	4 841

续上表

路段起止点	正向		小计	反向		小计
	客车折算交通量（辆/日）	货车折算交通量（辆/日）		客车折算交通量（辆/日）	货车折算交通量（辆/日）	
西坞—无锡	9 685	4 025	13 710	11 330	3 925	15 255
骆家边—戚墅堰	12 374	10 333	22 707	14 660	12 230	26 890
戚墅堰—常熟	12 282	8 152	20 434	12 477	9 151	21 628
常熟—太仓	21 953	16 219	38 172	23 699	19 700	43 399
南京三桥—麒麟	8 356	14 724	23 080	8 200	14 646	22 846
麒麟—横梁	8 117	16 522	24 639	8 454	18 127	26 581
横梁—马鞍	3 774	10 450	14 224	4 067	11 851	15 918
南泉—锦丰	5 520	4 001	9 521	5 330	3 079	8 409
武进—泰州大桥	21 484	17 378	38 862	20 872	16 172	37 044
石牌—董滨	13 322	18 360	31 682	13 455	17 943	31 398
彭城—丰县	3 649	2 664	6 313	2 893	1 693	4 586
六合—江都	6 772	2 797	9 569	6 807	3 168	9 975
骆家边—溧马高速苏皖省界	10 489	12 109	22 598	8 865	10 010	18 875
南京南—和凤主线	6 257	1 071	7 328	6 201	1 161	7 362
璜泾—港城	871	2 149	3 020	954	2 168	3 122

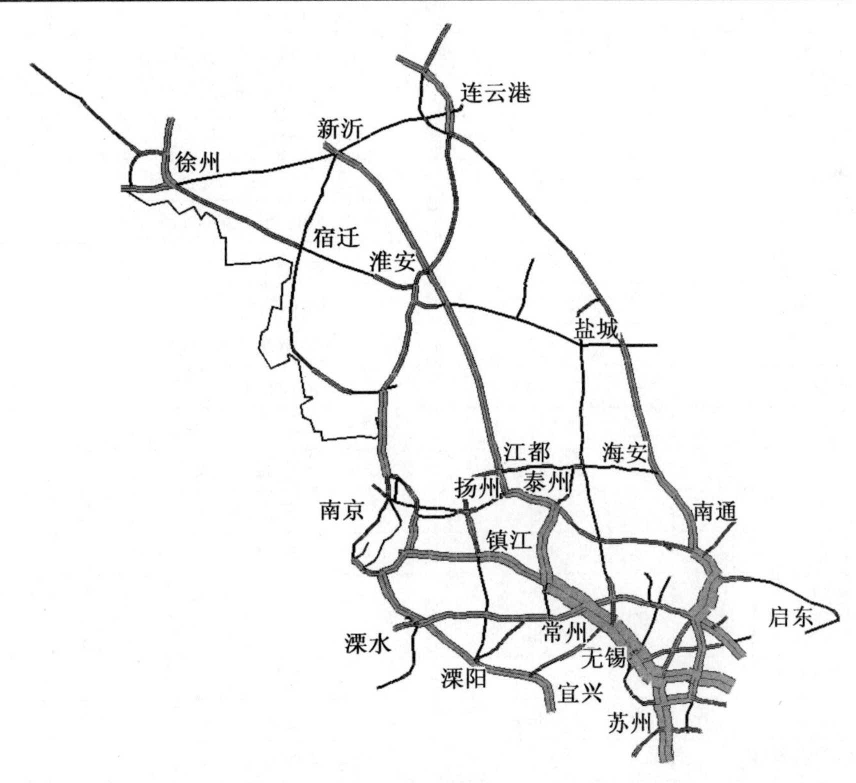

图 4.18　2016 年江苏省高速公路日均交通量

4.7 浙江省高速公路运输密度

4.7.1 客运密度分布如表 4.19 和图 4.19 所示。

2016 年浙江省高速公路客运密度　　表 4.19

路段起止点	客运密度（人公里/公里）	路段起止点	客运密度（人公里/公里）
李家巷枢纽—浙皖主线	36 677	浙皖主线—李家巷枢纽	35 705
浙苏主线—李家巷枢纽	31 474	李家巷枢纽—浙苏主线	29 986
李家巷枢纽—父子岭(浙苏界)	61 256	父子岭(浙苏界)—李家巷枢纽	61 671
南庄兜(杭州)—李家巷枢纽	63 557	李家巷枢纽—南庄兜(杭州)	63 255
杭州绕城(逆时针)	58 071	杭州绕城(顺时针)	57 485
嘉兴枢纽—沈士枢纽	80 072	沈士枢纽—嘉兴枢纽	79 859
大云(浙沪界)—嘉兴枢纽	83 214	嘉兴枢纽—大云(浙沪界)	82 106
昱岭关(安徽边)—杭州西	28 771	杭州西—昱岭关(安徽界)	28 408
嘉兴枢纽—王江泾(浙苏界)	58 155	王江泾(浙苏界)—嘉兴枢纽	56 882
湖州北—王江泾(浙苏界)	26 070	王江泾(浙苏界)—湖州北	27 164
西塘桥(跨海大桥北)—嘉兴枢纽	67 273	嘉兴枢纽—西塘桥(跨海大桥北)	65 963
西塘桥(跨海大桥北)—浙沪主线	15 302	浙沪主线—西塘桥(跨海大桥北)	16 285
西塘桥(跨海大桥北)—余姚	62 105	余姚—西塘桥(跨海大桥北)	62 423
沽渚枢纽—红垦(杭州)	105 400	红垦(杭州)—沽渚枢纽	99 791
余姚—沽渚枢纽	68 084	沽渚枢纽—余姚	65 759
余姚—宁波北	87 979	宁波北—余姚	90 453
北仑—宁波东	21 845	宁波东—北仑	21 384
宁波绕城(逆时针)	30 405	宁波绕城(顺时针)	30 468
嵊州枢纽—宁波西	15 730	宁波西—嵊州枢纽	16 096
义乌东—嵊州枢纽	19 768	嵊州枢纽—义乌东	19 911
嵊州枢纽—沽渚枢纽	43 746	沽渚枢纽—嵊州枢纽	42 466
吴岙—嵊州枢纽	26 440	嵊州枢纽—吴岙	25 986
宁海—姜山(宁波)	39 531	姜山(宁波)—宁海	39 110
吴岙—宁海	26 183	宁海—吴岙	26 191
台州—吴岙	41 394	吴岙—台州	42 534
缙云—台州	16 865	台州—缙云	17 461
温州—台州	33 656	台州—温州	34 083
平阳—温州南	66 035	温州南—平阳	66 628
分水关—平阳	25 056	平阳—分水关	25 287
金华东—温州	20 833	温州—金华东	21 484
金华东—张家畈枢纽(杭州)	44 219	张家畈枢纽(杭州)—金华东	43 071
杭金衢龙游交界—金华	35 268	金华—杭金衢龙游交界	36 155
浙赣界—杭金衢龙游交界	44 988	杭金衢龙游交界—浙赣界	48 108
丽水—杭金衢龙游交界	19 446	杭金衢龙游交界—丽水	18 345
龙泉—丽水	14 962	丽水—龙泉	15 239
建德市—杭州南	46 941	杭州南—建德市	49 808

续上表

路段起止点	客运密度（人公里/公里）	路段起止点	客运密度（人公里/公里）
杭金衢龙游交界—建德市	20 680	建德市—杭金衢龙游交界	21 469
建德市—千岛湖	13 035	千岛湖—建德市	13 108
衢州南—浙闽主线	3 457	浙闽主线—衢州南	3 591
诸暨北—温州	24 320	温州—诸暨北	25 582
练市—杭州(崇贤)	38 820	杭州(崇贤)—练市	35 680
温州绕城(逆时针)	22 946	温州绕城(顺时针)	23 056
舟山—蛟川	32 764	蛟川—舟山	32 561
嘉兴枢纽—尖山	6 891	尖山—嘉兴枢纽	6 695
龙泉—浙闽界	3 930	浙闽界—龙泉枢纽	4 129
衢州—浙皖界	9 748	浙皖界—衢州	7 198
勾庄—长兴	28 905	长兴—勾庄	28 443
诸暨浣东—上虞道墟	14 078	上虞道墟—诸暨浣东	14 195
云龙—象山	25 148	象山—云龙	25 112
灵峰—穿山港区	10 224	穿山港区—灵峰	10 208
沈士枢纽—西塘桥	14 263	西塘桥—沈士枢纽	14 531
党湾—六工	3 994	六工—党湾	3 898
沽渚枢纽—滨海新城北	4 608	滨海新城北—沽渚枢纽	4 528
千祥—永康东	14 373	永康东—千祥	15 009

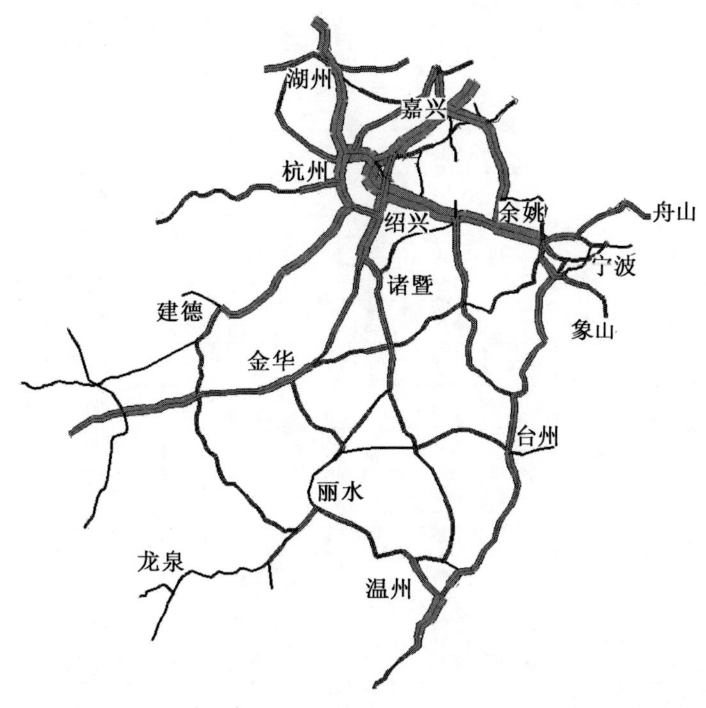

图 4.19　2016 年浙江省高速公路日均客运密度

4.7.2 货运密度分布如表4.20和图4.20所示。

2016年浙江省高速公路货运密度 表4.20

路段起止点	货运密度（吨公里/公里）	路段起止点	货运密度（吨公里/公里）
李家巷枢纽—浙皖主线	22 339	浙皖主线—李家巷枢纽	24 813
浙苏主线—李家巷枢纽	17 198	李家巷枢纽—浙苏主线	19 597
李家巷枢纽—父子岭(浙苏界)	110 344	父子岭(浙苏界)—李家巷枢纽	168 887
南庄兜(杭州)—李家巷枢纽	116 968	李家巷枢纽—南庄兜(杭州)	175 062
杭州绕城(逆时针)	118 344	杭州绕城(顺时针)	131 510
嘉兴枢纽—沈士枢纽	116 075	沈士枢纽—嘉兴枢纽	84 530
大云(浙沪界)—嘉兴枢纽	96 476	嘉兴枢纽—大云(浙沪界)	80 686
昱岭关(安徽界)—杭州西	9 377	杭州西—昱岭关(安徽界)	9 051
嘉兴枢纽—王江泾(浙苏界)	107 066	王江泾(浙苏界)—嘉兴枢纽	140 793
湖州北—王江泾(浙苏界)	45 426	王江泾(浙苏界)—湖州北	43 561
西塘桥(跨海大桥北)—嘉兴枢纽	113 765	嘉兴枢纽—西塘桥(跨海大桥北)	135 400
西塘桥(跨海大桥北)—浙沪主线	24 480	浙沪主线—西塘桥(跨海大桥北)	45 570
西塘桥(跨海大桥北)—余姚	149 280	余姚—西塘桥(跨海大桥北)	106 403
沽渚枢纽—红垦(杭州)	95 863	红垦(杭州)—沽渚枢纽	122 026
余姚—沽渚枢纽	120 109	沽渚枢纽—余姚	91 393
余姚—宁波北	145 660	宁波北—余姚	132 434
北仑—宁波东	20 402	宁波东—北仑	29 832
宁波绕城(逆时针)	80 889	宁波绕城(顺时针)	59 759
嵊州枢纽—宁波西	40 637	宁波西—嵊州枢纽	33 082
义乌东—嵊州枢纽	39 246	嵊州枢纽—义乌东	31 860
嵊州枢纽—沽渚枢纽	32 738	沽渚枢纽—嵊州枢纽	54 904
吴岙—嵊州枢纽	24 434	嵊州枢纽—吴岙	40 305
宁海—姜山(宁波)	65 767	姜山(宁波)—宁海	93 775
吴岙—宁海	64 094	宁海—吴岙	93 396
台州—吴岙	80 947	吴岙—台州	118 117
缙云—台州	22 799	台州—缙云	21 345
温州—台州	64 094	台州—温州	87 748
平阳—温州南	86 522	温州南—平阳	107 812
分水关—平阳	72 030	平阳—分水关	85 722
金华东—温州	26 917	温州—金华东	22 425
金华东—张家畈枢纽(杭州)	49 007	张家畈枢纽(杭州)—金华东	71 436
杭金衢龙游交界—金华	72 066	金华—杭金衢龙游交界	59 484
浙赣界—杭金衢龙游交界	141 628	杭金衢龙游交界—浙赣界	135 654
丽水—杭金衢龙游交界	21 162	杭金衢龙游交界—丽水	24 885
龙泉—丽水	13 521	丽水—龙泉	15 010
建德市—杭州南	106 506	杭州南—建德市	118 731
杭金衢龙游交界—建德市	94 443	建德市—杭金衢龙游交界	101 303
建德市—千岛湖	3 317	千岛湖—建德市	2 557

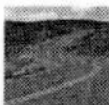

续上表

路段起止点	货运密度（吨公里/公里）	路段起止点	货运密度（吨公里/公里）
衢州南—浙闽主线	17 871	浙闽主线—衢州南	17 467
诸暨北—温州	51 720	温州—诸暨北	43 743
练市—杭州(崇贤)	68 304	杭州(崇贤)—练市	54 590
温州绕城(逆时针)	37 276	温州绕城(顺时针)	41 621
舟山—蛟川	8 629	蛟川—舟山	10 105
嘉兴枢纽—尖山	12 298	尖山—嘉兴枢纽	18 027
龙泉枢纽—浙闽界	3 905	浙闽界—龙泉枢纽	4 465
衢州—浙皖界	14 486	浙皖界—衢州	13 492
勾庄—长兴	17 769	长兴—勾庄	24 022
诸暨浣东—上虞道墟	11 403	上虞道墟—诸暨浣东	14 259
云龙—象山	10 151	象山—云龙	8 673
灵峰—穿山港区	35 846	穿山港区—灵峰	32 937
沈士枢纽—西塘桥	18 894	西塘桥—沈士枢纽	29 883
党湾—六工	11 481	六工—党湾	13 810
沽渚枢纽—滨海新城北	22 155	滨海新城北—沽渚枢纽	11 373
千祥—永康东	17 877	永康东—千祥	15 243

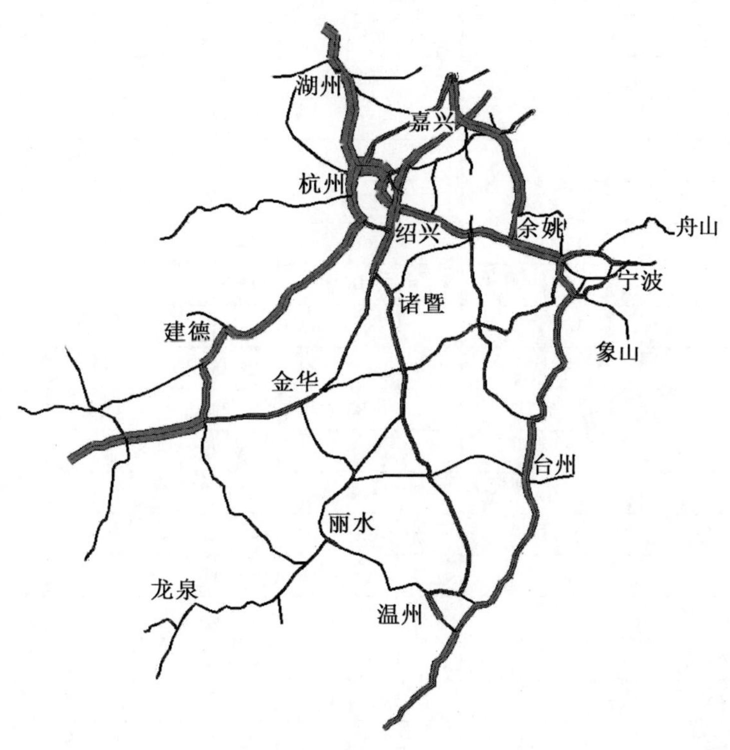

图 4.20　2016 年浙江省高速公路日均货运密度

4.7.3 交通量分布如表 4.21 和图 4.21 所示。

2016 年浙江省高速公路交通量 表 4.21

路段起止点	正向			反向		
	客车折算交通量（辆/日）	货车折算交通量（辆/日）	小计	客车折算交通量（辆/日）	货车折算交通量（辆/日）	小计
李家巷枢纽—浙皖主线	9 533	5 079	14 612	9 257	5 199	14 456
浙苏主线—李家巷枢纽	8 495	4 430	12 925	8 179	4 278	12 457
李家巷枢纽—父子岭（浙苏界）	12 704	23 041	35 745	12 664	25 477	38 141
南庄兜（杭州）—李家巷枢纽	14 419	24 927	39 346	14 200	26 333	40 533
杭州绕城（逆时针）	18 292	26 684	44 976	18 161	27 087	45 248
嘉兴枢纽—沈士枢纽	25 238	23 383	48 621	24 978	24 351	49 329
大云（浙沪界）—嘉兴枢纽	26 710	20 949	47 659	25 790	21 395	47 185
昱岭关（安徽边界）—杭州西	8 044	2 536	10 580	8 001	2 400	10 401
嘉兴枢纽—王江泾（浙苏界）	18 005	28 884	46 889	17 201	27 841	45 042
湖州北—王江泾（浙苏界）	8 164	9 643	17 807	8 333	9 381	17 714
西塘桥（跨海大桥北）—嘉兴枢纽	21 234	27 279	48 513	20 672	26 284	46 956
西塘桥（跨海大桥北）—浙沪主线	6 142	7 061	13 203	6 400	8 029	14 429
西塘桥（跨海大桥北）—余姚	19 614	26 628	46 242	19 797	26 735	46 532
沽渚枢纽—红垦（杭州）	29 180	24 134	53 314	29 203	24 618	53 821
余姚—沽渚枢纽	20 317	23 270	43 587	20 441	23 844	44 285
余姚—宁波北	27 583	31 590	59 173	27 955	30 681	58 636
北仑—宁波东	8 461	7 894	16 355	8 243	8 403	16 646
宁波绕城（逆时针）	10 075	18 112	28 187	10 172	17 501	27 673
嵊州枢纽—宁波西	4 536	9 303	13 839	4 598	8 978	13 576
义乌东—嵊州枢纽	5 889	8 974	14 863	5 893	8 690	14 583
嵊州枢纽—沽渚枢纽	11 413	8 892	20 305	11 397	9 287	20 684
吴岙—嵊州枢纽	5 999	5 918	11 917	6 008	6 518	12 526
宁海—姜山（宁波）	13 797	17 352	31 149	13 737	17 902	31 639
吴岙—宁海	8 587	16 301	24 888	8 594	16 700	25 294
台州—吴岙	11 335	19 885	31 220	11 598	20 948	32 546
缙云—台州	4 351	3 875	8 226	4 388	4 124	8 512
温州—台州	10 031	15 898	25 929	10 083	16 281	26 364
平阳—温州南	22 350	21 399	43 749	22 498	21 301	43 799
分水关—平阳	7 783	14 933	22 716	7 954	14 835	22 789
金华东—温州	5 418	4 710	10 128	5 525	4 594	10 119
金华东—张家畈枢纽（杭州）	13 539	13 337	26 876	13 561	13 668	27 229
杭金衢龙游交界—金华	8 875	12 101	20 976	8 747	10 768	19 515
浙赣界—杭金衢龙游交界	9 934	22 829	32 763	10 288	21 770	32 057
丽水—杭金衢龙游交界	3 857	3 729	7 586	3 828	3 749	7 577
龙泉—丽水	4 491	2 758	7 249	4 354	2 696	7 050
建德市—杭州南	14 437	18 838	33 275	14 896	18 777	33 673
杭金衢龙游交界—建德市	6 057	15 569	21 626	6 261	15 454	21 715
建德市—千岛湖	4 133	1 096	5 229	4 090	1 045	5 135

续上表

路段起止点	正　向			反　向		
	客车折算交通量（辆/日）	货车折算交通量（辆/日）	小计	客车折算交通量（辆/日）	货车折算交通量（辆/日）	小计
衢州南—浙闽主线	1 148	2 810	3 958	1 173	2 955	4 128
诸暨北—温州	7 528	8 815	16 343	7 657	8 966	16 623
练市—杭州(崇贤)	11 488	12 386	23 874	11 301	12 883	24 184
温州绕城(逆时针)	7 440	8 500	15 939	7 488	8 820	16 308
舟山—蛟川	8 161	2 765	10 926	8 213	2 748	10 961
嘉兴枢纽—尖山	2 676	3 264	5 940	2 594	3 259	5 853
龙泉—浙闽界	1 385	922	2 307	1 481	1 006	2 487
衢州—浙皖界	2 588	2 522	5 110	2387	2 381	4 768
勾庄—长兴	7 540	4 664	12 204	7 377	4 742	12 119
诸暨浣东—上虞道墟	4 710	2 996	7 706	4 721	2 945	7 666
云龙—象山	8 483	3 270	11 753	8 397	3 164	11 561
灵峰—穿山港区	3 462	9 747	13 209	3 413	9 202	12 615
沈士枢纽—西塘桥	5 381	5 792	11 173	5 271	5 587	10 858
党湾—六工	1 626	3 186	4 812	1 604	2 643	4 247
沽渚枢纽—滨海新城北	1 855	3 369	5 224	1 808	3 638	5 446
千祥—永康东	4 814	3 691	8 505	4 971	3 836	8 807

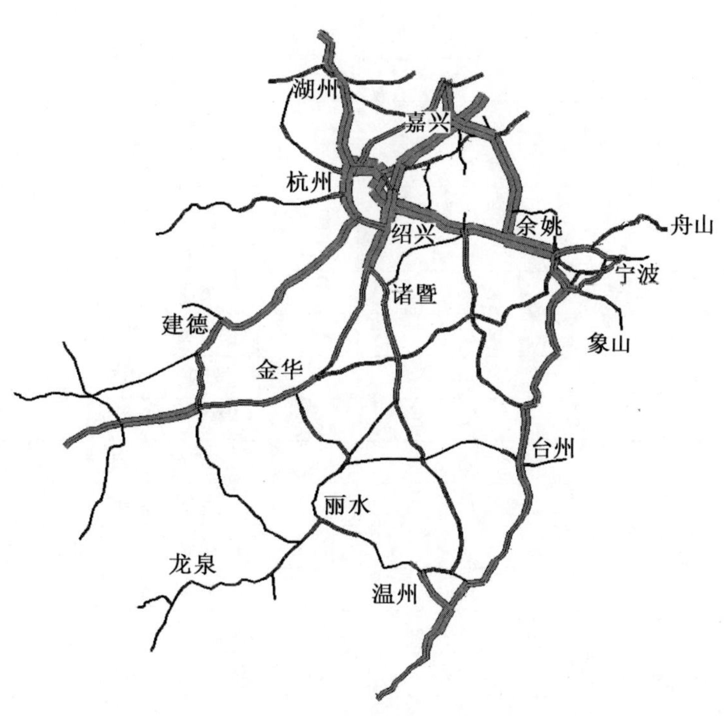

日均折算交通量
当量标准小客车(辆/日)
100 000　50 000　25 000

图 4.21　2016 年浙江省高速公路日均交通量

4.8 安徽省高速公路运输密度

4.8.1 客运密度分布如表 4.22 和图 4.22 所示。

2016 年安徽省高速公路客运密度　　表 4.22

路段起止点	客运密度（人公里/公里）	路段起止点	客运密度（人公里/公里）
皖豫—皖苏	21 957	皖苏—皖豫	21 481
朱圩子—宿州	19 733	宿州—朱圩子	20 368
宿州—蚌埠	25 297	蚌埠—宿州	25 649
蚌埠—合肥	19 024	合肥—蚌埠	19 029
合肥—芜湖	41 589	芜湖—合肥	42 643
芜湖—苏皖	32 066	苏皖—芜湖	32 761
界首—蚌埠	26 611	蚌埠—界首	27 091
蚌埠—曹庄	52 944	曹庄—蚌埠	54 451
黄庄—阜阳	11 582	阜阳—黄庄	11 344
阜阳—淮南	30 362	淮南—阜阳	32 022
淮南—合肥	60 404	合肥—淮南	63 515
合肥—庐江	53 861	庐江—合肥	53 242
庐江—铜陵	14 672	铜陵—庐江	14 873
铜陵—黄山	14 146	黄山—铜陵	14 149
黄山—徽州	9 190	徽州—黄山	8 761
庐江—怀宁	28 241	怀宁—庐江	28 444
怀宁—宿松	20 797	宿松—怀宁	20 520
怀宁—安庆	21 289	安庆—怀宁	21 977
叶集—六安	32 803	六安—叶集	33 565
六安—合肥	48 621	合肥—六安	51 061
合肥—吴庄	44 456	吴庄—合肥	43 868
大顾店—长岭关	11 253	长岭关—大顾店	10 913
潜山互通—六安西	5 694	六安西—潜山互通	5 632
马鞍山—芜湖	37 186	芜湖—马鞍山	36 858
芜湖—铜陵	21 937	铜陵—芜湖	21 756
铜陵—安庆	21 754	安庆—铜陵	21 047
安庆—花园(皖赣省界)	7 545	花园(皖赣省界)—安庆	7 555
宿州—泗县	4 123	泗县—宿州	4 147
合肥绕城(顺时针)	52 228	合肥绕城(逆时针)	52 377
亳鹿主线—亳永主线	6 435	亳永主线—亳鹿主线	6 428
宿州—淮永主线	12 003	淮永主线—宿州	12 125
芜湖—水阳	3 684	水阳—芜湖	3 495
阜阳南—临泉(皖豫省界)	7 603	临泉(皖豫省界)—阜阳南	7 481
屯溪西—新安(皖赣省界)	3 652	新安(皖赣省界)—屯溪西	3 266
巢湖互通—博望(皖苏省界)	32 685	博望(皖苏省界)—巢湖互通	33 610

续上表

路段起止点	客运密度（人公里/公里）	路段起止点	客运密度（人公里/公里）
宣城互通—接宁绩	5 811	接宁绩—宣城互通	5 811
宁国—千秋关(皖浙省界)	2 588	千秋关(皖浙省界)—宁国	2 072
明光互通—皖苏主线	3 075	皖苏主线—明光互通	2 892
潜山互通—香隅(皖赣省界)	1 713	香隅(皖赣省界)—潜山互通	1 509
滁州互通—和县	3 577	和县—滁州互通	3 596
无为南—宣城	15 346	宣城—无为南	15 867
砀永主线—皖鲁主线	1 615	皖鲁主线—砀永主线	1 657
淮永主线—利辛东	3 543	利辛东—淮永主线	3 169
岳西互通—皖鄂主线	1 831	皖鄂主线—岳西互通	1 832
阜阳南—六安西	8 659	六安西—阜阳南	8 843
凤阳—淮南东	9 811	淮南东—凤阳	9 769
宁国—歙县东	3 449	歙县东—宁国	3 467

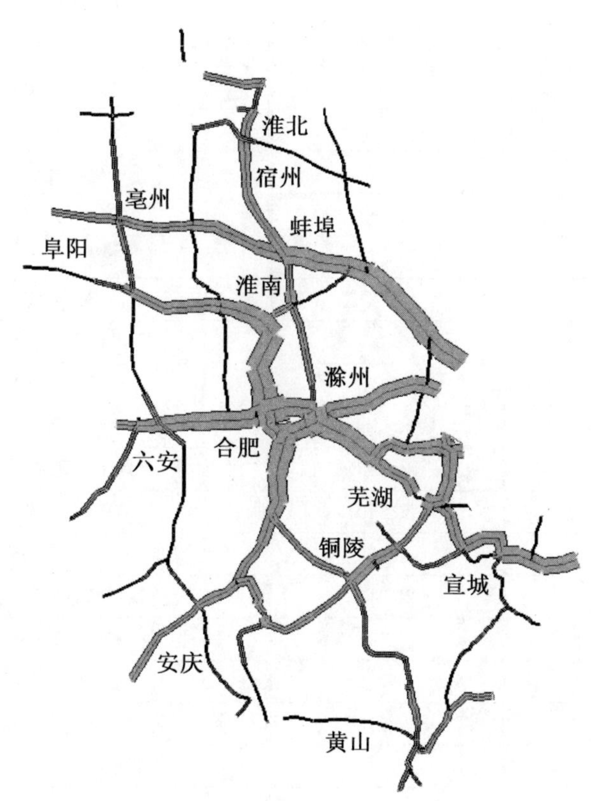

图 4.22　2016 年安徽省高速公路日均客运密度

4.8.2 货运密度分布如表 4.23 和图 4.23 所示。

2016 年安徽省高速公路货运密度 表 4.23

路段起止点	货运密度（吨/公里）	路段起止点	货运密度（吨/公里）
皖豫—皖苏	25 290	皖苏—皖豫	34 553
朱圩子—宿州	60 094	宿州—朱圩子	35 835
宿州—蚌埠	56 082	蚌埠—宿州	34 784
蚌埠—合肥	52 457	合肥—蚌埠	32 918
合肥—芜湖	52 679	芜湖—合肥	55 681
芜湖—苏皖	36 996	苏皖—芜湖	32 913
界首—蚌埠	45 407	蚌埠—界首	43 927
蚌埠—曹庄	73 003	曹庄—蚌埠	59 875
黄庄—阜阳	31 129	阜阳—黄庄	26 126
阜阳—淮南	24 488	淮南—阜阳	28 327
淮南—合肥	42 020	合肥—淮南	32 504
合肥—庐江	79 682	庐江—合肥	64 986
庐江—铜陵	14 768	铜陵—庐江	12 158
铜陵—黄山	14 414	黄山—铜陵	10 402
黄山—徽州	13 582	徽州—黄山	14 823
庐江—怀宁	64 102	怀宁—庐江	54 942
怀宁—宿松	62 719	宿松—怀宁	52 219
怀宁—安庆	27 121	安庆—怀宁	27 445
叶集—六安	71 874	六安—叶集	78 098
六安—合肥	81 821	合肥—六安	90 368
合肥—吴庄	38 189	吴庄—合肥	52 335
大顾店—长岭关	53 678	长岭关—大顾店	38 814
潜山互通—六安西	10 587	六安西—潜山互通	10 602
马鞍山—芜湖	40 808	芜湖—马鞍山	34 041
芜湖—铜陵	30 610	铜陵—芜湖	26 187
铜陵—安庆	23 632	安庆—铜陵	22 166
安庆—花园(皖赣省界)	25 312	花园(皖赣省界)—安庆	26 107
宿州—泗县	2 507	泗县—宿州	1 725
合肥绕城(顺时针)	68 715	合肥绕城(逆时针)	67 568
亳鹿主线—亳永主线	4 117	亳永主线—亳鹿主线	4 059
宿州—淮永主线	9 810	淮永主线—宿州	11 246
芜湖—水阳	7 065	水阳—芜湖	7 768
阜阳南—临泉(皖豫省界)	6 454	临泉(皖豫省界)—阜阳南	7 504
屯溪西—新安(皖赣省界)	1 063	新安(皖赣省界)—屯溪西	1 694
巢湖互通—博望(皖苏省界)	39 359	博望(皖苏省界)—巢湖互通	46 688
宣城互通—接宁绩	2 883	接宁绩—宣城互通	2 631
宁国—千秋关(皖浙省界)	2 645	千秋关(皖浙省界)—宁国	2 035
明光互通—皖苏主线	4 918	皖苏主线—明光互通	5 587

续上表

路段起止点	货运密度 (吨/公里)	路段起止点	货运密度 (吨/公里)
潜山互通—香隅(皖赣省界)	981	香隅(皖赣省界)—潜山互通	709
滁州互通—和县	3 195	和县—滁州互通	2 131
无为南—宣城	12 375	宣城—无为南	11 366
砀永主线—皖鲁主线	1 028	皖鲁主线—砀永主线	2 716
淮永主线—利辛东	3 181	利辛东—淮永主线	1 190
岳西互通—皖鄂主线	1 772	皖鄂主线—岳西互通	2 142
阜阳南—六安西	18 897	六安西—阜阳南	29 453
凤阳—淮南东	11 474	淮南东—凤阳	6 969
宁国—歙县东	2 117	歙县东—宁国	1 636

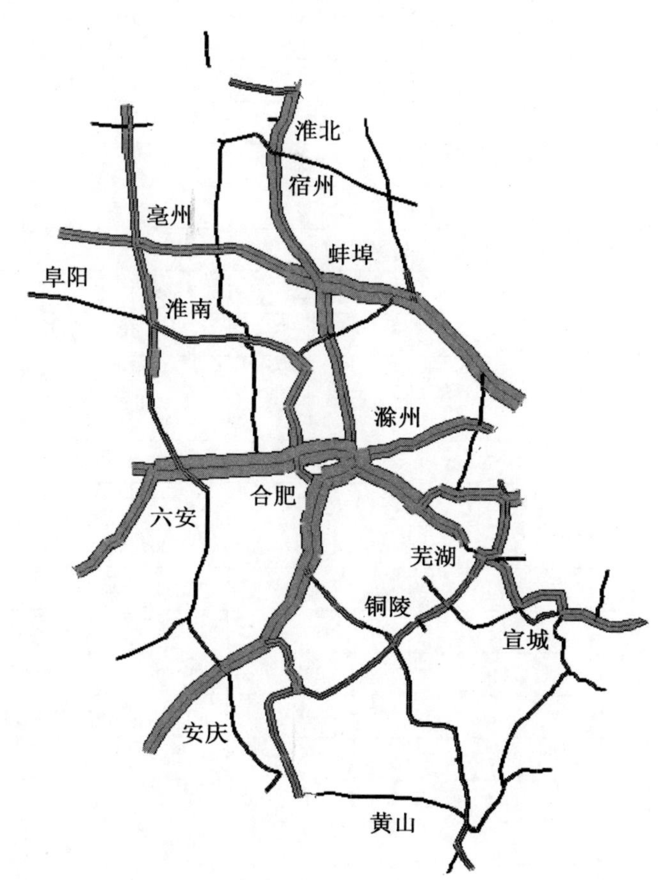

图 4.23　2016 年安徽省高速公路日均货运密度

4.8.3 交通量分布如表 4.24 和图 4.24 所示。

2016 年安徽省高速公路交通量

表 4.24

路段起止点	正向		小计	反向		小计
	客车折算交通量（辆/日）	货车折算交通量（辆/日）		客车折算交通量（辆/日）	货车折算交通量（辆/日）	
皖豫—皖苏	5 425	5 896	11 321	5 442	5 949	11 391
朱圩子—宿州	5 839	9 587	15 426	6 032	8 820	14 852
宿州—蚌埠	6 505	9 053	15 558	6 695	7 506	14 201
蚌埠—合肥	5 047	8 294	13 341	5 040	7 322	12 362
合肥—芜湖	10 270	9 850	20 120	10 410	10 594	21 004
芜湖—苏皖	7 657	6 595	14 252	7 798	7 007	14 805
界首—蚌埠	5 246	7 645	12 891	5 414	7 867	13 281
蚌埠—曹庄	10 415	12 083	22 498	10 965	11 220	22 185
黄庄—阜阳	3 192	5 047	8 239	3 188	5 469	8 657
阜阳—淮南	7 599	5 545	13 144	8 143	5 681	13 824
淮南—合肥	15 931	7 763	23 694	16 994	7 772	24 766
合肥—庐江	14 758	13 021	27 779	14 442	12 847	27 289
庐江—铜陵	4 148	2 743	6 891	4 188	2 532	6 720
铜陵—黄山	3 574	2 492	6 066	3 593	2 304	5 897
黄山—徽州	2 506	2 606	5 112	2 387	2 609	4 996
庐江—怀宁	7 321	10 028	17 349	7 285	10 165	17 450
怀宁—宿松	5 169	9 696	14 865	5 051	9 335	14 386
怀宁—安庆	5 622	4 862	10 484	5 847	5 399	11 246
叶集—六安	6 868	11 840	18 708	7 172	12 925	20 097
六安—合肥	11 069	13 760	24 829	11 993	15 767	27 760
合肥—吴庄	9 090	8 667	17 757	9 245	8 999	18 244
大顾店—长岭关	3 157	8 552	11 709	3 020	7 092	10 112
潜山互通—六安西	1 707	2 056	3 763	1 687	1 835	3 522
马鞍山—芜湖	10 258	7 887	18 145	10 177	7 946	18 123
芜湖—铜陵	5 981	5 607	11 588	5 930	5 591	11 521
铜陵—安庆	5 690	4 345	10 035	5 464	4 591	10 055
安庆—花园(皖赣省界)	2 237	4 101	6 338	2 208	4 844	7 052
宿州—泗县	1 342	546	1 888	1 331	448	1 779
合肥绕城(顺时针)	13 385	12 706	26 091	13 483	13 301	26 784
亳鹿主线—亳永主线	1 682	1 050	2 732	1 726	992	2 718
宿州—淮永主线	3 078	2 088	5 166	3 049	2 444	5 493
芜湖—水阳	1 213	1 314	2 527	1 168	1 495	2 663
阜阳南—临泉(皖豫省界)	1 844	1 632	3 476	1 750	1 612	3 362
屯溪西—新安(皖赣省界)	1 084	329	1 413	953	368	1 321
巢湖互通—博望(皖苏省界)	7 615	7 845	15 460	7 745	8 424	16 169
宣城互通—接宁绩	1 758	723	2 481	1 764	847	2 611
宁国—千秋关(皖浙省界)	770	482	1 252	595	593	1 188

续上表

路段起止点	正向		小计	反向		小计
	客车折算交通量（辆/日）	货车折算交通量（辆/日）		客车折算交通量（辆/日）	货车折算交通量（辆/日）	
明光互通—皖苏主线	754	1 031	1 785	687	902	1 589
潜山互通—香隅(皖赣省界)	591	190	781	514	183	697
滁州互通—和县	945	655	1 600	914	628	1 542
无为南—宣城	3 766	2 351	6 117	3 882	2 429	6 311
砀永主线—皖鲁主线	544	424	968	553	479	1 032
淮永主线—利辛东	1 029	609	1 638	921	527	1 448
岳西互通—皖鄂主线	515	403	918	512	415	927
阜阳南—六安西	2 512	4 772	7 284	2 564	4 803	7 367
凤阳—淮南东	2 855	2 006	4 861	2 861	1 916	4 777
宁国—歙县东	953	461	1 414	959	491	1 450

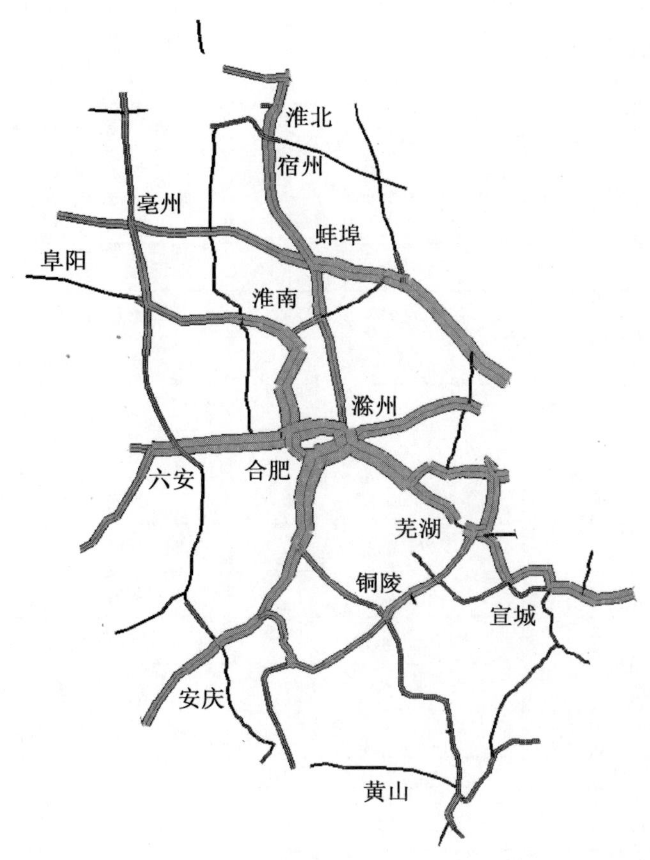

图 4.24　2016 年安徽省高速公路日均交通量

4.9 福建省高速公路运输密度

4.9.1 客运密度分布如表4.25和图4.25所示。

2016年福建省高速公路客运密度　　表4.25

路段起止点	客运密度（人公里/公里）	路段起止点	客运密度（人公里/公里）
闽浙—福鼎	11 521	福鼎—闽浙	8 992
福鼎—霞浦	15 470	霞浦—福鼎	13 997
霞浦—宁德	18 296	宁德—霞浦	17 173
宁德—连江	23 073	连江—宁德	22 766
连江—闽侯	10 017	闽侯—连江	13 582
连江—福州	27 383	福州—连江	28 149
营前—福州机场	16 654	福州机场—营前	31 028
福州—莆田	35 424	莆田—福州	35 204
平潭—渔溪	12 101	渔溪—平潭	12 019
莆田—泉州	42 036	泉州—莆田	40 960
湄洲岛—仙游大济	7 799	仙游大济—湄洲岛	7 732
惠东—南安	10 507	南安—惠东	10 496
泉州—厦门	65 686	厦门—泉州	65 916
晋江龙湖—内坑	14 825	内坑—晋江龙湖	14 573
厦门—漳州	55 672	漳州—厦门	54 488
漳州—云霄	22 556	云霄—漳州	20 983
云霄—诏安	16 924	诏安—云霄	16 121
诏安—闽粤	14 693	闽粤—诏安	13 821
漳州—龙岩	19 903	龙岩—漳州	19 357
龙岩—新泉	20 894	新泉—龙岩	21 423
溪南—龙岩	5 396	龙岩—溪南	5 206
龙岩—永定下洋	5 605	永定下洋—龙岩	5 393
下道湖—古石	8 530	古石—下道湖	8 586
新泉—夏成(闽赣界)	10 468	夏成(闽赣界)—新泉	9 255
泉州—永春	30 348	永春—泉州	29 375
亭川—安溪龙门	12 159	安溪龙门—亭川	11 296
永春—永安	10 243	永安—永春	9 909
德化—蓬壶	5 269	蓬壶—德化	5 684
永安—泉南(闽赣界)	6 460	泉南(闽赣界)—永安	6 172
福州—青州	11 794	青州—福州	11 540
夏茂—闽赣界	9 210	闽赣界—夏茂	9 235
湾坞—屏南	5 756	屏南—湾坞	7 007

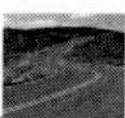

续上表

路段起止点	客运密度（人公里/公里）	路段起止点	客运密度（人公里/公里）
松溪旧县—建瓯东峰	3 004	建瓯东峰—松溪旧县	2 955
杨源—将口	2 740	将口—杨源	2 455
兴田—宁上闽赣	3 562	宁上闽赣—兴田	3 377
兴田—和平	3 463	和平—兴田	3 453
浦建闽浙界—浦城	525	浦城—浦建闽浙	532
京台闽浙—浦城	2 726	浦城—京台闽浙	2 281
浦城—南平	5 665	南平—浦城	5 618
南平—三明	10 890	三明—南平	10 577
三明—永安	10 386	永安—三明	9 894
永安—新泉	3 881	新泉—永安	3 676
新泉—长深闽粤	4 931	长深闽粤—新泉	4 274
永春湖洋—安溪福田	6 983	安溪福田—永春湖洋	6 391
长泰枋洋—漳州西	4 259	漳州西—长泰枋洋	4 042
漳州西—沈海复线闽粤	4 541	沈海复线闽粤—漳州西	4 082
福州南—永泰梧桐	11 757	永泰梧桐—福州南	11 334
涵江江口—仙游榜头	2 602	仙游榜头—涵江江口	2 500
仙游龙华—亭川	3 450	亭川—仙游龙华	3 457
仙游大济—湖洋	5 617	湖洋—仙游大济	5 499
南安—水头	13 813	水头—南安	13 593
惠安—樟井	6 722	樟井—惠安	6 724
厦门—长泰枋洋	10 422	长泰枋洋—厦门	10 143
长泰—厦门	11 708	厦门—长泰	11 161
桃源—漳平	4 329	漳平—桃源	4 611
漳平—华安开发区	5 529	华安开发区—漳平	5 514
东山岛—东山	4 099	东山—东山岛	3 805
南靖靖城—龙海东泗	2 213	龙海东泗—南靖靖城	1 984
莆田—秀屿棣头	2 808	秀屿棣头—莆田	3 131
安溪东—南安	11 258	南安—安溪东	11 432
建瓯—闽侯甘蔗	6 724	闽侯甘蔗—建瓯	6 682
福安—拓荣	2 515	拓荣—福安	2 533
寿宁犀溪—福安	2 157	福安—寿宁犀溪	2 482
飞鸾—连江	3 246	连江—飞鸾	2 824
海沧—紫泥	19 715	紫泥—海沧	19 003
厦漳大桥—漳州港	7 654	漳州港—厦漳大桥	9 643
古武闽赣—武平	1 906	武平—古武闽赣	2 221
浦建闽赣—泰宁	737	泰宁—浦建闽赣	651

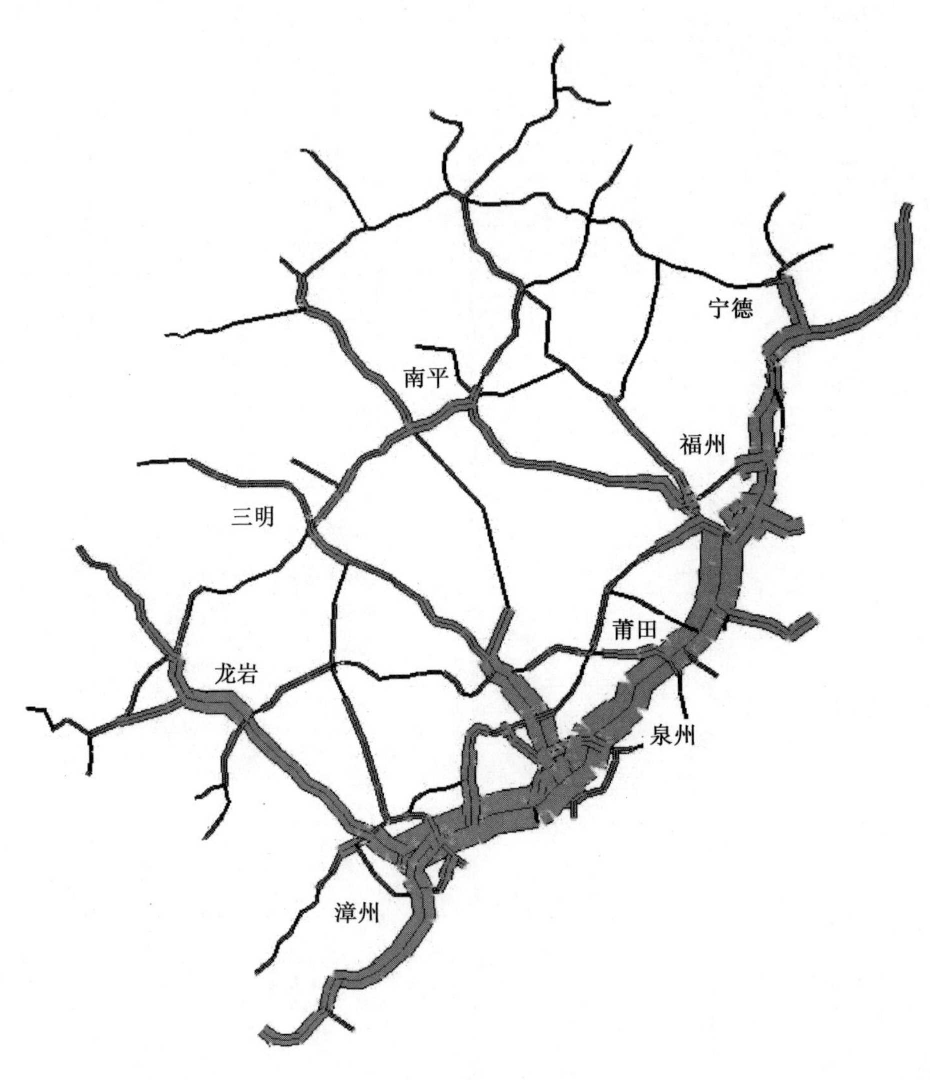

图 4.25　2016 年福建省高速公路日均客运密度

4.9.2 货运密度分布如表4.26和图4.26所示。

2016年福建省高速公路货运密度 表4.26

路段起止点	货运密度(吨公里/公里)	路段起止点	货运密度(吨公里/公里)
闽浙—福鼎	70 122	福鼎—闽浙	64 157
福鼎—霞浦	66 089	霞浦—福鼎	66 917
霞浦—宁德	56 115	宁德—霞浦	62 295
宁德—连江	50 810	连江—宁德	55 213
连江—闽侯	8 231	闽侯—连江	5 822
连江—福州	48 049	福州—连江	49 078
营前—福州机场	4 637	福州机场—营前	6 730
福州—莆田	63 328	莆田—福州	65 723
平潭—渔溪	4 898	渔溪—平潭	4 597
莆田—泉州	68 766	泉州—莆田	69 557
湄洲岛—仙游大济	6 247	仙游大济—湄洲岛	8 158
惠东—南安	5 670	南安—惠东	5 523
泉州—厦门	71 159	厦门—泉州	69 753
晋江龙湖—内坑	8 046	内坑—晋江龙湖	7 020
厦门—漳州	56 249	漳州—厦门	55 043
漳州—云霄	36 510	云霄—漳州	33 432
云霄—诏安	41 797	诏安—云霄	36 751
诏安—闽粤	47 844	闽粤—诏安	37 964
漳州—龙岩	22 921	龙岩—漳州	22 005
龙岩—新泉	19 677	新泉—龙岩	14 706
溪南—龙岩	5 909	龙岩—溪南	7 037
龙岩—永定下洋	2 977	永定下洋—龙岩	2 719
下道湖—古石	3 931	古石—下道湖	2 654
新泉—夏成闽赣	14 252	夏成闽赣—新泉	11 113
泉州—永春	22 946	永春—泉州	24 167
亭川—安溪龙门	4 402	安溪龙门—亭川	4 962
永春—永安	25 718	永安—永春	32 963
德化—蓬壶	5 835	蓬壶—德化	4 922
永安—泉南闽赣	22 545	泉南闽赣—永安	18 640
福州—青州	20 305	青州—福州	21 740
夏茂—闽赣界	11 495	闽赣界—夏茂	15 453
湾坞—屏南	4 580	屏南—湾坞	4 907
松溪旧县—建瓯东峰	2 577	建瓯东峰—松溪旧县	3 650
杨源—将口	3 476	将口—杨源	4 444

续上表

路段起止点	货运密度（吨公里/公里）	路段起止点	货运密度（吨公里/公里）
兴田—宁上闽赣	5 962	宁上闽赣—兴田	5 022
兴田—和平	2 276	和平—兴田	3 453
浦建闽浙—浦城	437	浦城—浦建闽浙	532
京台闽浙—浦城	14 424	浦城—京台闽浙	10 873
浦城—南平	9 986	南平—浦城	11 287
南平—三明	17 571	三明—南平	20 223
三明—永安	12 546	永安—三明	12 490
永安—新泉	8 820	新泉—永安	7 667
新泉—长深闽粤	10 958	长深闽粤—新泉	8 366
永春湖洋—安溪福田	8 576	安溪福田—永春湖洋	16 084
长泰枋洋—漳州西	8 768	漳州西—长泰枋洋	5 963
漳州西—沈海复线闽粤	2 139	沈海复线闽粤—漳州西	2 774
福州南—永泰梧桐	2 876	永泰梧桐—福州南	2 454
涵江江口—仙游榜头	1 035	仙游榜头—涵江江口	1 072
仙游龙华—亭川	1 244	亭川—仙游龙华	1 484
仙游大济—湖洋	9 359	湖洋—仙游大济	17 899
南安—水头	8 540	水头—南安	10 409
惠安—樟井	4 336	樟井—惠安	3 001
厦门—长泰枋洋	3 236	长泰枋洋—厦门	6 806
长泰—厦门	10 047	厦门—长泰	9 020
桃源—漳平	10 446	漳平—桃源	10 928
漳平—华安开发区	9 766	华安开发区—漳平	9 262
东山岛—东山	1 106	东山—东山岛	1 470
南靖靖城—龙海东泗	1 305	龙海东泗—南靖靖城	1 675
莆田—秀屿棣头	884	秀屿棣头—莆田	2 440
安溪东—南安	3 116	南安—安溪东	2 816
建瓯—闽侯甘蔗	9 341	闽侯甘蔗—建瓯	11 002
福安—拓荣	2 351	拓荣—福安	2 808
寿宁犀溪—福安	1 252	福安—寿宁犀溪	1 704
飞鸾—连江	3 307	连江—飞鸾	2 315
海沧—紫泥	40 449	紫泥—海沧	37 870
厦漳大桥—漳州港	2 175	漳州港—厦漳大桥	3 215
古武闽赣—武平	1 522	武平—古武闽赣	1 653
浦建闽赣—泰宁	380	泰宁—浦建闽赣	403

图 4.26　2016 年福建省高速公路日均货运密度

4.9.3 道路负荷分布如表4.27和图4.27所示。

2016年福建省高速公路轴载　　表4.27

路段起止点	轴载（标准轴载当量轴次/日）	路段起止点	轴载（标准轴载当量轴次/日）
闽浙—福鼎	13 838	福鼎—闽浙	11 855
福鼎—霞浦	12 457	霞浦—福鼎	12 691
霞浦—宁德	10 513	宁德—霞浦	12 270
宁德—连江	9 621	连江—宁德	11 708
连江—闽侯	1 816	闽侯—连江	1 768
连江—福州	9 139	福州—连江	9 704
营前—福州机场	963	福州机场—营前	1 310
福州—莆田	12 158	莆田—福州	12 743
平潭—渔溪	1 191	渔溪—平潭	1 089
莆田—泉州	12 933	泉州—莆田	13 690
湄洲岛—仙游大济	1 228	仙游大济—湄洲岛	1 869
惠东—南安	1 058	南安—惠东	1 193
泉州—厦门	14 612	厦门—泉州	14 522
晋江龙湖—内坑	1 965	内坑—晋江龙湖	1 659
厦门—漳州	12 622	漳州—厦门	13 230
漳州—云霄	7 532	云霄—漳州	6 387
云霄—诏安	8 495	诏安—云霄	7 125
诏安—闽粤	9 973	闽粤—诏安	7 240
漳州—龙岩	5 551	龙岩—漳州	6 034
龙岩—新泉	4 018	新泉—龙岩	2 874
溪南—龙岩	1 305	龙岩—溪南	1 754
龙岩—永定下洋	662	永定下洋—龙岩	625
下道湖—古石	850	古石—下道湖	525
新泉—夏成(闽赣界)	2 565	夏成(闽赣界)—新泉	1 953
泉州—永春	4 322	永春—泉州	5 272
亭川—安溪龙门	975	安溪龙门—亭川	1 151
永春—永安	4 871	永安—永春	8 239
德化—蓬壶	1 021	蓬壶—德化	848
永安—泉南(闽赣界)	3 796	泉南(闽赣界)—永安	3 615
福州—青州	4 369	青州—福州	4 919
夏茂—闽赣界	2 064	闽赣界—夏茂	2 715
湾坞—屏南	935	屏南—湾坞	1 028
松溪旧县—建瓯东峰	442	建瓯东峰—松溪旧县	858
杨源—将口	629	将口—杨源	913

续上表

路段起止点	货运密度（吨公里/公里）	路段起止点	货运密度（吨公里/公里）
兴田—宁上(闽赣界)	1 155	宁上(闽赣界)—兴田	996
兴田—和平	429	和平—兴田	809
浦建(闽浙界)—浦城	63	浦城—浦建(闽浙界)	90
京台(闽浙界)—浦城	2 491	浦城—京台(闽浙界)	1 821
浦城—南平	1 657	南平—浦城	2 053
南平—三明	3 129	三明—南平	3 691
三明—永安	2 324	永安—三明	2 172
永安—新泉	1 708	新泉—永安	1 308
新泉—长深闽粤	2 226	长深闽粤—新泉	1 459
永春湖洋—安溪福田	1 782	安溪福田—永春湖洋	4 213
长泰枋洋—漳州西	2 290	漳州西—长泰枋洋	1 553
漳州西—沈海复线闽粤	683	沈海复线闽粤—漳州西	494
福州南—永泰梧桐	887	永泰梧桐—福州南	630
涵江江口—仙游榜头	314	仙游榜头—涵江江口	295
仙游龙华—亭川	340	亭川—仙游龙华	480
仙游大济—湖洋	2 038	湖洋—仙游大济	4 665
南安—水头	1 958	水头—南安	2 295
惠安—樟井	813	樟井—惠安	607
厦门—长泰枋洋	859	长泰枋洋—厦门	1 688
长泰—厦门	2 453	厦门—长泰	2 275
桃源—漳平	2 113	漳平—桃源	1 925
漳平—华安开发区	2 052	华安开发区—漳平	1 684
东山岛—东山	257	东山—东山岛	309
南靖靖城—龙海东泗	345	龙海东泗—南靖靖城	515
莆田—秀屿棣头	237	秀屿棣头—莆田	518
安溪东—南安	621	南安—安溪东	658
建瓯—闽侯甘蔗	1 844	闽侯甘蔗—建瓯	2 349
福安—拓荣	580	拓荣—福安	657
寿宁犀溪—福安	220	福安—寿宁犀溪	342
飞鸾—连江	686	连江—飞鸾	544
海沧—紫泥	8 664	紫泥—海沧	7 333
厦漳大桥—漳州港	600	漳州港—厦漳大桥	866
古武闽赣—武平	271	武平—古武闽赣	300
浦建闽赣—泰宁	110	泰宁—浦建闽赣	136

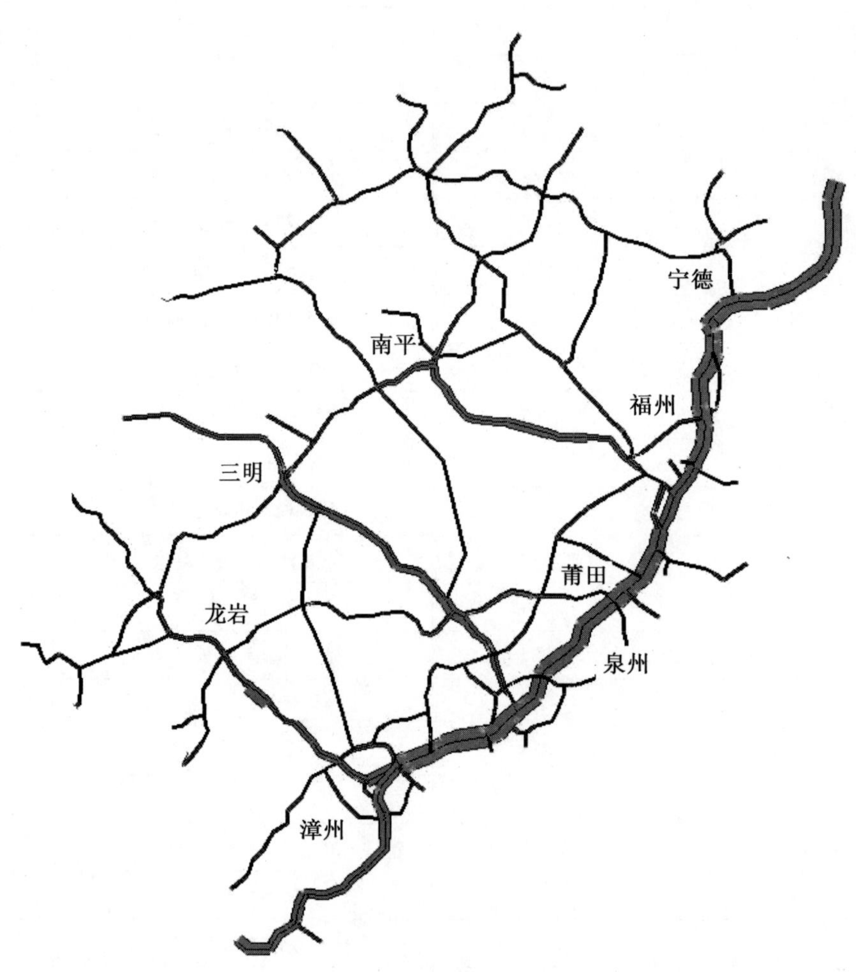

图 4.27　2016 年福建省高速公路日均轴载

4.9.4　交通量分布如表 4.28 和图 4.28 所示。

2016 年福建省高速公路交通量　　表 4.28

路段起止点	正向		小计	反向		小计
	客车折算交通量（辆/日）	货车折算交通量（辆/日）		客车折算交通量（辆/日）	货车折算交通量（辆/日）	
闽浙—福鼎	2 888	11 900	14 788	2 072	11 456	13 528
福鼎—霞浦	3 774	11 640	15 414	3 320	12 016	15 336
霞浦—宁德	4 566	10 976	15 542	4 210	11 158	15 368
宁德—连江	5 793	10 252	16 045	5 707	10 503	16 210
连江—闽侯	2 761	1 795	4 556	3 811	1 820	5 631
连江—福州	7 415	10 100	17 515	7 642	10 697	18 341
营前—福州机场	4 872	2 123	6 995	8 651	2 252	10 903
福州—莆田	9 228	13 900	23 128	8 855	13 579	22 434
平潭—渔溪	3 399	1 638	5 037	3 408	1 638	5 046
莆田—泉州	10 809	16 019	26 828	10 633	15 579	26 212
湄洲岛—仙游大济	2 589	1 880	4 469	2 550	1 877	4 427
惠东—南安	3 516	1 885	5 401	3 523	1 866	5 389
泉州—厦门	17 364	18 114	35 478	17 317	17 997	35 314
晋江龙湖—内坑	4 731	2 841	7 572	4 699	2 721	7 420
厦门—漳州	13 786	14 662	28 448	13 776	14 988	28 764
漳州—云霄	5 630	7 366	12 996	5 132	7 445	12 577
云霄—诏安	3 807	7 701	11 508	3 570	7 700	11 269
诏安—闽粤	2 954	8 190	11 144	2 763	7 942	10 705
漳州—龙岩	4 507	5 696	10 203	4 394	5 004	9 398
龙岩—新泉	4 758	4 073	8 831	4 973	3 949	8 922
溪南—龙岩	1 737	1 605	3 342	1 678	1 769	3 447
龙岩—永定下洋	1 814	875	2 689	1 739	1 011	2 750
下道湖—古石	2 349	1 053	3 402	2 355	1 268	3 623
新泉—夏成闽赣	2 014	2 644	4 658	1 820	2 301	4 121
泉州—永春	8 364	6 210	14 574	7 980	5 831	13 811
亭川—安溪龙门	3 705	1 561	5 266	3 314	1 472	4 786
永春—永安	2 361	5 850	8 211	2 220	5 254	7 474
德化—蓬壶	1 107	1 335	2 442	1 154	1 228	2 382
永安—泉南闽赣	1 396	3 840	5 236	1 317	3 180	4 497
福州—青州	2 955	4 159	7 114	2 863	4 714	7 577
夏茂—闽赣界	1 763	2 409	4 172	1 771	3 405	5 176
湾坞—屏南	1 516	1 124	2 640	1 773	1 307	3 080
松溪旧县—建瓯东峰	835	800	1 635	824	814	1 638

续上表

路段起止点	正向			反向		
	客车折算交通量（辆/日）	货车折算交通量（辆/日）	小计	客车折算交通量（辆/日）	货车折算交通量（辆/日）	小计
杨源—将口	744	787	1 531	664	829	1 493
兴田—宁上闽赣	1 032	1 145	2 177	978	1 056	2 034
兴田—和平	930	723	1 653	909	787	1 696
浦建(闽浙界)—浦城	164	165	329	164	152	316
京台闽浙—浦城	773	2 491	3 264	629	2 049	2 678
浦城—南平	1 582	2 133	3 715	1 563	2 246	3 809
南平—三明	2 578	3 905	6 483	2 490	4 143	6 633
三明—永安	2 539	2 780	5 319	2 430	2 775	5 205
永安—新泉	1 044	1 614	2 658	971	1 581	2 552
新泉—长深闽粤	1 423	1 961	3 384	1 232	1 884	3 116
永春湖洋—安溪福田	1 997	2 545	4 542	1 821	2 853	4 674
长泰枋洋—漳州西	1 361	2 040	3 401	1 291	1 753	3 044
漳州西—沈海复线闽粤	1 492	815	2 307	1 339	899	2 238
福州南—永泰梧桐	3 446	923	4 369	3 311	914	4 225
涵江江口—仙游榜头	735	305	1 040	705	290	995
仙游龙华—亭川	1 063	554	1 617	1 073	490	1 563
仙游大济—湖洋	1 539	2 788	4 327	1 500	2 996	4 496
南安—水头	4 224	2 621	6 845	4 211	2 797	7 008
惠安—樟井	2 314	1 422	3 736	2 316	1 335	3 651
厦门—长泰枋洋	3 119	1 944	5 063	3 071	1 744	4 815
长泰—厦门	3 598	2 585	6 183	3 469	2 928	6 397
桃源—漳平	1 149	1 832	2 981	1 211	2 112	3 323
漳平—华安开发区	1 548	1 769	3 317	1 535	2 054	3 589
东山岛—东山	1 358	660	2 018	1 251	490	1 741
南靖靖城—龙海东泗	750	531	1 281	657	532	1 189
莆田—秀屿棣头	1 015	555	1 570	1 135	621	1 756
安溪东—南安	3 387	1 340	4 727	3 393	1 229	4 622
建瓯—闽侯甘蔗	1 815	2 098	3 913	1 808	2 140	3 948
福安—拓荣	729	607	1 336	722	694	1 416
寿宁犀溪—福安	604	410	1 014	703	443	1 146
飞鸾—连江	1 033	953	1 986	880	834	1 714
海沧—紫泥	4 616	8 222	12 838	4 440	8 175	12 615
厦漳大桥—漳州港	2 452	994	3 446	3 102	1 179	4 281
古武闽赣—武平	639	462	1 101	754	479	1 233
浦建闽赣—泰宁	220	143	363	190	129	319

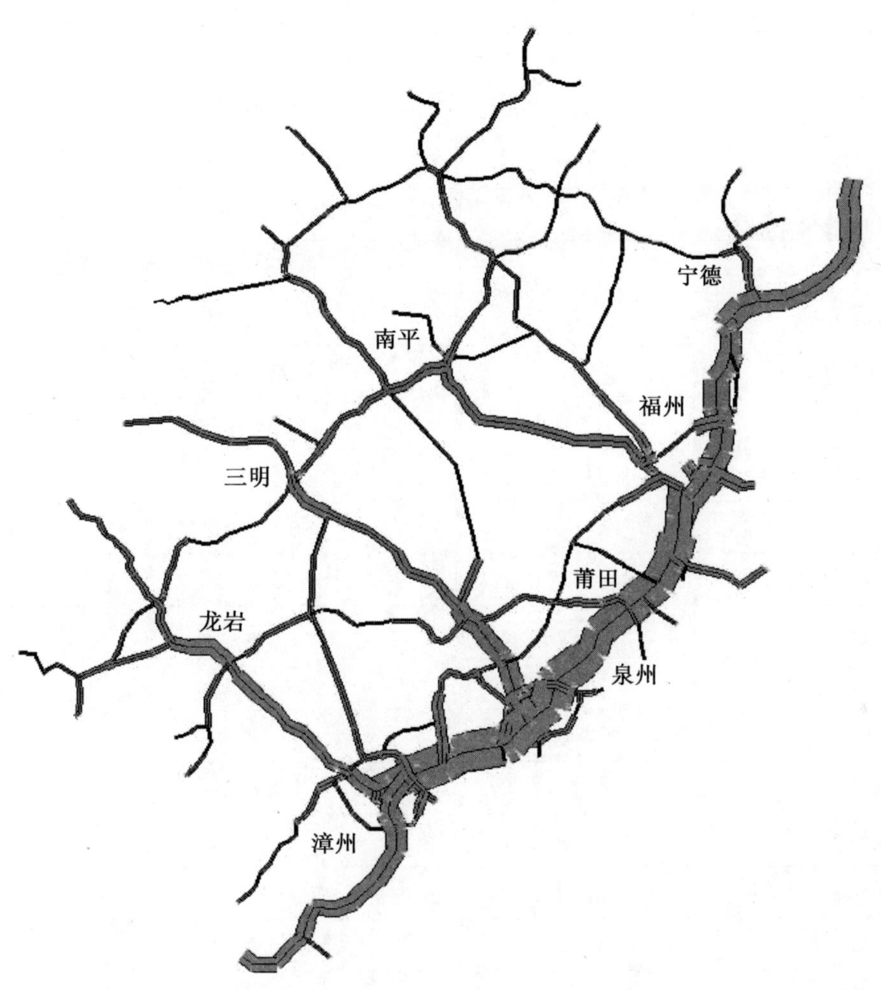

图 4.28　2016 年福建省高速公路日均交通量

4.10 江西省高速公路运输密度

4.10.1 客运密度分布如表 4.29 和图 4.29 所示。

2016 年江西省高速公路客运密度 表 4.29

路段起止点	客运密度（人公里/公里）	路段起止点	客运密度（人公里/公里）
九江—南昌	32 459	南昌—九江	36 569
南昌北—厚田	23 035	厚田—南昌北	22 834
厚田—昌傅	35 864	昌傅—厚田	35 258
昌傅—吉安	14 497	吉安—昌傅	14 712
吉安—赣鄂	8 958	赣鄂—吉安	8 824
吉安—泰和	25 670	泰和—吉安	26 578
泰和—石城站(赣闽界)	9 728	石城站(赣闽界)—泰和	10 753
泰和—井冈山	6 965	井冈山—泰和	7 190
泰和—南康	21 527	南康—泰和	22 596
南康—赣粤界	24 526	赣粤界—南康	24 890
南康—梅关	8 742	梅关—南康	8 544
赣浙界—上饶	32 506	上饶—赣浙界	29 403
上饶—鹰潭	30 491	鹰潭—上饶	28 362
鹰潭—赣皖	8 139	赣皖—鹰潭	8 201
鹰潭—温家圳	26 501	温家圳—鹰潭	25 305
鹰潭—金溪	9 590	金溪—鹰潭	9 671
金溪—南城	8 789	南城—金溪	8 600
南城—瑞金	10 727	瑞金—南城	10 649
温家圳—厚田	27 665	厚田—温家圳	25 752
机场互通—温家圳(顺时针)	21 865	温家圳(顺时针)—机场互通	22 019
南昌(长堎)—生米	32 911	生米—南昌(长堎)	30 240
生米—梅岭	35 224	梅岭—生米	35 327
乐化—南昌(长堎)	13 961	南昌(长堎)—乐化	13 499
九江—景德镇	26 905	景德镇—九江	29 094
景德镇—婺源	24 092	婺源—景德镇	25 898
婺源—塔岭	11 127	塔岭—婺源	11 650
婺源—白沙关	14 685	白沙关—婺源	16 317
温家圳—抚州	17 227	抚州—温家圳	17 695

续上表

路段起止点	客运密度（人公里/公里）	路段起止点	客运密度（人公里/公里）
抚州—南城	13 759	南城—抚州	13 959
南城—赣闽界	11 169	赣闽界—南城	11 594
昌傅—新余	20 871	新余—昌傅	20 418
新余—宜春	24 505	宜春—新余	23 462
宜春—萍乡	21 784	萍乡—宜春	21 586
萍乡—赣湘界	20 700	赣湘界—萍乡	19 014
湖口—彭泽	2 945	彭泽—湖口	2 918
赣州北—崇义	7 695	崇义—赣州北	7 146
崇义—崇义西站(赣湘界)	1 815	崇义西站(赣湘界)—崇义	1 553
赣州北—赣县	8 811	赣县—赣州北	10 092
赣县—南康东(顺时针)	10 868	南康东(顺时针)—赣县	10 731
赣县—会昌北	14 223	会昌北—赣县	14 683
会昌—南桥站(赣粤界)	7 820	南桥站(赣粤界)—会昌	7 177
德兴—南昌东	11 429	南昌东—德兴	11 079
南昌西—奉新	9 243	奉新—南昌西	7 186
奉新—天宝	3 697	天宝—奉新	3 346
天宝—铜鼓西站(赣湘界)	5 265	铜鼓西站(赣湘界)—天宝	4 888
上饶—赣闽界	7 287	赣闽界—上饶	7 992
九江县—赣鄂界	5 679	赣鄂界—九江县	4 549
军山枢纽—武宁	6 013	武宁—军山枢纽	5 281
瑞金西—隘岭站(赣闽界)	8 322	隘岭站(赣闽界)—瑞金西	9 595
泰和—界化垄站(赣湘界)	10 996	界化垄站(赣湘界)—泰和	10 236
临川南—乐安	2 614	乐安—临川南	2 552
乐安—吉安北	3 209	吉安北—乐安	2 942
龙南—安远	5 114	安远—龙南	4 749
星子—姑塘	1 885	姑塘—星子	2 033
南昌—万载	8 233	万载—南昌	8 181
万载—上栗	3 172	上栗—万载	2 636
南昌—乐安	3 995	乐安—南昌	4 452
乐安—宁都	2 940	宁都—乐安	3 313

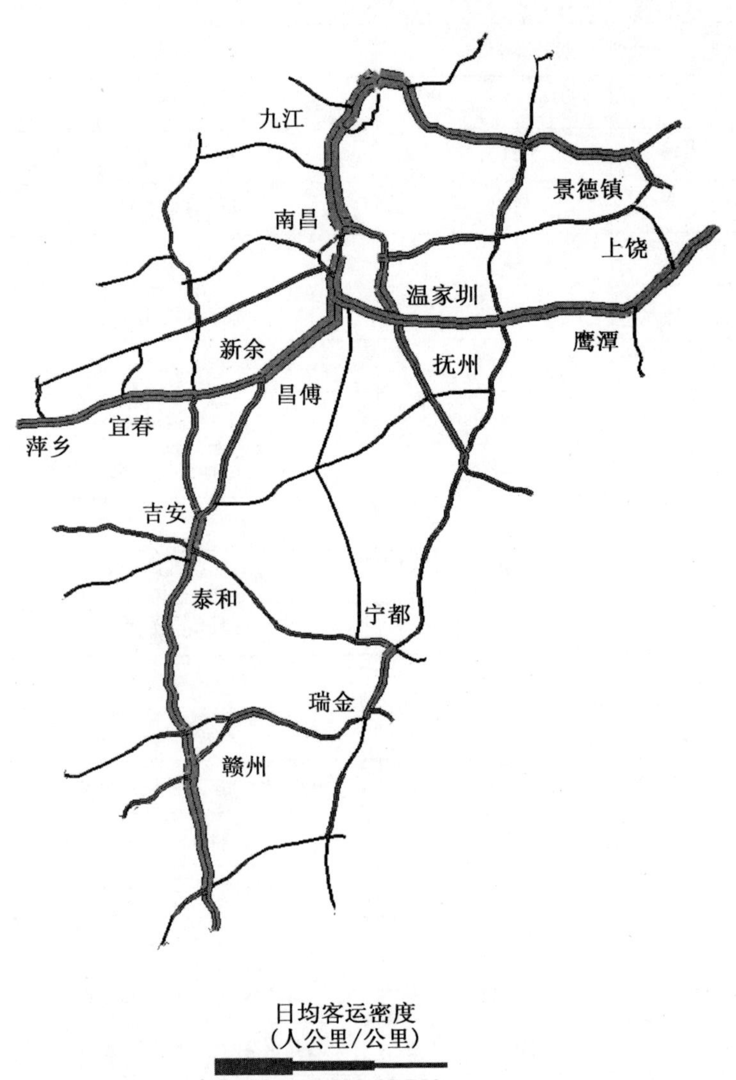

图 4.29　2016 年江西省高速公路日均客运密度

4.10.2　货运密度分布如表 4.30 和图 4.30 所示。

2016 年江西省高速公路货运密度　　表 4.30

路段起止点	货运密度（吨公里/公里）	路段起止点	货运密度（吨公里/公里）
九江—南昌	73 201	南昌—九江	58 649
南昌北—厚田	46 459	厚田—南昌北	41 149
厚田—昌傅	91 681	昌傅—厚田	86 671
昌傅—吉安	61 266	吉安—昌傅	54 596
吉安—赣鄂	17 245	赣鄂—吉安	27 531
吉安—泰和	90 192	泰和—吉安	72 197
泰和—石城站(赣闽界)	14 347	石城站(赣闽界)—泰和	17 605
泰和—井冈山	6 269	井冈山—泰和	5 282
泰和—南康	93 372	南康—泰和	74 605
南康—赣粤界	44 298	赣粤界—南康	29 331
南康—梅关	65 494	梅关—南康	66 969
赣浙界—上饶	90 594	上饶—赣浙界	95 987
上饶—鹰潭	93 149	鹰潭—上饶	96 852
鹰潭—赣皖	21 969	赣皖—鹰潭	20 159
鹰潭—温家圳	71 269	温家圳—鹰潭	73 475
鹰潭—金溪	35 116	金溪—鹰潭	36 225
金溪—南城	27 684	南城—金溪	30 078
南城—瑞金	29 989	瑞金—南城	29 716
温家圳—厚田	73 513	厚田—温家圳	76 626
机场互通—温家圳(顺时针)	34 328	温家圳(顺时针)—机场互通	27 723
南昌(长埈)—生米	46 169	生米—南昌(长埈)	41 104
生米—梅岭	79 416	梅岭—生米	75 946
乐化—南昌(长埈)	41 490	南昌(长埈)—乐化	42 064
九江—景德镇	38 793	景德镇—九江	28 873
景德镇—婺源	29 855	婺源—景德镇	21 390
婺源—塔岭	5 735	塔岭—婺源	6 252
婺源—白沙关	26 175	白沙关—婺源	18 572
温家圳—抚州	18 926	抚州—温家圳	14 225
抚州—南城	15 260	南城—抚州	12 666
南城—赣闽界	19 283	赣闽界—南城	14 795
昌傅—新余	33 447	新余—昌傅	29 641
新余—宜春	40 809	宜春—新余	33 631
宜春—萍乡	49 540	萍乡—宜春	41 574
萍乡—赣湘界	65 583	赣湘界—萍乡	47 102
湖口—彭泽	4 187	彭泽—湖口	4 438
赣州北—崇义	2 722	崇义—赣州北	2 878
崇义—崇义西站(赣湘界)	2 210	崇义西站(赣湘界)—崇义	1 599
赣州北—赣县	2 889	赣县—赣州北	3 182
赣县—南康东(顺时针)	9 594	南康东(顺时针)—赣县	9 101

续上表

路段起止点	货运密度（吨公里/公里）	路段起止点	货运密度（吨公里/公里）
赣县—会昌北	7 637	会昌北—赣县	10 679
会昌—南桥站(赣粤界)	24 121	南桥站(赣粤界)—会昌	22 380
德兴—南昌东	8 210	南昌东—德兴	7 289
南昌西—奉新	3 451	奉新—南昌西	2 306
奉新—天宝	1 575	天宝—奉新	1 742
天宝—铜鼓西站(赣湘界)	9 739	铜鼓西站—天宝(赣湘界)	7 028
上饶—赣闽界	20 345	赣闽界—上饶	20 624
九江县—赣鄂界	9 907	赣鄂界—九江县	9 621
军山枢纽—武宁	3 739	武宁—军山枢纽	2 926
瑞金西—隘岭站(赣闽界)	9 776	隘岭站(赣闽界)—瑞金西	13 496
泰和—界化垄站(赣湘界)	8 414	界化垄站(赣湘界)—泰和	6 000
临川南—乐安	919	乐安—临川南	914
乐安—吉安北	4 333	吉安北—乐安	3 804
龙南—安远	9 259	安远—龙南	12 335
星子—姑塘	4 662	姑塘—星子	6 320
南昌—万载	8 055	万载—南昌	8 944
万载—上栗	6 117	上栗—万载	4 906
南昌—乐安	7 071	乐安—南昌	7 353
乐安—宁都	7 023	宁都—乐安	6 917

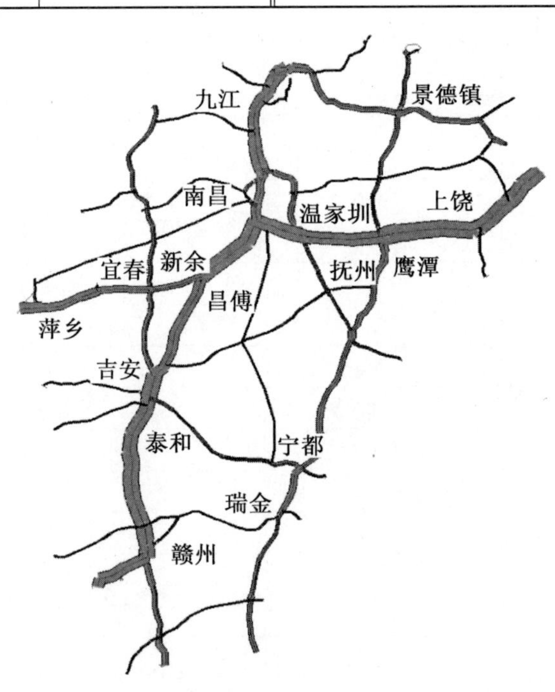

图 4.30　2016 年江西省高速公路日均货运密度

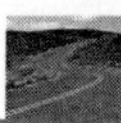

4.10.3　道路负荷分布如表 4.31 和图 4.31 所示。

2016 年江西省高速公路轴载　　表 4.31

路段起止点	轴载（标准轴载当量轴次/日）	路段起止点	轴载（标准轴载当量轴次/日）
九江—南昌	19 676	南昌—九江	11 462
南昌北—厚田	8 398	厚田—南昌北	6 341
厚田—昌傅	22 800	昌傅—厚田	17 085
昌傅—吉安	18 492	吉安—昌傅	10 551
吉安—赣鄂	4 744	赣鄂—吉安	17 512
吉安—泰和	38 018	泰和—吉安	15 460
泰和—石城站(赣闽界)	4 699	石城站(赣闽界)—泰和	4 195
泰和—井冈山	2 598	井冈山—泰和	1 324
泰和—南康	37 683	南康—泰和	16 869
南康—赣粤界	23 286	赣粤界—南康	9 379
南康—梅关	12 230	梅关—南康	16 906
赣浙界—上饶	20 688	上饶—赣浙界	16 299
上饶—鹰潭	21 438	鹰潭—上饶	17 627
鹰潭—赣皖	3 982	赣皖—鹰潭	17 165
鹰潭—温家圳	15 863	温家圳—鹰潭	14 175
鹰潭—金溪	25 787	金溪—鹰潭	6 317
金溪—南城	18 418	南城—金溪	5 863
南城—瑞金	18 211	瑞金—南城	6 138
温家圳—厚田	17 010	厚田—温家圳	15 968
机场互通—温家圳(顺时针)	8 594	温家圳(顺时针)—机场互通	5 290
南昌(长埈)—生米	14 056	生米—南昌(长埈)	10 052
生米—梅岭	20 183	梅岭—生米	15 825
乐化—南昌(长埈)	8 594	南昌(长埈)—乐化	11 302
九江—景德镇	27 598	景德镇—九江	5 623
景德镇—婺源	24 641	婺源—景德镇	6 859
婺源—塔岭	1 233	塔岭—婺源	4 845
婺源—白沙关	23 061	白沙关—婺源	3 690
温家圳—抚州	4 866	抚州—温家圳	4 043
抚州—南城	3 623	南城—抚州	6 092
南城—赣闽界	6 553	赣闽界—南城	3 806
昌傅—新余	6 426	新余—昌傅	7 070
新余—宜春	9 683	宜春—新余	9 750
宜春—萍乡	11 494	萍乡—宜春	12 152
萍乡—赣湘界	14 552	赣湘界—萍乡	12 158
湖口—彭泽	1 016	彭泽—湖口	1 381
赣州北—崇义	1 743	崇义—赣州北	770
崇义—崇义西站(赣湘界)	682	崇义西站(赣湘界)—崇义	411
赣州北—赣县	603	赣县—赣州北	1 798
赣县—南康东(顺时针)	2 434	南康东(顺时针)—赣县	2 829

续上表

路段起止点	轴载 (标准轴载当量轴次/日)	路段起止点	轴载 (标准轴载当量轴次/日)
赣县—会昌北	2 436	会昌北—赣县	4 189
会昌—南桥站(赣粤界)	17 569	南桥站(赣粤界)—会昌	5 887
德兴—南昌东	2 212	南昌东—德兴	3 504
南昌西—奉新	890	奉新—南昌西	1005
奉新—天宝	380	天宝—奉新	466
天宝—铜鼓西站(赣湘界)	4 871	铜鼓西站(赣湘界)—天宝	1 984
上饶—赣闽界	3 862	赣闽界—上饶	4 901
九江县—赣鄂界	1 683	赣鄂界—九江县	7 359
军山枢纽—武宁	1 498	武宁—军山枢纽	708
瑞金西—隘岭站(赣闽界)	2 030	隘岭站(赣闽界)—瑞金西	5 104
泰和—界化垄站(赣湘界)	1 982	界化垄站(赣湘界)—泰和	2 078
临川南—乐安	255	乐安—临川南	248
乐安—吉安北	1 228	吉安北—乐安	884
龙南—安远	8 244	安远—龙南	3 331
星子—姑塘	768	姑塘—星子	2 056
南昌—万载	1 798	万载—南昌	2 148
万载—上栗	1 447	上栗—万载	1 200
南昌—乐安	3 767	乐安—南昌	1 191
乐安—宁都	3 686	宁都—乐安	1 120

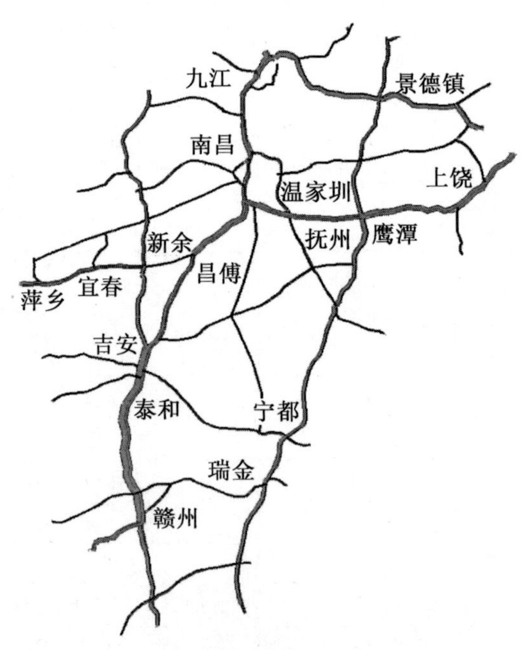

图 4.31　2016 年江西省高速公路日均轴载

4.10.4　交通量分布如表4.32和图4.32所示。

2016年江西省高速公路交通量　　表4.32

路段起止点	正向		小计	反向		小计
	客车折算交通量（辆/日）	货车折算交通量（辆/日）		客车折算交通量（辆/日）	货车折算交通量（辆/日）	
九江—南昌	9 160	15 033	24 193	10 180	15 928	26 108
南昌北—厚田	7 121	9 911	17 032	6 870	10 746	17 616
厚田—昌傅	8 723	18 313	27 036	8 528	18 711	27 239
昌傅—吉安	4 147	11 558	15 705	4 219	12 217	16 436
吉安—赣鄂	2 558	3 839	6 397	2 461	5 206	7 667
吉安—泰和	7 198	16 809	24 007	7 574	16 049	23 623
泰和—石城站(赣闽界)	1 771	2 866	4 637	1 945	3 254	5 199
泰和—井冈山	1 985	1 301	3 286	2 070	1 280	3 350
泰和—南康	5 836	17 340	23 176	6 217	16 531	22 748
南康—赣粤界	6 199	9 510	15 709	6 291	7 649	13 940
南康—梅关	2 282	11 522	13 804	2 294	12 397	14 691
赣浙界—上饶	6 986	17 709	24 695	6 283	18 712	24 995
上饶—鹰潭	6 587	18 280	24 867	6 053	18 895	24 948
鹰潭—赣皖	2 260	4 912	7 172	2 317	4 055	6 372
鹰潭—温家圳	5 768	13 883	19 651	5 427	14 062	19 489
鹰潭—金溪	2 386	7 005	9 391	2 403	7 676	10 079
金溪—南城	2 159	5 630	7 789	2 086	6 415	8 501
南城—瑞金	2 562	6 086	8 648	2 550	6 567	9 117
温家圳—厚田	6 207	14 982	21 189	5 627	15 051	20 678
机场互通—温家圳(顺时针)	6 027	7 110	13 137	6 051	6 648	12 699
南昌(长坡)—生米	10 432	10 223	20 655	9 237	10 939	20 176
生米—梅岭	9 213	16 405	25 618	9 203	17 021	26 224
乐化—南昌(长坡)	4 034	9 749	13 783	3 922	9 129	13 051
九江—景德镇	6 000	7 593	13 593	6 286	7 293	13 579
景德镇—婺源	5 077	5 586	10 663	5 277	5 098	10 375
婺源—塔岭	3 023	1 410	4 433	3 122	1 651	4 773
婺源—白沙关	2 520	4 746	7 266	2 734	4 122	6 856
温家圳—抚州	4 555	4 568	9 123	4 542	3 716	8 258
抚州—南城	3 356	3 726	7 082	3 338	3 087	6 425
南城—赣闽界	2 371	4 267	6 638	2 393	3 391	5 784
昌傅—新余	4 244	6 705	10 949	4 119	6 136	10 255
新余—宜春	5 073	7876	12 949	4 776	7 436	12 212
宜春—萍乡	4 373	9 362	13 735	4 267	9 122	13 389
萍乡—赣湘界	4 056	11 727	15 783	3 656	10 376	14 032
湖口—彭泽	1 039	1 163	2 202	1 010	1 081	2 091
赣州北—崇义	2 474	1 056	3 530	2 316	1 188	3 504
崇义—崇义西站(赣湘界)	559	493	1 052	464	563	1 027
赣州北—赣县	2 764	1 194	3 958	3 081	1 269	4 350

续上表

路段起止点	正向			反向		
	客车折算交通量（辆/日）	货车折算交通量（辆/日）	小计	客车折算交通量（辆/日）	货车折算交通量（辆/日）	小计
赣县—南康东（顺时针）	2 929	2 367	5 296	2 864	2 429	5 293
赣县—会昌北	4 175	2 434	6 609	4 270	2 528	6 798
会昌—南桥站（赣粤界）	1 820	4 536	6 356	1 601	4 939	6 540
德兴—南昌东	3 263	2 053	5 316	3 184	1 876	5 062
南昌西—奉新	3 393	1 125	4 518	2 652	789	3 441
奉新—天宝	1 288	530	1 818	1 161	545	1 706
天宝—铜鼓西站（赣湘界）	1 637	2 124	3 761	1 554	1 778	3 332
上饶—赣闽界	1 776	4 076	5 852	1 945	4 070	6 015
九江县—赣鄂界	1 675	2 181	3 856	1 365	1 948	3 313
军山枢纽—武宁	1 826	910	2 736	1 572	786	2 358
瑞金西—隘岭站（赣闽界）	1 751	2 358	4 109	1 895	2 815	4 710
泰和—界化垄站（赣湘界）	2 145	1 711	3 856	2 088	1 445	3 533
临川南—乐安	957	264	1 221	940	305	1 245
乐安—吉安北	1 076	990	2 066	983	959	1 942
龙南—安远	1 563	2 780	4 343	1 436	3 119	4 555
星子—姑塘	584	1 039	1 623	610	1 134	1 744
南昌—万载	2 661	2 062	4 723	2 777	2 411	5 188
万载—上栗	960	1 373	2 333	873	1 465	2 338
南昌—乐安	924	1 355	2 279	961	1 595	2 556
乐安—宁都	669	1 284	1 953	689	1 461	2 150

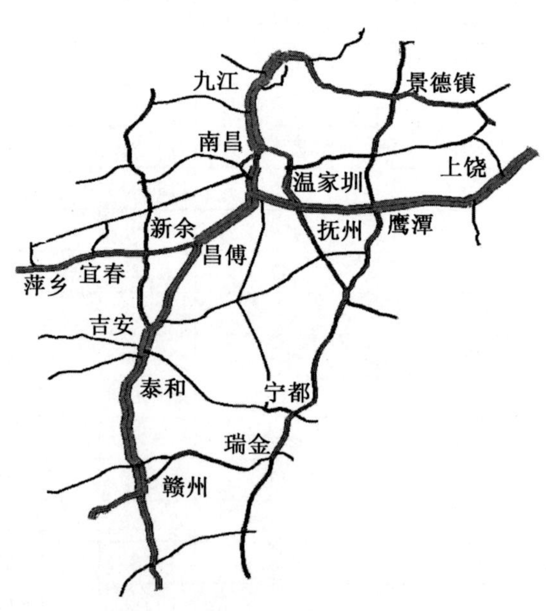

图 4.32　2016年江西省高速公路日均交通量

4.11　山东省高速公路运输密度

4.11.1　客运密度分布如表 4.33 和图 4.33 所示。

2016 年山东省高速公路客运密度　　表 4.33

路段起止点	客运密度（人公里/公里）	路段起止点	客运密度（人公里/公里）
京福鲁冀(德州)—齐河	28900	齐河—京福鲁冀(德州)	29 666
齐河—济南	53 811	济南—齐河	62 022
济南—泰安	49 474	泰安—济南	46 201
泰安—曲阜	30 984	曲阜—泰安	29 663
曲阜—京福鲁苏	19 006	京福鲁苏—曲阜	18 493
鲁北—博山	20 961	博山—鲁北	20 272
博山—莱芜	21 529	莱芜—博山	21 148
莱芜—泰安	18 441	泰安—莱芜	19 967
海港—青州	17 030	青州—海港	17 805
坊子—明村	6 878	明村—坊子	7 032
明村—周格庄	7 023	周格庄—明村	6 719
八角—明村	17 751	明村—八角	17 810
八角—莱山	30 050	莱山—八角	30 187
福山—栖霞	31 681	栖霞—福山	30 998
栖霞—胶州	17 388	胶州—栖霞	13 410
胶州—同三鲁苏	33 647	同三鲁苏—胶州	32 681
齐河—冠县	22 265	冠县—齐河	20 815
济南—潍坊	31 588	潍坊—济南	25 390
潍坊—胶州	16 980	胶州—潍坊	14 446
胶州—青岛	21 812	青岛—胶州	20 526
菏泽—曲阜	26 502	曲阜—菏泽	27 151
曲阜—日照	24 047	日照—曲阜	23 675
泰安—京沪鲁苏	24 059	京沪鲁苏—泰安	23 539
齐河—青银鲁冀	15 796	青银鲁冀—齐河	13 981
济南机场—济南	28 149	济南—济南机场	45 243
济南—郓城	34 350	郓城—济南	31 668
济南—胶南	24 585	胶南—济南	17 732
柳花泊—海伯河	23 041	海伯河—柳花泊	103 715
齐河—章丘	31 275	章丘—齐河	25 476
菏泽—济广鲁豫	10 530	济广鲁豫—菏泽	12 084
东明主—菏泽	3 831	菏泽—东明主	4 764
滨州港—前郭	13 347	前郭—滨州港	13 533
寿光—新河	35 051	新河—寿光	31 617
平度—青岛高新	35 307	青岛高新—平度	36 324
即墨—威海	17 046	威海—即墨	16 579

续上表

路段起止点	客运密度（人公里/公里）	路段起止点	客运密度（人公里/公里）
菏关鲁豫—菏泽	13 309	菏泽—菏关鲁豫	12 347
黄岛—海湾大桥	23 961	海湾大桥—黄岛	81 682
滨州港—德州	6 573	德州—滨州港	6 431
青州—沂水北	18 795	沂水北—青州	16 089
沂水北—莒县	15 918	莒县—沂水北	15 722
莒县—长深鲁苏	9 039	长深鲁苏—莒县	9 007
枣庄新城—苍山	9 369	苍山—枣庄新城	9 774
莱山—双岛	20 372	双岛—莱山	22 079
滨德鲁冀—德州北	10 437	德州北—滨德鲁冀	10 689
烟台—海阳东	4 422	海阳东—烟台	4 231
东平南—济宁北	10 908	济宁北—东平南	7 757
高唐西—高邢鲁冀	4 341	高邢鲁冀—高唐西	4 152
乐陵南—济阳	6 252	济阳—乐陵南	7 395
乐陵南—京沪鲁冀	3 499	京沪鲁冀—乐陵南	3 357
菏泽北—德商鲁豫	8 236	德商鲁豫—菏泽北	5 726
聊城南—德商鲁豫	9 338	德商鲁豫—聊城南	9 974
城阳南—河头店	14 162	河头店—城阳南	13 872
文登—荣成	1 702	荣成—文登	1 484
滕州南—枣庄东城	9 607	枣庄东城—滕州南	10 602

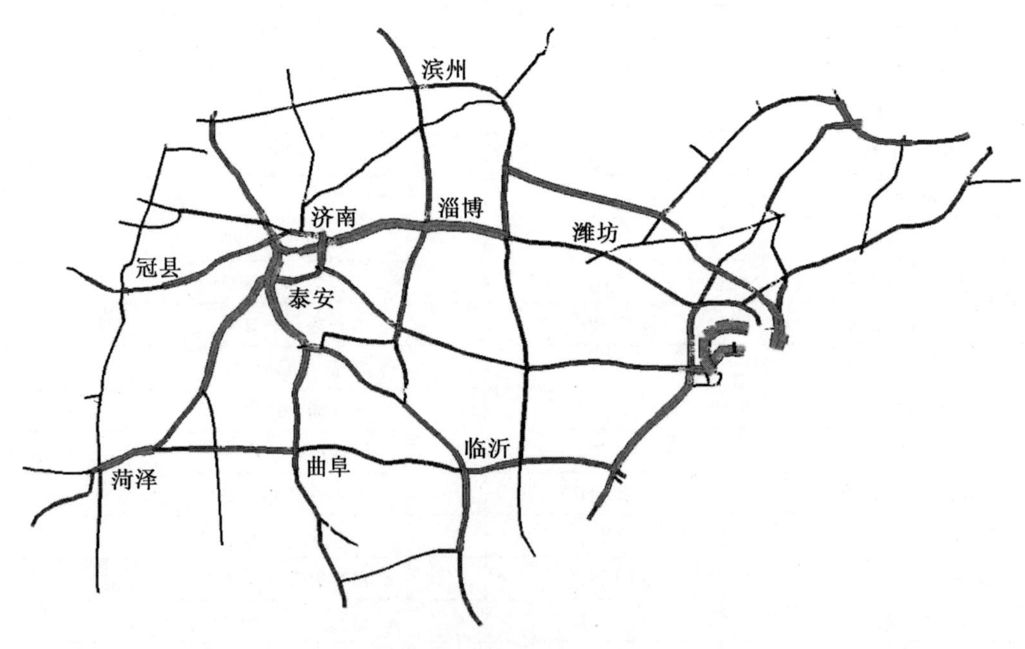

图 4.33　2016 年山东省高速公路日均客运密度

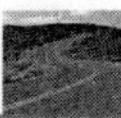

4.11.2　货运密度分布如表4.34和图4.34所示。

2016年山东省高速公路货运密度　　表4.34

路段起止点	货运密度（吨公里/公里）	路段起止点	货运密度（吨公里/公里）
京福鲁冀(德州)—齐河	149 770	齐河—京福鲁冀(德州)	117 023
齐河—济南	273 722	济南—齐河	201 005
济南—泰安	221 462	泰安—济南	171 378
泰安—曲阜	87 370	曲阜—泰安	60 302
曲阜—京福鲁苏	83 184	京福鲁苏—曲阜	54 130
鲁北—博山	112 604	博山—鲁北	114 016
博山—莱芜	74 579	莱芜—博山	60 533
莱芜—泰安	40 672	泰安—莱芜	44 327
海港—青州	42 062	青州—海港	42 550
坊子—明村	9 814	明村—坊子	8 493
明村—周格庄	13 102	周格庄—明村	9 272
八角—明村	24 483	明村—八角	19 059
八角—莱山	13 664	莱山—八角	10 016
福山—栖霞	24 009	栖霞—福山	24 457
栖霞—胶州	39 847	胶州—栖霞	32 169
胶州—同三鲁苏	68 341	同三鲁苏—胶州	64 078
齐河—冠县	45 322	冠县—齐河	31 547
济南—潍坊	59 059	潍坊—济南	62 538
潍坊—胶州	22 956	胶州—潍坊	16 384
胶州—青岛	23 840	青岛—胶州	18 724
菏泽—曲阜	79 407	曲阜—菏泽	101 033
曲阜—日照	50 127	日照—曲阜	58 714
泰安—京沪鲁苏	155 340	京沪鲁苏—泰安	125 511
齐河—青银鲁冀	75 945	青银鲁冀—齐河	131 546
济南机场—济南	23 452	济南—济南机场	25 850
济南—郓城	97 416	郓城—济南	50 487
济南—胶南	39 201	胶南—济南	30 932
柳花泊—海伯河	8 858	海伯河—柳花泊	15 182
齐河—章丘	95 785	章丘—齐河	99 610
菏泽—济广鲁豫	43 637	济广鲁豫—菏泽	37 915
东明主—菏泽	8 284	菏泽—东明主	8 737
滨州港—前郭	42 144	前郭—滨州港	60 725
寿光—新河	88 170	新河—寿光	88 845
平度—青岛高新	28 591	青岛高新—平度	18 276
即墨—威海	17 408	威海—即墨	13 473
菏关鲁豫—菏泽	65 790	菏泽—菏关鲁豫	94 924
黄岛—海湾大桥	8 516	海湾大桥—黄岛	6 750
滨州港—德州	16 031	德州—滨州港	13 399

续上表

路段起止点	货运密度（吨公里/公里）	路段起止点	货运密度（吨公里/公里）
青州—沂水北	106 749	沂水北—青州	79 321
沂水北—莒县	85 605	莒县—沂水北	60 871
莒县—长深鲁苏界	87 013	长深鲁苏界—莒县	63 835
枣庄新城—苍山	10 116	苍山—枣庄新城	14 866
莱山—双岛	9 836	双岛—莱山	6 463
滨德鲁冀界—德州北	41 492	德州北—滨德鲁冀界	32 346
烟台—海阳东	1 234	海阳东—烟台	975
东平南—济宁北	22 552	济宁北—东平南	8 496
高唐西—高邢鲁冀界	29 744	高邢鲁冀界—高唐西	39 443
乐陵南—济阳	15 013	济阳—乐陵南	10 229
乐陵南—京沪鲁冀界	10 506	京沪鲁冀界—乐陵南	21 004
菏泽北—德商鲁豫界	25 085	德商鲁豫界—菏泽北	30 406
聊城南—德商鲁豫界	25 732	德商鲁豫界—聊城南	20 857
城阳南—河头店	2 816	河头店—城阳南	2 298
文登—荣成	2 627	荣成—文登	1 909
滕州南—枣庄东城	9 397	枣庄东城—滕州南	5 702

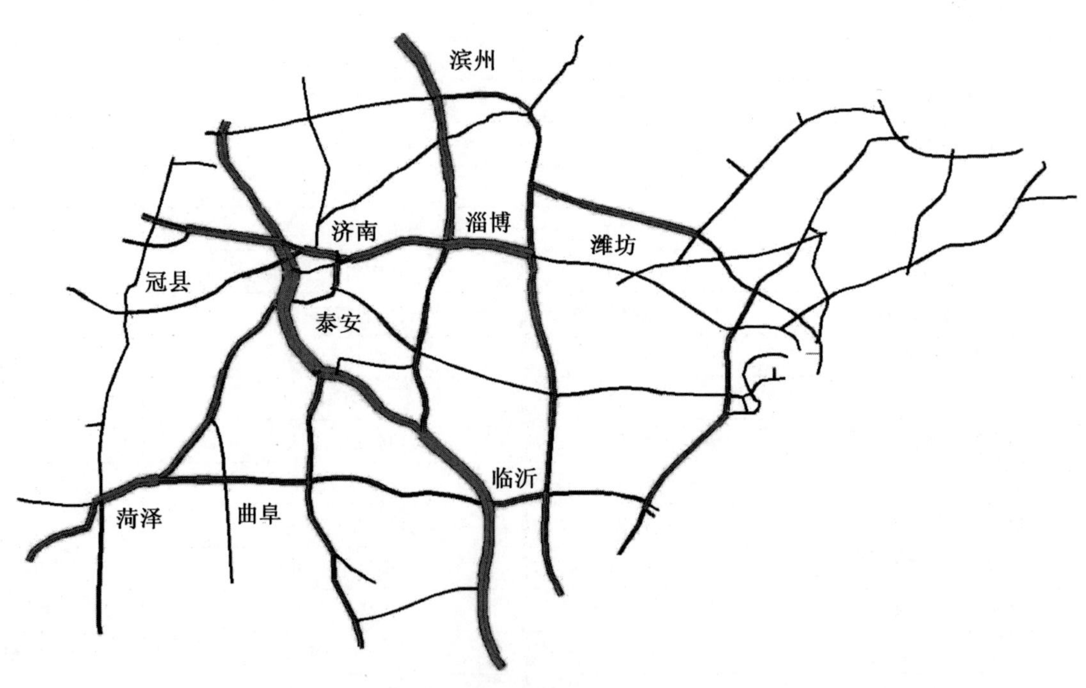

图 4.34　2016 年山东省高速公路日均货运密度

4.11.3　道路负荷分布如表4.35和图4.35所示。

2016年山东省高速公路轴载　　表4.35

路段起止点	轴载（标准轴载当量轴次/日）	路段起止点	轴载（标准轴载当量轴次/日）
京福鲁冀界(德州)—齐河	29 457	齐河—京福鲁冀界(德州)	17 374
齐河—济南	55 877	济南—齐河	32 184
济南—泰安	43 415	泰安—济南	27 716
泰安—曲阜	16 509	曲阜—泰安	9 517
曲阜—京福鲁苏界	15 688	京福鲁苏界—曲阜	8 111
鲁北—博山	18 258	博山—鲁北	16 716
博山—莱芜	13 173	莱芜—博山	9 290
莱芜—泰安	6 804	泰安—莱芜	8 349
海港—青州	6 364	青州—海港	6 467
坊子—明村	1 781	明村—坊子	1 438
明村—周格庄	2 218	周格庄—明村	1 601
八角—明村	3 770	明村—八角	3 368
八角—莱山	2 323	莱山—八角	1 889
福山—栖霞	4 554	栖霞—福山	4 727
栖霞—胶州	7 606	胶州—栖霞	5 543
胶州—同三鲁苏界	12 604	同三鲁苏界—胶州	9 375
齐河—冠县	7 646	冠县—齐河	5 384
济南—潍坊	9 962	潍坊—济南	10 224
潍坊—胶州	3 790	胶州—潍坊	2 644
胶州—青岛	3 579	青岛—胶州	3 025
菏泽—曲阜	14 378	曲阜—菏泽	18 943
曲阜—日照	8 047	日照—曲阜	10 172
泰安—京沪鲁苏界	28 400	京沪鲁苏界—泰安	18 707
齐河—青银鲁冀界	11 945	青银鲁冀界—齐河	26 664
济南机场—济南	4 685	济南—济南机场	6 264
济南—郓城	17 374	郓城—济南	9 344
济南—胶南	6 452	胶南—济南	5 136
柳花泊—海伯河	1 296	海伯河—柳花泊	2 488
齐河—章丘	17 324	章丘—齐河	16 731
菏泽—济广鲁豫界	6 924	济广鲁豫界—菏泽	6 424
东明主—菏泽	1 399	菏泽—东明主	1 400
滨州港—前郭	6 735	前郭—滨州港	8 365
寿光—新河	14 561	新河—寿光	14 005
平度—青岛高新	4 499	青岛高新—平度	2 860
即墨—威海	2 643	威海—即墨	2 256
菏关鲁豫界—菏泽	11 823	菏泽—菏关鲁豫界	17 531

续上表

路段起止点	轴载（标准轴载当量轴次/日）	路段起止点	轴载（标准轴载当量轴次/日）
黄岛—海湾大桥	1 282	海湾大桥—黄岛	1 085
滨州港—德州	2 293	德州—滨州港	2 267
青州—沂水北	17 037	沂水北—青州	11 478
沂水北—莒县	12 940	莒县—沂水北	8 638
莒县—长深鲁苏	13 769	长深鲁苏—莒县	8 984
枣庄新城—苍山	1 615	苍山—枣庄新城	2 415
莱山—双岛	1 641	双岛—莱山	1 164
滨德鲁冀—德州北	8 027	德州北—滨德鲁冀	5 022
烟台—海阳东	237	海阳东—烟台	138
东平南—济宁北	4 156	济宁北—东平南	1 556
高唐西—高邢鲁冀	4 502	高邢鲁冀—高唐西	7 337
乐陵南—济阳	2 244	济阳—乐陵南	1 488
乐陵南—京沪鲁冀	1 595	京沪鲁冀—乐陵南	3 539
菏泽北—德商鲁豫	3 724	德商鲁豫—菏泽北	5 044
聊城南—德商鲁豫	3 541	德商鲁豫—聊城南	2 960
城阳南—河头店	444	河头店—城阳南	414
文登—荣成	408	荣成—文登	354
滕州南—枣庄东城	2 178	枣庄东城—滕州南	971

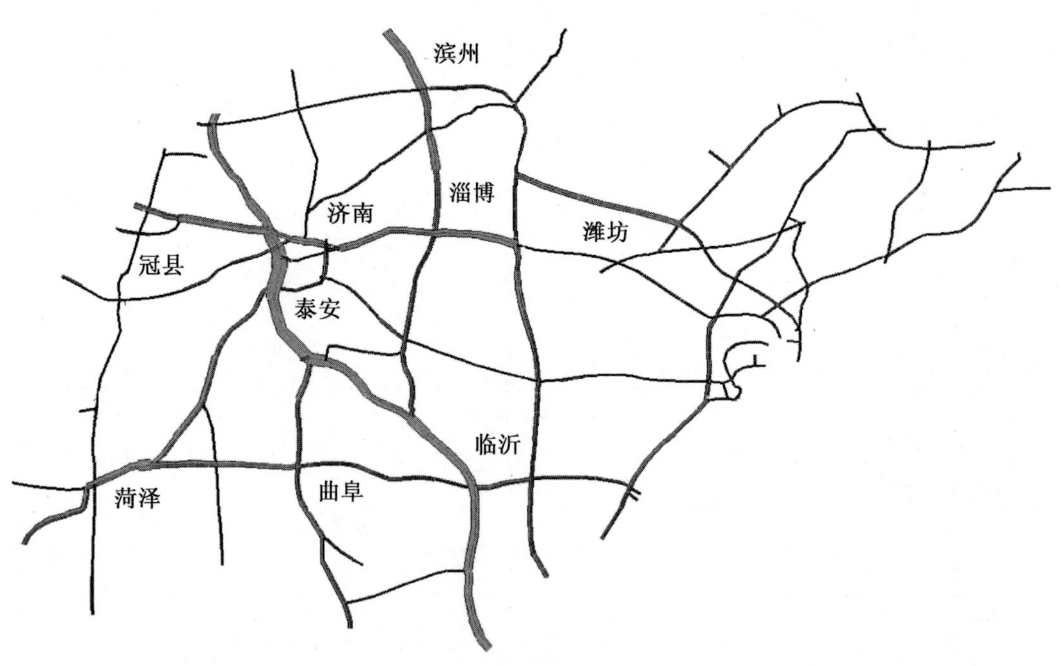

日均轴载
(标准轴载当量轴次/日)
50 000 25 000 12 500

图 4.35　2016 年山东省高速公路日均轴载

4.11.4　交通量分布如表 4.36 和图 4.36 所示。

2016 年山东省高速公路交通量　　表 4.36

路段起止点	正向			反向		
	客车折算交通量（辆/日）	货车折算交通量（辆/日）	小计	客车折算交通量（辆/日）	货车折算交通量（辆/日）	小计
京福鲁冀(德州)—齐河	8 071	22 255	30 326	8 564	21 008	29 572
齐河—济南	14 893	38 770	53 663	18 329	35 919	54 248
济南—泰安	13 648	31 205	44 853	12 460	29 354	41 814
泰安—曲阜	8 512	13 725	22 237	8 113	12 549	20 662
曲阜—京福鲁苏界	5 368	12 749	18 117	5 175	11 426	16 601
鲁北—博山	6 501	18 247	24 748	6 265	19 491	25 756
博山—莱芜	5 463	11 832	17 295	5 300	11 662	16 962
莱芜—泰安	4 964	7 561	12 525	5 373	7 911	13 284
海港—青州	5 019	8 821	13 840	5 122	9 232	14 354
坊子—明村	2 193	2 785	4 978	2 235	2 774	5 009
明村—周格庄	1 965	2 998	4 963	1 842	2 865	4 707
八角—明村	4 679	5 094	9 773	4 582	4 834	9 416
八角—莱山	8 897	3 666	12 563	8 990	4 096	13 086
福山—栖霞	8 500	5 416	13 916	8 216	5 281	13 497
栖霞—胶州	4 092	7 523	11 615	3 377	6 723	10 100
胶州—同三鲁苏界	7 638	12 338	19 976	7 504	1 3157	20 661
齐河—冠县	6 170	8 307	14 477	5 543	6 713	12 256
济南—潍坊	8 818	12 576	21 394	7 405	13 052	20 457
潍坊—胶州	5 219	5 340	10 559	4 552	5 272	9 824
胶州—青岛	6 378	5 839	12 217	6 048	5 739	11 787
菏泽—曲阜	7 027	15 165	22 192	7 261	15 900	23 161
曲阜—日照	6 036	9 932	15 968	5 989	9 770	15 759
泰安—京沪鲁苏界	6 502	21 558	28 060	6 420	22 158	28 578
齐河—青银鲁冀界	4 334	16 587	20 921	3 777	17 376	21 153
济南机场—济南	9 776	6 796	16 572	13 908	7 670	21 578
济南—郓城	9 245	14 561	23 806	8 359	12 494	20 853
济南—胶南	6 984	7 607	14 591	5 229	5 897	11 126
柳花泊—海伯河	5 627	2 627	8 254	22 941	6 364	29 305
齐河—章丘	8 633	18 108	26 741	7 506	19 279	26 785
菏泽—济广鲁豫界	2 825	6 812	9 637	3 124	7 929	11 053
东明主—菏泽	1 252	2 153	3 405	1 642	1 994	3 636
滨州港—前郭	3 836	9 470	13 306	3 853	10 493	14 346
寿光—新河	8 994	17 931	26 925	8 351	16 721	25 072
平度—青岛高新	12 068	6 025	18 093	12 406	5 314	17 720
即墨—威海	3 829	3 616	7 445	3 815	3 263	7 078
菏关鲁豫—菏泽	3 470	10 945	14 415	3 233	13 905	17 138
黄岛—海湾大桥	6 965	2 094	9 059	21 482	2 875	24 357
滨州港—德州	2 402	3 493	5 895	2 363	3 584	5 947
青州—沂水北	5 553	18 101	23 654	4 815	15 833	20 648

续上表

路段起止点	正　向			反　向		
	客车折算交通量（辆/日）	货车折算交通量（辆/日）	小计	客车折算交通量（辆/日）	货车折算交通量（辆/日）	小计
沂水北—莒县	4 691	14 014	18 705	4 731	13 052	17 783
莒县—长深鲁苏界	2 837	13 156	15 993	2 826	12 088	14 914
枣庄新城—苍山	3 200	3 327	6 527	3 332	3 106	6 438
莱山—双岛	5 462	3 001	8 463	5 832	3 179	9 011
滨德鲁冀—德州北	3 399	7 402	10 801	3 577	6 952	10 529
烟台—海阳东	1 574	427	2 001	1 496	416	1 912
东平南—济宁北	3 430	3 815	7 245	2 470	2 988	5 458
高唐西—高邢鲁冀界	1 485	5 746	7 231	1 355	5 534	6 889
乐陵南—济阳	2 064	2 815	4 879	2 478	2 574	5 052
乐陵南—京沪鲁冀界	1 253	2 555	3 808	1 191	3 664	4 855
菏泽北—德商鲁豫界	2 206	5 598	7 804	1 694	4 623	6 317
聊城南—德商鲁豫界	2 835	4 166	7 001	2 774	4 849	7 623
城阳南—河头店	3 887	1 070	4 957	3 760	880	4 640
文登—荣成	490	509	999	397	439	836
滕州南—枣庄东城	2 912	1 907	4 819	3 238	2 236	5 474

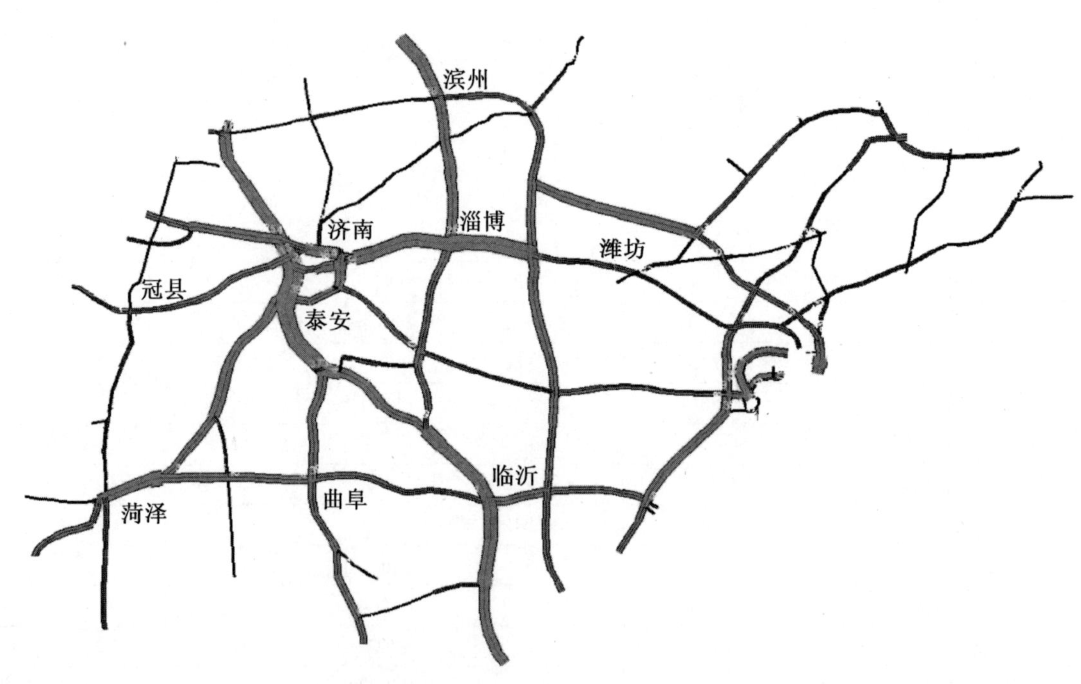

图 4.36　2016 年山东省高速公路日均交通量

4.12　河南省高速公路运输密度

4.12.1　客运密度分布如表 4.37 和图 4.37 所示。

2016 年河南省高速公路客运密度　　表 4.37

路段起止点	客运密度（人公里/公里）	路段起止点	客运密度（人公里/公里）
京港澳豫冀界—鹤壁	25 536	鹤壁—京港澳豫冀界	25 270
鹤壁—新乡	45 548	新乡—鹤壁	46 043
新乡—郑州	64 703	郑州—新乡	67 659
郑州—许昌	71 048	许昌—郑州	73 703
许昌—漯河	41 859	漯河—许昌	42 417
漯河—驻马店	30 890	驻马店—漯河	30 667
驻马店—京港澳豫鄂界	15 869	京港澳豫鄂界—驻马店	15 335
大广豫冀省界—濮阳	19 991	濮阳—大广豫冀省界	19 188
濮阳—周口	17 940	周口—濮阳	17 322
周口—大广豫鄂界	10 183	大广豫鄂界—周口	9 994
二广豫晋省界—济源	3 986	济源—二广豫晋省界	3 576
济源—洛阳	22 813	洛阳—济源	22 037
洛阳—汝阳	21 779	汝阳—洛阳	21 322
汝阳—南阳	6 339	南阳—汝阳	6 440
南阳—二广豫鄂界	14 111	二广豫鄂界—南阳	13 501
连霍豫皖界—商丘	25 111	商丘—连霍豫皖界	26 008
商丘—开封	33 652	开封—商丘	34 826
开封—郑州	67 384	郑州—开封	67 720
郑州—洛阳	43 173	洛阳—郑州	42 743
洛阳—三门峡	23 212	三门峡—洛阳	23 018
三门峡—连霍豫陕界	15 047	连霍豫陕界—三门峡	15 029
宁洛豫皖界—漯河	25 052	漯河—宁洛豫皖界	24 429
漯河—平顶山	17 466	平顶山—漯河	17 213
平顶山—汝阳	15 167	汝阳—平顶山	14 653
沪陕豫皖界—南阳	14 932	南阳—沪陕豫皖界	14 585
南阳—沪陕豫陕界	11 388	沪陕豫陕界—南阳	11 307
日兰豫鲁界—兰考	15 268	兰考—日兰豫鲁界	15 245
兰考—许昌	13 479	许昌—兰考	13 488
许昌—南阳	30 993	南阳—许昌	30 353

续上表

路段起止点	客运密度（人公里/公里）	路段起止点	客运密度（人公里/公里）
大广安南互通—林州	10 187	林州—大广安南互通	10 295
濮阳—鹤壁	22 857	鹤壁—濮阳	23 210
长垣—新乡	10 563	新乡—长垣	10 846
新乡—济源	15 502	济源—新乡	15 567
济源—济邵豫晋界	6 727	济邵豫晋界—济源	6 877
原阳—焦作	33 159	焦作—原阳	33 236
焦作—晋新豫晋界	15 182	晋新豫晋界—焦作	15 182
焦作—温县	5 562	温县—焦作	5 562
济广豫鲁界—济广豫皖界	8 924	济广豫皖界—济广豫鲁界	8 924
商丘—周口	14 012	周口—商丘	14 012
许亳省界—鄢陵	10 421	鄢陵—许亳省界	10 421
十八里河—郑州西	51 165	郑州西—十八里河	51 165
郑州南—机场	92 129	机场—郑州南	92 129
郑州侯寨—禹州	43 352	禹州—郑州侯寨	43 352
禹州—尧山	12 228	尧山—禹州	12 228
郑州站—登封	39 753	登封—郑州站	39 753
登封—洛阳	15 404	洛阳—登封	15 404
登封—许昌	13 740	许昌—登封	13 740
叶县—泌阳	9 753	泌阳—叶县	9 753
泌阳—焦桐豫鄂界	6 648	焦桐豫鄂界—泌阳	6 648
泌阳—新蔡	8 718	新蔡—泌阳	8 718
安阳—南林豫晋界	8 842	南林豫晋界—安阳	8 842
濮阳—龙王庄	9 388	龙王庄—濮阳	9 388
永亳—永登豫皖界	7 167	永登豫皖界—永亳	7 167
新蔡—新阳豫皖界	3 830	新阳豫皖界—新蔡	3 830
小茴店—固始	4 448	固始—小茴店	4 448
永城—永登豫皖界	10 253	永登豫皖界—永城	10 253
洛龙—栾川	7 497	栾川—洛龙	7 497
周山—灵宝	4 181	灵宝—周山	4 181
灵宝—卢氏	2 552	卢氏—灵宝	2 552
卢氏—三淅豫鄂界	1 185	三淅豫鄂界—卢氏	1 185
尉氏西—周口刘园	24 110	周口刘园—尉氏西	24 110
商丘机场—富航路	9 925	富航路—商丘机场	9 925

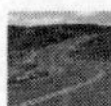

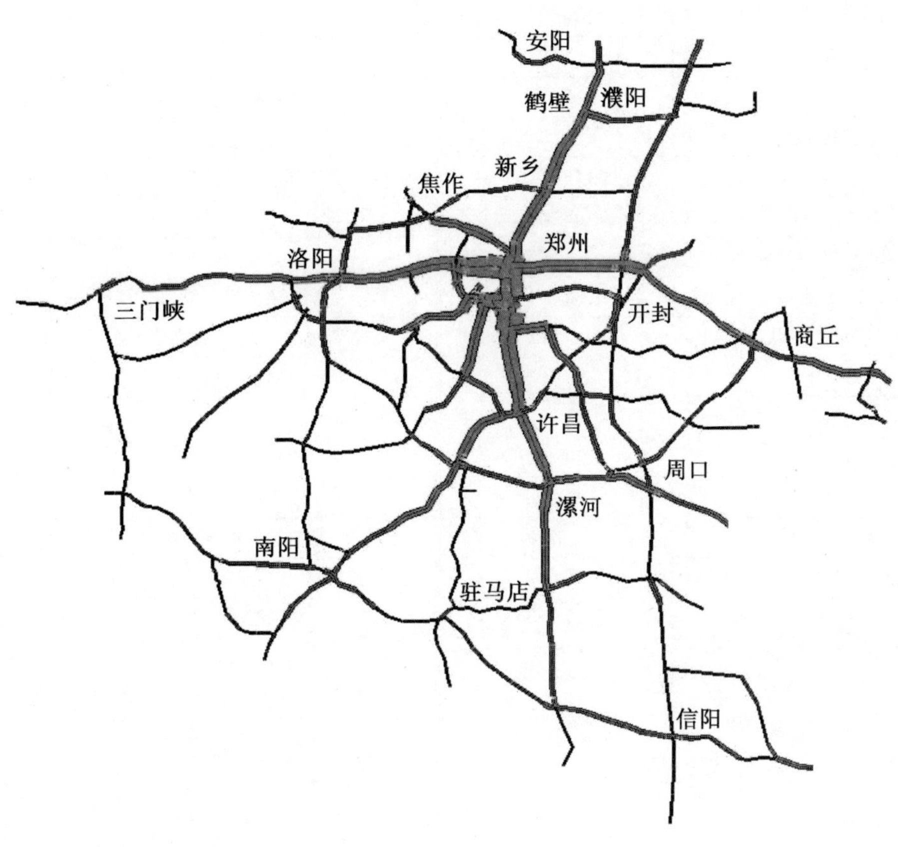

图 4.37　2016 年河南省高速公路日均客运密度

4.12.2　货运密度分布如表4.38和图4.38所示。

2016年河南省高速公路货运密度　　表4.38

路段起止点	货运密度（吨公里/公里）	路段起止点	货运密度（吨公里/公里）
京港澳豫冀界—鹤壁	77 257	鹤壁—京港澳豫冀界	61 135
鹤壁—新乡	81 256	新乡—鹤壁	68 528
新乡—郑州	141 239	郑州—新乡	91 975
郑州—许昌	93 192	许昌—郑州	85 235
许昌—漯河	111 432	漯河—许昌	90 104
漯河—驻马店	120 941	驻马店—漯河	108 595
驻马店—京港澳豫鄂界	119 094	京港澳豫鄂界—驻马店	112 693
大广豫冀省界—濮阳	58 568	濮阳—大广豫冀省界	47 144
濮阳—周口	38 032	周口—濮阳	28 251
周口—大广豫鄂界	35 241	大广豫鄂界—周口	26 472
二广豫晋省界—济源	4 582	济源—二广豫晋省界	4 687
济源—洛阳	53 793	洛阳—济源	34 026
洛阳—汝阳	41 450	汝阳—洛阳	31 320
汝阳—南阳	4 402	南阳—汝阳	3 930
南阳—二广豫鄂界	41 878	二广豫鄂界—南阳	35 090
连霍豫皖界—商丘	20 729	商丘—连霍豫皖界	20 843
商丘—开封	29 832	开封—商丘	36 874
开封—郑州	67 926	郑州—开封	65 505
郑州—洛阳	71 450	洛阳—郑州	70 770
洛阳—三门峡	110 744	三门峡—洛阳	89 907
三门峡—连霍豫陕界	123 189	连霍豫陕界—三门峡	94 816
宁洛豫皖界—漯河	32 671	漯河—宁洛豫皖界	41 326
漯河—平顶山	24 435	平顶山—漯河	37 196
平顶山—汝阳	23 378	汝阳—平顶山	36 412
沪陕豫皖界—南阳	19 509	南阳—沪陕豫皖界	21 843
南阳—沪陕豫陕界	16 107	沪陕豫陕界—南阳	26 824
日兰豫鲁界—兰考	86 314	兰考—日兰豫鲁界	59 049
兰考—许昌	59 573	许昌—兰考	49 938
许昌—南阳	57 928	南阳—许昌	52 393
大广安南互通—林州	7 634	林州—大广安南互通	13 629
濮阳—鹤壁	18 457	鹤壁—濮阳	13 775
长垣—新乡	9 872	新乡—长垣	12 134
新乡—济源	28 215	济源—新乡	28 632
济源—济邵豫晋	10 356	济邵豫晋—济源	22 082
原阳—焦作	29 995	焦作—原阳	57 304
焦作—晋新豫晋界	13 944	晋新豫晋界—焦作	55 866
焦作—温县	1 439	温县—焦作	1 238
济广豫鲁界—济广豫皖界	32 050	济广豫皖界—济广豫鲁界	22 361
商丘—周口	25 560	周口—商丘	25 661
许亳省界—鄢陵	4 528	鄢陵—许亳省界	6 194

续上表

路段起止点	货运密度（吨公里/公里）	路段起止点	货运密度（吨公里/公里）
十八里河—郑州西	32 986	郑州西—十八里河	33 468
郑州南—机场	18 520	机场—郑州南	26 611
郑州侯寨—禹州	8 697	禹州—郑州侯寨	9 912
禹州—尧山	2 278	尧山—禹州	3 388
郑州站—登封	7 065	登封—郑州站	7 195
登封—洛阳	4 976	洛阳—登封	9 118
登封—许昌	14 087	许昌—登封	4 761
叶县—泌阳	24 547	泌阳—叶县	21 614
泌阳—焦桐豫鄂界	25 751	焦桐豫鄂界—泌阳	18 916
泌阳—新蔡	18 508	新蔡—泌阳	5 553
安阳—南林豫晋界	7 432	南林豫晋界—安阳	33 951
濮阳—龙王庄	6 744	龙王庄—濮阳	6 242
永亳—永登豫皖界	2 370	永登豫皖界—永亳	3 270
新蔡—新阳豫皖界	18 706	新阳豫皖界—新蔡	7 371
小茴店—固始	1 696	固始—小茴店	2 705
永城—永登豫皖界	6 656	永登豫皖界—永城	4 151
洛龙—栾川	595	栾川—洛龙	351
周山—灵宝	1 206	灵宝—周山	987
灵宝—卢氏	1 933	卢氏—灵宝	903
卢氏—三淅豫鄂界	3 193	三淅豫鄂界—卢氏	1 464
尉氏西—周口刘园	10 039	周口刘园—尉氏西	8 619
商丘机场—富航路	2 123	富航路—商丘机场	2 441

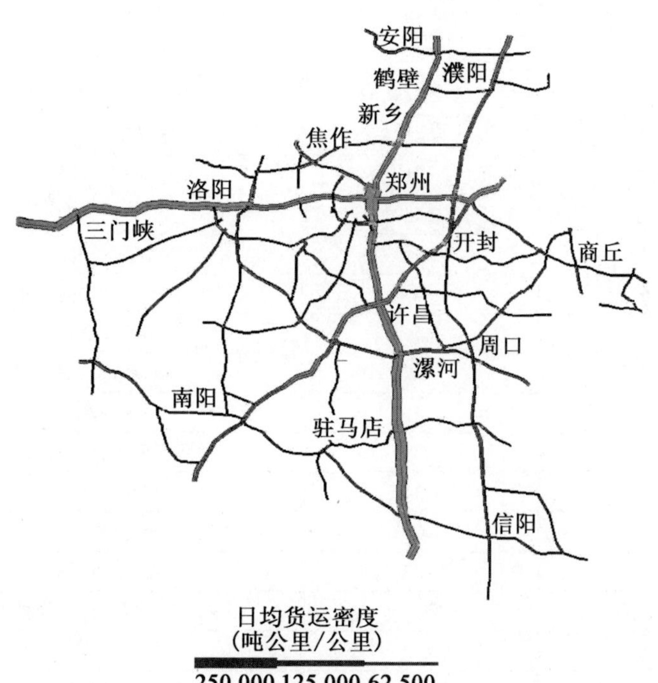

图 4.38　2016 年河南省高速公路日均货运密度

4.12.3 道路负荷分布如表 4.39 和图 4.39 所示。

2016 年河南省高速公路轴载　　表 4.39

路段起止点	轴载（标准轴载当量轴次/日）	路段起止点	轴载（标准轴载当量轴次/日）
京港澳豫冀界—鹤壁	15 541	鹤壁—京港澳豫冀界	9 631
鹤壁—新乡	15 631	新乡—鹤壁	10 541
新乡—郑州	34 213	郑州—新乡	17 741
郑州—许昌	18 706	许昌—郑州	14 556
许昌—漯河	22 723	漯河—许昌	15 198
漯河—驻马店	23 257	驻马店—漯河	19 150
驻马店—京港澳豫鄂界	22 956	京港澳豫鄂界—驻马店	21 212
大广豫冀省界—濮阳	10 426	濮阳—大广豫冀省界	7 081
濮阳—周口	6 839	周口—濮阳	4 317
周口—大广豫鄂界	6 661	大广豫鄂界—周口	5 776
二广豫晋省界—济源	811	济源—二广豫晋省界	737
济源—洛阳	11 132	洛阳—济源	5 317
洛阳—汝阳	8 186	汝阳—洛阳	5 429
汝阳—南阳	899	南阳—汝阳	731
南阳—二广豫鄂界	7 367	二广豫鄂界—南阳	5 442
连霍豫皖界—商丘	4 156	商丘—连霍豫皖界	3 912
商丘—开封	5 539	开封—商丘	7 756
开封—郑州	13 859	郑州—开封	14 120
郑州—洛阳	14 429	洛阳—郑州	14 497
洛阳—三门峡	21 983	三门峡—洛阳	15 055
三门峡—连霍豫陕界	25 008	连霍豫陕界—三门峡	15 945
宁洛豫皖界—漯河	6 136	漯河—宁洛豫皖界	8 470
漯河—平顶山	4 829	平顶山—漯河	8 310
平顶山—汝阳	4 659	汝阳—平顶山	7 539
沪陕豫皖界—南阳	2 776	南阳—沪陕豫皖界	3 650
南阳—沪陕豫陕界	2 210	沪陕豫陕界—南阳	4 335
日兰豫鲁界—兰考	16 619	兰考—日兰豫鲁界	11 222
兰考—许昌	10 632	许昌—兰考	8 439
许昌—南阳	11 609	南阳—许昌	9 684
大广安南互通—林州	1 639	林州—大广安南互通	2 769
濮阳—鹤壁	3 508	鹤壁—濮阳	2 321
长垣—新乡	1 966	新乡—长垣	2 725
新乡—济源	5 491	济源—新乡	4 911
济源—济邵豫晋界	1 805	济邵豫晋界—济源	4 091
原阳—焦作	6 147	焦作—原阳	14 608
焦作—晋新豫晋界	2 268	晋新豫晋界—焦作	11 812
焦作—温县	284	温县—焦作	260
济广豫鲁界—济广豫皖界	7 000	济广豫皖界—济广豫鲁界	4 007
商丘—周口	4 720	周口—商丘	4 607
许亳省界—鄢陵	854	鄢陵—许亳省界	1 480
十八里河—郑州西	6 938	郑州西—十八里河	7 204

续上表

路段起止点	轴载 (标准轴载当量轴次/日)	路段起止点	轴载 (标准轴载当量轴次/日)
郑州南—机场	3 716	机场—郑州南	6 141
郑州侯寨—禹州	1 889	禹州—郑州侯寨	2 458
禹州—尧山	558	尧山—禹州	968
郑州站—登封	1 706	登封—郑州站	2 114
登封—洛阳	1 072	洛阳—登封	2 177
登封—许昌	3 998	许昌—登封	1 006
叶县—泌阳	3 656	泌阳—叶县	2 232
泌阳—焦桐豫鄂界	4 955	焦桐豫鄂界—泌阳	3 075
泌阳—新蔡	5 384	新蔡—泌阳	1 078
安阳—南林豫晋界	1 659	南林豫晋界—安阳	6 590
濮阳—龙王庄	1 430	龙王庄—濮阳	1 052
永亳—永登豫皖界	422	永登豫皖界—永亳	772
新蔡—新阳豫皖界	4 729	新阳豫皖界—新蔡	1 398
小茴店—固始	400	固始—小茴店	1 076
永城—永登豫皖界	1 306	永登豫皖界—永城	790
洛龙—栾川	105	栾川—洛龙	76
周山—灵宝	271	灵宝—周山	210
灵宝—卢氏	392	卢氏—灵宝	170
卢氏—三淅豫鄂界	622	三淅豫鄂界—卢氏	244
尉氏西—周口刘园	2 163	周口刘园—尉氏西	1 355
商丘机场—富航路	335	富航路—商丘机场	494

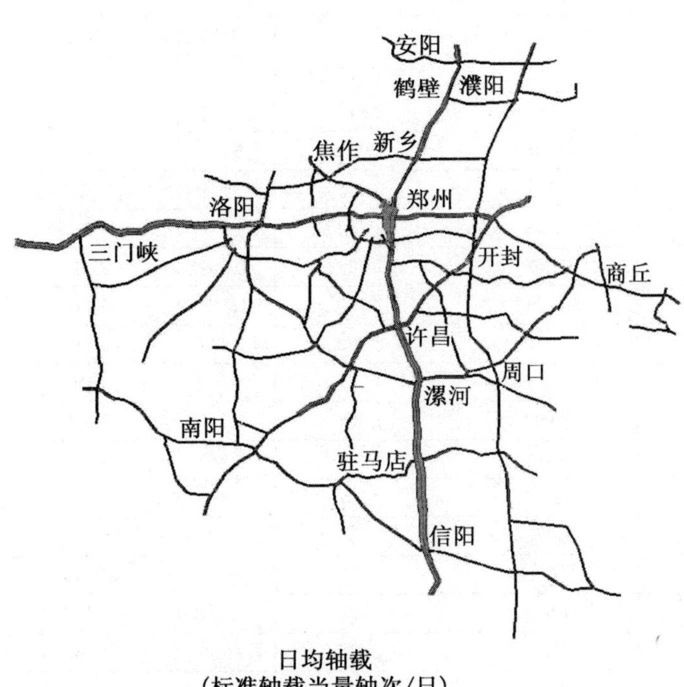

图 4.39　2016 年河南省高速公路日均轴载

4.12.4 交通量分布如表 4.40 和图 4.40 所示。

2016 年河南省高速公路交通量 表 4.40

路段起止点	正向			反向		
	客车折算交通量（辆/日）	货车折算交通量（辆/日）	小计	客车折算交通量（辆/日）	货车折算交通量（辆/日）	小计
京港澳豫冀界—鹤壁	6 878	11 194	18 072	6 689	12 253	18 942
鹤壁—新乡	11 118	10 864	21 982	11 149	11 448	22 597
新乡—郑州	17 863	17 729	35 592	18 961	19 392	38 353
郑州—许昌	18 833	11 537	30 370	19 210	13 383	32 593
许昌—漯河	9 723	13 452	23 175	9 749	14 193	23 942
漯河—驻马店	6 505	14 559	21 064	6 467	15 020	21 487
驻马店—京港澳豫鄂界	3 408	16 004	19 412	3 329	16 197	19 526
大广豫冀省界—濮阳	4 729	8 158	12 887	4 566	7 577	12 143
濮阳—周口	3 827	4 710	8 537	3 716	4 153	7 869
周口—大广豫鄂界	2 054	4 573	6 627	2 054	3 076	5 130
二广豫晋省界—济源	970	455	1 425	927	869	1 796
济源—洛阳	5 175	6 982	1 2157	4 992	5 558	10 550
洛阳—汝阳	5 051	4 495	9 546	5 018	4 399	9 417
汝阳—南阳	1 342	276	1 618	1 326	365	1 691
南阳—二广豫鄂界	3 204	5 372	8 576	3 070	5 267	8 337
连霍豫皖界—商丘	5 874	3 149	9 023	5 953	3 100	9 053
商丘—开封	8 295	4 286	1 2581	8 389	3 917	12 306
开封—郑州	20 171	10 988	31 159	20 225	8 744	28 969
郑州—洛阳	11 503	12 123	23 626	11 350	8 918	20 268
洛阳—三门峡	5 791	17 628	23 419	5 807	12 542	18 349
三门峡—连霍豫陕界	4 074	19 080	23 154	4 106	13 574	17 680
宁洛豫皖界—漯河	5 440	5 995	11 435	5 302	5 175	10 477
漯河—平顶山	3 362	4 017	7 379	3 282	3 676	6 958
平顶山—汝阳	3 193	3 818	7 011	3 006	4 114	7 120
沪陕豫皖界—南阳	2 998	3 014	6 012	2 886	2 954	5 840
南阳—沪陕豫陕界	2 987	2 623	5 610	2 928	3 673	6 601
日兰豫鲁界—兰考	3 712	12 402	16 114	3 692	8 614	12 306
兰考—许昌	2 856	7 628	10 484	2 895	6 785	9 680
许昌—南阳	6 511	7 120	13 631	6 491	6 761	13 252
大广安南互通—林州	2 819	2 292	5 111	2 853	2 068	4 921
濮阳—鹤壁	6 006	2 622	8 628	6 107	1 961	8 068
长垣—新乡	2 900	1 807	4 707	3 016	1 619	4 635
新乡—济源	3 819	4 443	8 262	3 785	3 747	7 532
济源—济邵豫晋	1 361	2 087	3 448	1 400	2 624	4 024
原阳—焦作	8 972	7 755	16 727	8 865	7 174	16 039
焦作—晋新豫晋界	3 832	6 819	10 651	3 674	7 128	10 802
焦作—温县	1 912	301	2 213	1 857	646	2 503
济广豫鲁界—济广豫皖界	2 569	4 877	7 446	2 561	4 968	7 529
商丘—周口	3 244	3 182	6 426	3 253	3 308	6 561
许亳省界—鄢陵	2 220	912	3 132	2 165	487	2 652
十八里河—郑州西	14 967	8 339	23 306	14 727	6 661	21 388

续上表

路段起止点	正　向		小计	反　向		小计
	客车折算交通量（辆/日）	货车折算交通量（辆/日）		客车折算交通量（辆/日）	货车折算交通量（辆/日）	
郑州南—机场	29 965	5 625	35 590	24 530	5 384	29 914
郑州侯寨—禹州	10 443	1 186	11 629	10 486	1 478	11 964
禹州—尧山	3 197	534	3 731	3 194	361	3 555
郑州站—登封	11 388	1 147	12 535	10 827	1 052	11 879
登封—洛阳	3 426	523	3 949	3 407	604	4 011
登封—许昌	2 774	1 017	3 791	2 737	900	3 637
叶县—泌阳	1 149	2 055	3 204	1 151	1 860	3 011
泌阳—焦桐豫鄂界	1 529	3 179	4 708	1 500	2 812	4 312
泌阳—新蔡	2 204	2 303	4 507	2 228	1 702	3 930
安阳—南林豫晋界	2 400	4 225	6 625	2 398	4 460	6 858
濮阳—龙王庄	2 812	979	3 791	2 753	1 096	3 849
永亳—永登豫皖界	2 185	827	3 012	2 269	829	3 098
新蔡—新阳豫皖界	755	2 049	2 804	790	2 727	3 517
小茴店—固始	847	250	1 097	832	320	1 152
永城—永登豫皖界	2 688	1 085	3 773	2 858	1 037	3 895
洛龙—栾川	2 063	115	2 178	2 001	94	2 095
周山—灵宝	1 078	153	1 231	1 067	142	1 209
灵宝—卢氏	742	162	904	718	123	841
卢氏—三淅豫鄂界	274	300	574	274	227	501
尉氏西—周口刘园	5 535	1 117	6 652	5 600	1 687	7 287
商丘机场—富航路	2 301	288	2 589	2 170	215	2 385

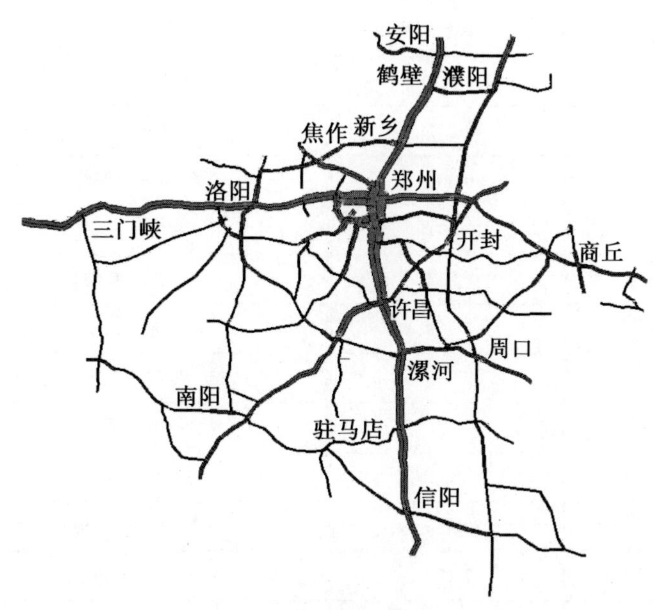

图 4.40　2016 年河南省高速公路日均交通量

4.13 湖北省高速公路运输密度

4.13.1 客运密度分布如表 4.41 和图 4.41 所示。

2016 年湖北省高速公路客运密度　　表 4.41

路段起止点	客运密度（人公里/公里）	路段起止点	客运密度（人公里/公里）
鄂西北—十堰东	5 337	十堰东—鄂西北	5 779
十堰东—襄樊北	16 319	襄樊北—十堰东	17 126
襄樊北—孝感	16 077	孝感—襄樊北	17 131
襄阳北—荆门	12 811	荆门—襄阳北	12 379
荆门—荆州	8 803	荆州—荆门	8 364
荆州—东岳庙	13 848	东岳庙—荆州	11 399
武汉北—京山	20 746	京山—武汉北	20 008
京山—荆门	12 122	荆门—京山	11 542
荆门—宜都	13 440	宜都—荆门	12 522
宜都—恩施	12 350	恩施—宜都	11 497
恩施—白羊塘	9 964	白羊塘—恩施	9 291
宜昌—枝江	19 863	枝江—宜昌	23 154
枝江—潜江	22 814	潜江—枝江	24 037
潜江—仙桃	31 367	仙桃—潜江	32 629
仙桃—武汉西	34 336	武汉西—仙桃	36 015
鄂豫—潜江	7 621	潜江—鄂豫	7 315
潜江—荆岳桥	12 720	荆岳桥—潜江	12 410
鄂北—武汉北	13 251	武汉北—鄂北	12 871
武汉北—鄂南	20 068	鄂南—武汉北	19 879
武汉—麻城	15 591	麻城—武汉	15 900
麻城—鄂东	7 237	鄂东—麻城	8 612
武汉—杨柳	7 959	杨柳—武汉	8 148
武东—黄石	47 738	黄石—武东	48 905
黄石—黄梅	30 875	黄梅—黄石	30 963
黄梅—鄂皖界	13 513	鄂皖界—黄梅	14 020
黄梅—鄂赣界	20 456	鄂赣界—黄梅	20 184
黄冈北—黄石	7 457	黄石—黄冈北	7 375
黄陂—府河	48 326	府河—黄陂	47 475
武汉绕城(顺时针)	17 815	武汉绕城(逆时针)	17 733
汉南—新滩	14 365	新滩—汉南	5 900

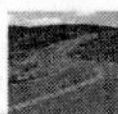

续上表

路段起止点	客运密度（人公里/公里）	路段起止点	客运密度（人公里/公里）
麻城—浠水	9 159	浠水—麻城	9 038
龚家岭—黄石西	12 589	黄石西—龚家岭	12 383
黄石西—鄂赣界	6 532	鄂赣界—黄石西	6 770
鄂东南—鄂湘	3 697	鄂湘—鄂东南	3 253
十堰西—鄂陕	5 933	鄂陕—十堰西	5 710
咸安—大冶	3 942	大冶—咸安	4 060
咸宁—通山	5 208	通山—咸宁	5 727
玉泉—远安北	1 997	远安北—玉泉	2 158
葛店—黄州	9 097	黄州—葛店	8 405
宜昌北—神农溪	10 422	神农溪—宜昌北	9 796
恩施北—丁寨	4 829	丁寨—恩施北	4 826
宜都—石首南	2 877	石首南—宜都	2 875
宜城—关垭子	2 268	关垭子—宜都	1 911
安居—宜城	2 440	宜城—安居	2 404

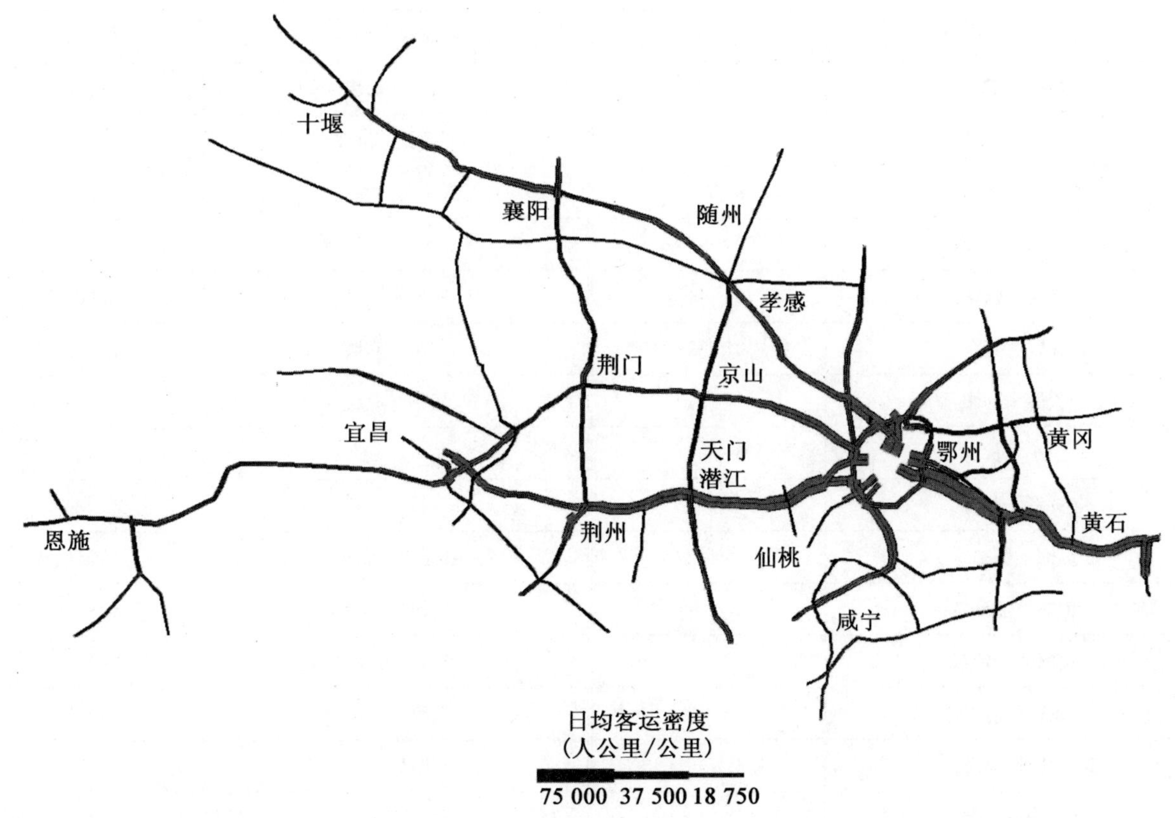

图 4.41　2016 年湖北省高速公路日均客运密度

4.13.2　货运密度分布如表4.42和图4.42所示。

2016年湖北省高速公路货运密度　　表4.42

路段起止点	货运密度（吨公里/公里）	路段起止点	货运密度（吨公里/公里）
鄂西北—十堰东	21 798	十堰东—鄂西北	11 814
十堰东—襄樊北	29 100	襄樊北—十堰东	28 535
襄樊北—孝感	18 907	孝感—襄樊北	13 301
襄阳北—荆门	52 468	荆门—襄阳北	40 315
荆门—荆州	3 9210	荆州—荆门	24 370
荆州—东岳庙	47 663	东岳庙—荆州	30 340
武汉北—京山	9 546	京山—武汉北	11 600
京山—荆门	6 101	荆门—京山	7 548
荆门—宜都	28 529	宜都—荆门	20 593
宜都—恩施	31 343	恩施—宜都	16 092
恩施—白羊塘	24 261	白羊塘—恩施	13 610
宜昌—枝江	12 172	枝江—宜昌	20 005
枝江—潜江	28 393	潜江—枝江	37 672
潜江—仙桃	29 289	仙桃—潜江	36 491
仙桃—武汉西	23 693	武汉西—仙桃	29 211
鄂豫—潜江	34 625	潜江—鄂豫	19 906
潜江—荆岳桥	52 121	荆岳桥—潜江	31 679
鄂北—武汉北	84 503	武汉北—鄂北	74 242
武汉北—鄂南	99 796	鄂南—武汉北	90 538
武汉—麻城	28 144	麻城—武汉	44 069
麻城—鄂东	31 682	鄂东—麻城	46 169
武汉—杨柳	6 134	杨柳—武汉	5 756
武东—黄石	34 036	黄石—武东	31 163
黄石—黄梅	43 315	黄梅—黄石	35 436
黄梅—鄂皖界	49 112	鄂皖界—黄梅	55 210
黄梅—鄂赣界	47 164	鄂赣界—黄梅	36 967
黄冈北—黄石	28 356	黄石—黄冈北	17 116
黄陂—府河	4 478	府河—黄陂	4 805
武汉绕城(顺时针)	47 719	武汉绕城(逆时针)	50 703
汉南—新滩	6 150	新滩—汉南	5 192
麻城—浠水	37 803	浠水—麻城	22 731

续上表

路段起止点	货运密度（吨公里/公里）	路段起止点	货运密度（吨公里/公里）
龚家岭—黄石西	10 934	黄石西—龚家岭	10 320
黄石西—鄂赣界	28 418	鄂赣界—黄石西	19 116
鄂东南—鄂湘	4 065	鄂湘—鄂东南	5 262
十堰西—鄂陕	16 517	鄂陕—十堰西	11 007
咸安—大冶	9 539	大冶—咸安	9 611
咸宁—通山	6 518	通山—咸宁	3 755
玉泉—远安北	1 325	远安北—玉泉	1 337
葛店—黄州	4 252	黄州—葛店	4 466
宜昌北—神农溪	5 380	神农溪—宜昌北	3 376
恩施北—丁寨	2 259	丁寨—恩施北	1 740
宜都—石首南	3 200	石首南—宜都	2 379
宜城—关垭子	1 265	关垭子—宜都	553
安居—宜城	660	宜城—安居	863

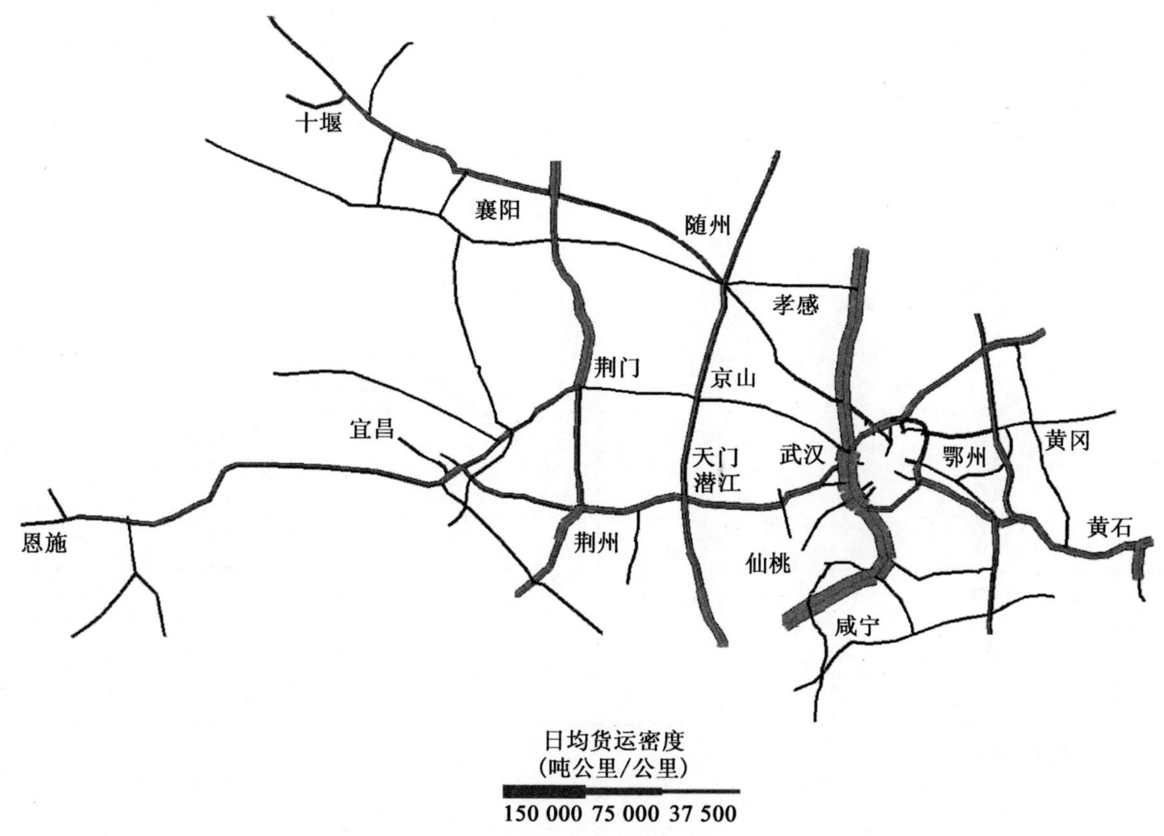

图 4.42　2016 年湖北省高速公路日均货运密度

4.13.3 道路负荷分布如表 4.43 和图 4.43 所示。

2016 年湖北省高速公路轴载　　表 4.43

路段起止点	轴载（标准轴载当量轴次/日）	路段起止点	轴载（标准轴载当量轴次/日）
鄂西北—十堰东	3 499	十堰东—鄂西北	1 793
十堰东—襄樊北	4 571	襄樊北—十堰东	4 674
襄樊北—孝感	3 139	孝感—襄樊北	2 103
襄阳北—荆门	9 388	荆门—襄阳北	6 536
荆门—荆州	6 849	荆州—荆门	3 780
荆州—东岳庙	7 756	东岳庙—荆州	4 733
武汉北—京山	2 060	京山—武汉北	2 274
京山—荆门	1 113	荆门—京山	1 379
荆门—宜都	6 884	宜都—荆门	4 203
宜都—恩施	5 729	恩施—宜都	2 608
恩施—白羊塘	3 888	白羊塘—恩施	2 106
宜昌—枝江	2 016	枝江—宜昌	3 728
枝江—潜江	4 595	潜江—枝江	6 435
潜江—仙桃	4 563	仙桃—潜江	5 978
仙桃—武汉西	3 763	武汉西—仙桃	4 956
鄂豫—潜江	5 904	潜江—鄂豫	2 706
潜江—荆岳桥	8 798	荆岳桥—潜江	4 818
鄂北—武汉北	14 091	武汉北—鄂北	10 499
武汉北—鄂南	17 060	鄂南—武汉北	13 384
武汉—麻城	4 269	麻城—武汉	6 698
麻城—鄂东	4 610	鄂东—麻城	6 854
武汉—杨柳	1 260	杨柳—武汉	1 027
武东—黄石	7 268	黄石—武东	6 280
黄石—黄梅	7 822	黄梅—黄石	5 532
黄梅—鄂皖界	7 530	鄂皖界—黄梅	10 407
黄梅—鄂赣界	9 479	鄂赣界—黄梅	5 666
黄冈北—黄石	4 749	黄石—黄冈北	2 818
黄陂—府河	841	府河—黄陂	1 199
武汉绕城(顺时针)	7 932	武汉绕城(逆时针)	8 671
汉南—新滩	1 485	新滩—汉南	1 090
麻城—浠水	6 791	浠水—麻城	3 856

续上表

路段起止点	轴载 (标准轴载当量轴次/日)	路段起止点	轴载 (标准轴载当量轴次/日)
龚家岭—黄石西	2 438	黄石西—龚家岭	2 512
黄石西—鄂赣界	5 038	鄂赣界—黄石西	3 251
鄂东南—鄂湘	702	鄂湘—鄂东南	913
十堰西—鄂陕	2 528	鄂陕—十堰西	1 401
咸安—大冶	1 535	大冶—咸安	1 600
咸宁—通山	1 414	通山—咸宁	678
玉泉—远安北	339	远安北—玉泉	443
葛店—黄州	933	黄州—葛店	1 447
宜昌北—神农溪	1 242	神农溪—宜昌北	502
恩施北—丁寨	554	丁寨—恩施北	340
宜都—石首南	676	石首南—宜都	473
宜城—关垭子	266	关垭子—宜都	122
安居—宜城	121	宜城—安居	184

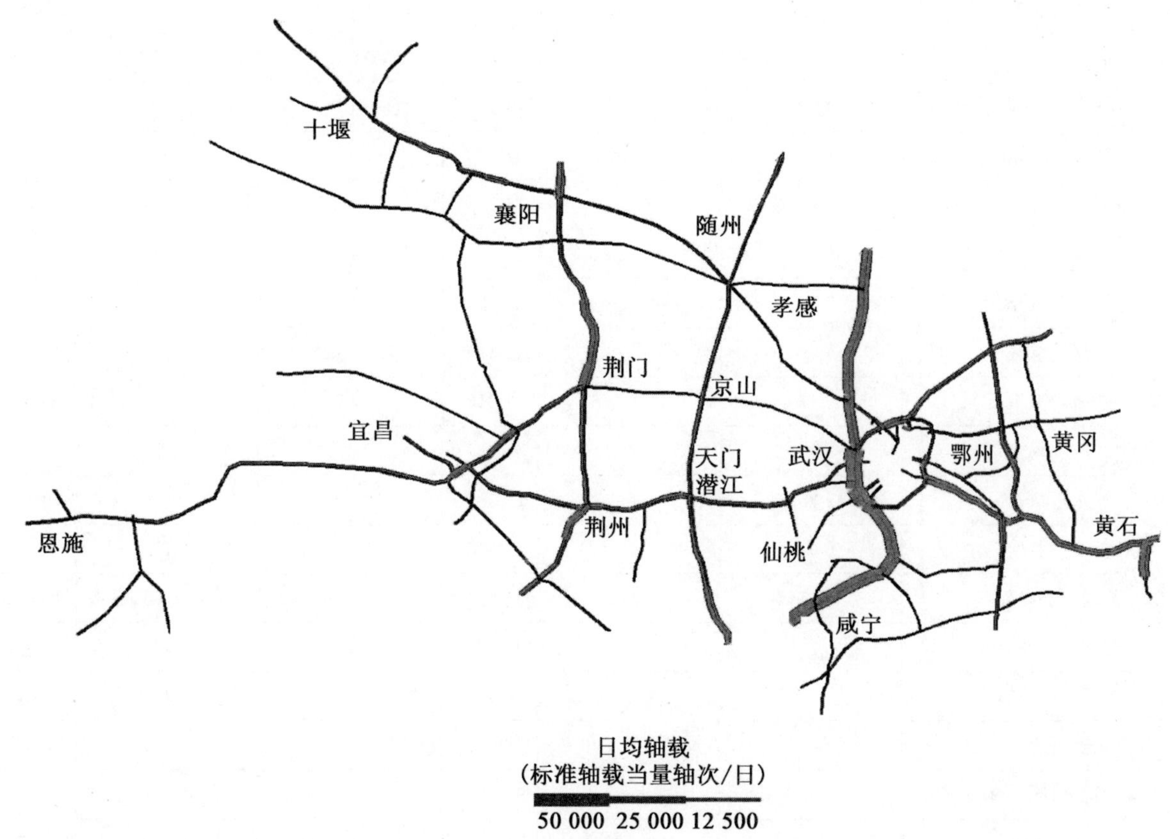

图 4.43　2016 年湖北省高速公路日均轴载

4.13.4 交通量分布如表 4.44 和图 4.44 所示。

2016 年湖北省高速公路交通量　　表 4.44

路段起止点	正向		小计	反向		小计
	客车折算交通量（辆/日）	货车折算交通量（辆/日）		客车折算交通量（辆/日）	货车折算交通量（辆/日）	
鄂西北—十堰东	1 736	3 904	5 640	1 774	3 160	4 934
十堰东—襄樊北	5 016	6 352	11 368	5 110	5 963	11 073
襄樊北—孝感	4 737	3 953	8 690	4 754	3 579	8 333
襄阳北—荆门	3 679	8 508	12 187	3 540	8 717	12 257
荆门—荆州	2 728	6 343	9 071	2 656	6 255	8 911
荆州—东岳庙	4 059	7 654	11 713	3 582	7 556	11 138
武汉北—京山	6 219	3 112	9 331	5 951	2 839	8 790
京山—荆门	3 786	1 849	5 635	3 516	1 974	5 490
荆门—宜都	3 976	5 038	9 014	3 714	5 213	8 927
宜都—恩施	3 047	5 843	8 890	2 786	4 899	7 685
恩施—白羊塘	2 591	4 768	7 359	2 366	3 547	5 913
宜昌—枝江	6 510	3 795	10 305	7 268	4 554	11 822
枝江—潜江	6 107	6 996	13 103	6 544	8 289	14 833
潜江—仙桃	8 566	7 151	15 717	9 099	7 877	16 976
仙桃—武汉西	9 003	5 929	14 932	9 454	6 479	15 933
鄂豫—潜江	1 971	5 506	7 478	1 985	4 757	6 742
潜江—荆岳桥	3 079	8 184	11 263	3 144	7 050	10 194
鄂北—武汉北	3 660	13 629	17 289	3 768	14 385	18 153
武汉北—鄂南	5 790	16 933	22 723	5 789	18 056	23 845
武汉—麻城	4 591	6 780	11 371	4 759	8 183	12 942
麻城—鄂东	2 389	6 623	9 012	2 511	8 193	10 704
武汉—杨柳	2 405	1 432	3 837	2 339	1 370	3 709
武东—黄石	12 889	7 692	20 581	12 353	7 175	19 528
黄石—黄梅	6 913	8 430	15 343	6 849	7 458	14 307
黄梅—鄂皖界	3 374	9 700	13 074	3 417	9 753	13 170
黄梅—鄂赣界	5 279	8 629	13 908	5 147	7 771	12 918
黄冈北—黄石	2 095	4 649	6 744	2 173	3 370	5 543
黄陂—府河	14 284	1 297	15 581	13 888	1 439	15 327
武汉绕城(顺时针)	5 386	10 483	15 869	5 357	10 371	15 728
汉南—新滩	4 804	2 128	6 932	2 064	1 506	3 570
麻城—浠水	2 506	6 204	8 710	2 574	4 691	7 265
龚家岭—黄石西	4 445	2 550	6 995	4 477	2 410	6 887

续上表

路段起止点	正向		小计	反向		小计
	客车折算交通量（辆/日）	货车折算交通量（辆/日）		客车折算交通量（辆/日）	货车折算交通量（辆/日）	
黄石西—鄂赣界	2 080	4 538	6 618	2 175	3 541	5 716
鄂东南—鄂湘	1 180	890	2 070	1 038	1 038	2 076
十堰西—鄂陕	1 531	2 949	4 480	1 450	2 318	3 768
咸安—大冶	1 178	1 991	3 169	1 214	1 771	2 985
咸宁—通山	1 826	1 217	3 043	1 758	995	2 753
玉泉—远安北	671	538	1 209	710	370	1 080
葛店—黄州	3 020	1 142	4 162	2 933	1 031	3 964
宜昌北—神农溪	2 270	1 193	3 463	2 076	1 310	3 386
恩施北—丁寨	1 618	597	2 215	1 632	752	2 384
宜都—石首南	937	705	1 642	879	812	1 691
宜城—关垭子	641	329	970	624	266	890
安居—宜城	798	240	1 038	811	272	1 083

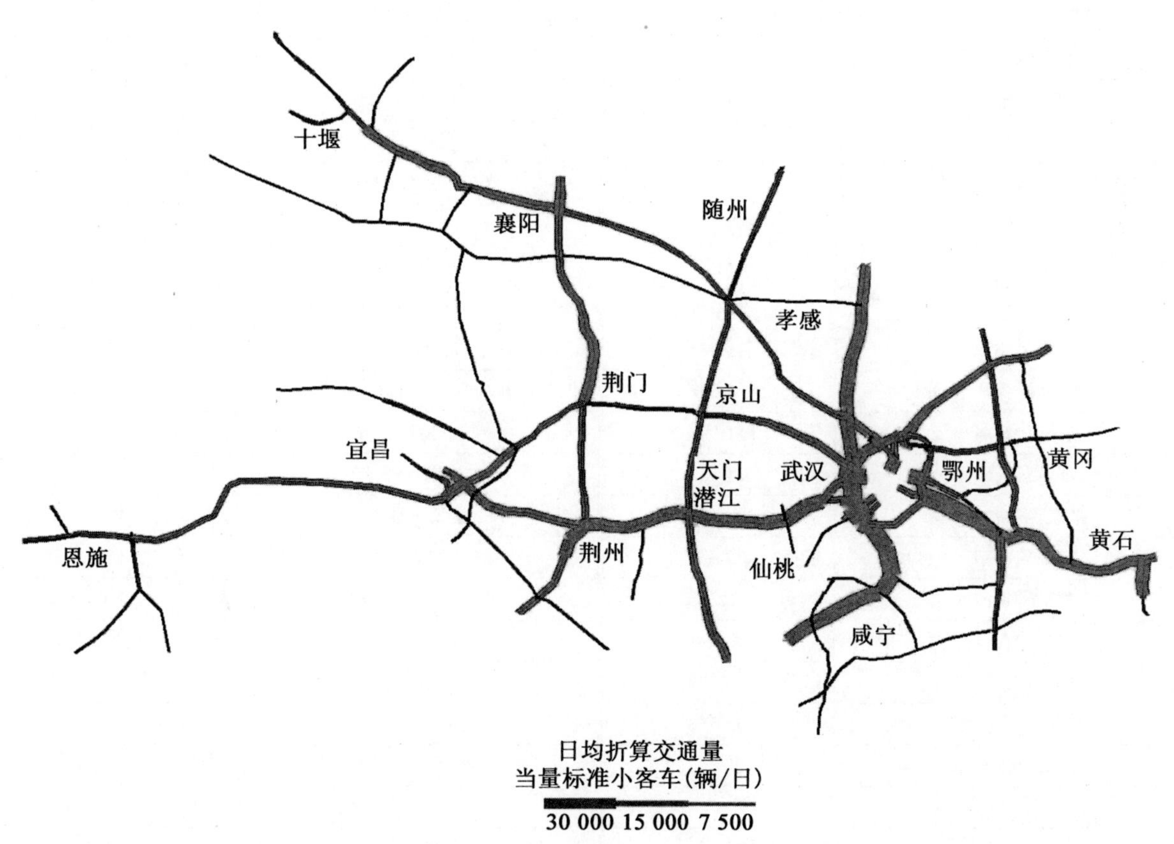

图 4.44 2016 年湖北省高速公路日均交通量

4.14 湖南省高速公路运输密度

4.14.1 客运密度分布如表 4.45 和图 4.45 所示。

2016 年湖南省高速公路客运密度 表 4.45

路段起止点	客运密度（人公里/公里）	路段起止点	客运密度（人公里/公里）
羊楼司(湘鄂)—岳阳	15 686	岳阳—羊楼司(湘鄂)	13 564
岳阳—长沙	40 624	长沙—岳阳	40 456
长沙—永安	56 091	永安—长沙	55 150
长沙—湘潭	55 536	湘潭—长沙	53 807
湘潭—醴陵	33 123	醴陵—湘潭	34 262
望城区—湘潭	16 509	湘潭—望城区	16 277
湘潭—衡阳蒸湘	18 295	衡阳蒸湘—湘潭	16 814
衡阳—常宁	13 976	常宁—衡阳	13 180
常宁—临武	11 040	临武—常宁	10 242
新晃(湘黔界)—怀化南	15 191	怀化南—新晃(湘黔界)	16 263
怀化南—洞口	31 630	洞口—怀化南	33 844
洞口—隆回	41 937	隆回—洞口	43 585
隆回—邵阳南	48 073	邵阳南—隆回	50 017
邵阳南—娄底	29 193	娄底—邵阳南	31 214
娄底—新化	18 417	新化—娄底	16 778
娄底—韶山	30 811	韶山—娄底	33 695
韶山—湘潭	41 154	湘潭—韶山	45 488
小塘(湘粤界)—宜章	30 035	宜章—小塘(湘粤界)	28 214
宜章—郴州	33 701	郴州—宜章	32 721
郴州—耒阳	32 221	耒阳—郴州	31 027
耒阳—衡阳	34 061	衡阳—耒阳	33 398
衡阳—湘潭	44 677	湘潭—衡阳	43 098
枣木铺(湘桂界)—永州	8 635	永州—枣木铺(湘桂界)	9 176
永州—石埠	11 798	石埠—永州	12 187
石埠—衡阳	14 332	衡阳—石埠	15 324
张家界—常德	20 186	常德—张家界	23 542
常德—益阳	52 354	益阳—常德	55 397
益阳—长沙	82 258	长沙—益阳	85 496
常德—吉首	13 179	吉首—常德	13 245
吉首—茶峒	18 839	茶峒—吉首	17 054
吉首—怀化南	28 568	怀化南—吉首	28 089
邵阳县—永州东	22 698	永州东—邵阳县	23 311
永州东—宁远	24 798	宁远—永州东	25 384
宁远东—蓝山	26 028	蓝山—宁远东	26 232
衡东—炎陵	7 856	炎陵—衡东	7 719
大浦—松木塘	21 884	松木塘—大浦	22 125

续上表

路段起止点	客运密度（人公里/公里）	路段起止点	客运密度（人公里/公里）
松木塘—邵阳	13 214	邵阳—松木塘	13 178
长沙—株洲	35 304	株洲—长沙	39 894
郴州南—嘉禾	4 385	嘉禾—郴州南	4 445
嘉禾—宁远南	6 105	宁远南—嘉禾	5 945
宁远南—道州西	3 800	道州西—宁远南	3 711
道州—江永	2 885	江永—道州	2 622
郴州—汝城	6 221	汝城—郴州	6 684
宜章—堡城	4 703	堡城—宜章	3 939
张家界—花垣东	9 585	花垣东—张家界	8 621
怀化南—通道	7 773	通道—怀化南	7 373
醴陵—上塔市	5 525	上塔市—醴陵	5 919
蕉溪—张坊	4 280	张坊—蕉溪	4 946
洞阳—大瑶	9 140	大瑶—洞阳	9 018
凤凰—凤凰西	13 689	凤凰西—凤凰	14 104
醴陵工业园—攸县	13 070	攸县—醴陵工业园	13 171
常德—城头山	18 958	城头山—常德	19 687
湘潭—学士	32 748	学士—湘潭	33 790
怀化—新化	9 695	新化—怀化	10 224
涟源—娄底	9 800	娄底—涟源	11 636
娄底—岳麓	22 521	岳麓—娄底	22 872

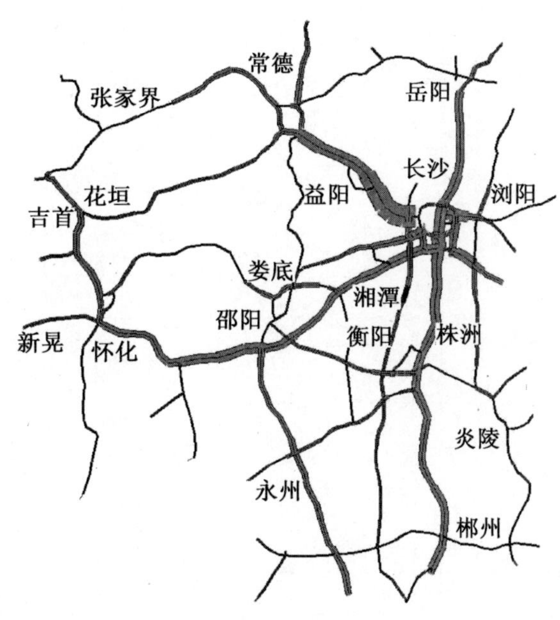

图4.45　2016年湖南省高速公路日均客运密度

4.14.2 货运密度分布如表4.46和图4.46所示。

2016年湖南省高速公路货运密度 表4.46

路段起止点	货运密度（吨公里/公里）	路段起止点	货运密度（吨公里/公里）
羊楼司（湘鄂）—岳阳	109 472	岳阳—羊楼司（湘鄂）	97 450
岳阳—长沙	161 903	长沙—岳阳	134 492
长沙—永安	27 267	永安—长沙	30 644
长沙—湘潭	136 787	湘潭—长沙	123 047
湘潭—醴陵	58 490	醴陵—湘潭	58 329
望城区—湘潭	9 228	湘潭—望城区	7 178
湘潭—衡阳蒸湘	9 878	衡阳蒸湘—湘潭	9 785
衡阳—常宁	9 118	常宁—衡阳	6 645
常宁—临武	6 589	临武—常宁	4 884
新晃（湘黔界）—怀化南	22 557	怀化南—新晃（湘黔界）	24 615
怀化南—洞口	34 774	洞口—怀化南	46 583
洞口—隆回	35 215	隆回—洞口	51 468
隆回—邵阳南	34 055	邵阳南—隆回	52 483
邵阳南—娄底	20 647	娄底—邵阳南	32 469
娄底—新化	11 332	新化—娄底	7 161
娄底—韶山	23 937	韶山—娄底	35 065
韶山—湘潭	33 113	湘潭—韶山	44 617
小塘（湘粤界）—宜章	102 145	宜章—小塘（湘粤界）	105 433
宜章—郴州	102 820	郴州—宜章	105 286
郴州—耒阳	99 232	耒阳—郴州	104 711
耒阳—衡阳	114 059	衡阳—耒阳	117 688
衡阳—湘潭	145 949	湘潭—衡阳	145 872
枣木铺（湘桂界）—永州	61 055	永州—枣木铺（湘桂界）	50 433
永州—石埠	60 997	石埠—永州	53 392
石埠—衡阳	59 933	衡阳—石埠	53 580
张家界—常德	11 167	常德—张家界	20 580
常德—益阳	22 658	益阳—常德	26 101
益阳—长沙	29 767	长沙—益阳	33 214
常德—吉首	33 709	吉首—常德	23 208
吉首—茶峒	21 226	茶峒—吉首	12 599
吉首—怀化南	25 919	怀化南—吉首	32 681
邵阳县—永州东	16 585	永州东—邵阳县	23 524
永州东—宁远	14 054	宁远—永州东	20 380
宁远东—蓝山	13 571	蓝山—宁远东	20 037
衡东—炎陵	6 169	炎陵—衡东	8 032
大浦—松木塘	41 426	松木塘—大浦	31 966
松木塘—邵阳	12 783	邵阳—松木塘	7 841
长沙—株洲	21 344	株洲—长沙	21 679

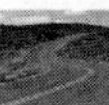

续上表

路段起止点	货运密度（吨公里/公里）	路段起止点	货运密度（吨公里/公里）
郴州南—嘉禾	2 858	嘉禾—郴州南	3 129
嘉禾—宁远南	7 147	宁远南—嘉禾	6 966
宁远南—道州西	4 681	道州西—宁远南	5 243
道州—江永	4 321	江永—道州	4 421
郴州—汝城	16 100	汝城—郴州	14 460
宜章—堡城	4 615	堡城—宜章	3 949
张家界—花垣东	10 776	花垣东—张家界	8 336
怀化南—通道	4 597	通道—怀化南	6 091
醴陵—上塔市	3 285	上塔市—醴陵	3 044
蕉溪—张坊	2 624	张坊—蕉溪	3 138
洞阳—大瑶	7 701	大瑶—洞阳	12 666
凤凰—凤凰西	27 712	凤凰西—凤凰	22 066
醴陵工业园—攸县	5 670	攸县—醴陵工业园	3 524
常德—城头山	26 189	城头山—常德	41 324
湘潭—学士	6 370	学士—湘潭	8 737
怀化—新化	4 218	新化—怀化	9 391
涟源—娄底	4 081	娄底—涟源	5 285
娄底—岳麓	7 268	岳麓—娄底	5 526

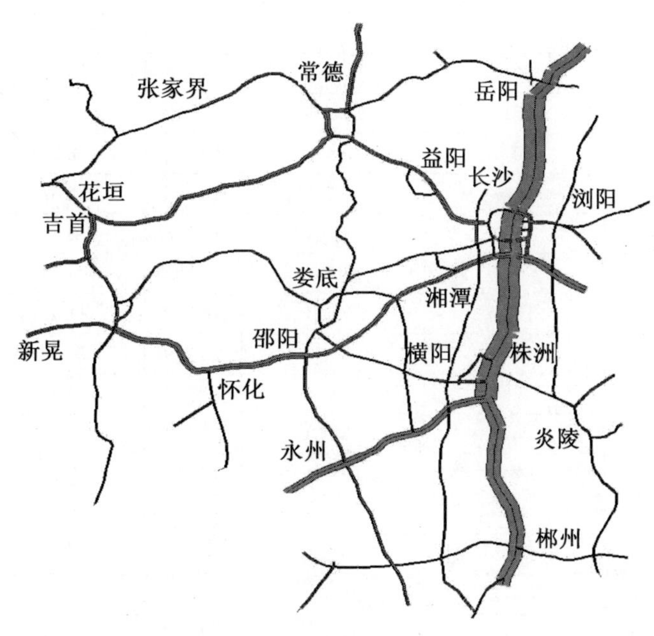

图 4.46　2016 年湖南省高速公路日均货运密度

4.14.3　交通量分布如表 4.47 和图 4.47 所示。

2016 年湖南省高速公路交通量　　表 4.47

路段起止点	正向			反向		
	客车折算交通量（辆/日）	货车折算交通量（辆/日）	小计	客车折算交通量（辆/日）	货车折算交通量（辆/日）	小计
羊楼司(湘鄂)—岳阳	3 601	16 648	20 249	3 054	18 920	21 974
岳阳—长沙	9 278	24 663	33 941	9 352	26 953	36 305
长沙—永安	16 597	8 032	24 629	16 094	7 831	23 925
长沙—湘潭	13 181	23 763	36 944	12 749	25 394	38 143
湘潭—醴陵	6 823	11 499	18 322	7 066	10 067	17 133
望城区—湘潭	4 317	2 009	6 326	4 322	1 870	6 192
湘潭—衡阳蒸湘	4 512	2 010	6 522	4 214	2 349	6 563
衡阳—常宁	3 381	1 738	5 119	3 261	1 562	4 823
常宁—临武	2 243	1 193	3 436	2 116	983	3 099
新晃(湘黔界)—怀化南	2 713	4 242	6 955	2 882	4 241	7 123
怀化南—洞口	4 737	6 463	11 201	5 280	7 789	13 069
洞口—隆回	6 954	7 320	14 274	7 450	8 641	16 091
隆回—邵阳南	8 305	7 629	15 934	8 867	8 810	17 677
邵阳南—娄底	5 979	5 377	11 356	6 554	5 643	12 197
娄底—新化	4 610	2 609	7 219	4 117	2 153	6 270
娄底—韶山	6 313	5 396	11 709	7 144	6 383	13 527
韶山—湘潭	8 644	7 377	16 021	9 914	8 191	18 105
小塘(湘粤界)—宜章	5 652	17 696	23 348	5 278	15 924	21 202
宜章—郴州	6 695	17 935	24 630	6 307	16 049	22 356
郴州—耒阳	6 449	17 557	24 006	6 044	15 876	21 920
耒阳—衡阳	6 947	20 131	27 078	6 729	17 977	24 706
衡阳—湘潭	9 513	25 709	35 222	9 219	22 777	31 996
枣木铺(湘桂界)—永州	2 012	9 429	11 441	2 132	8 012	10 144
永州—石埠	2 807	9 938	12 745	2 879	8 413	11 292
石埠—衡阳	3 147	9 901	13 048	3 405	8 424	11 829
张家界—常德	4 111	3 682	7 793	4 615	3 677	8 292
常德—益阳	10 743	5 504	16 247	11 471	5 895	17 366
益阳—长沙	19 447	7 312	26 759	20 186	7 874	28 060
常德—吉首	2 685	5 467	8 152	2 546	5 013	7 559
吉首—茶峒	3 840	3 761	7 601	3 295	2 574	5 869
吉首—怀化南	5 244	5 140	10 384	5 264	6 006	11 270
邵阳县—永州东	3 558	2 990	6 548	3 779	4 056	7 835
永州东—宁远	4 165	2 489	6 654	4 394	3 408	7 802
宁远东—蓝山	4 215	2 396	6 611	4 388	3 315	7 703
衡东—炎陵	1 622	1 355	2 977	1 594	1 428	3 022
大浦—松木塘	4 791	6 668	11 459	4 695	6 896	11 591
松木塘—邵阳	2 557	2 207	4 764	2 435	2 175	4 610
长沙—株洲	10 198	5 859	16 057	11 253	5 676	16 929
郴州南—嘉禾	1 385	592	1 977	1 393	699	2 092

续上表

路段起止点	正向		小计	反向		小计
	客车折算交通量（辆/日）	货车折算交通量（辆/日）		客车折算交通量（辆/日）	货车折算交通量（辆/日）	
嘉禾—宁远南	1 747	1 315	3 062	1 698	1 378	3 076
宁远南—道州西	1 165	953	2 118	1 141	1 058	2 199
道州—江永	915	924	1 839	831	853	1 684
郴州—汝城	1 353	2 526	3 879	1 476	2 752	4 228
宜章—堡城	1 270	1 063	2 333	1 088	865	1 953
张家界—花垣东	2 005	1 904	3 909	1 892	2 132	4 024
怀化南—通道	1 711	1 172	2 883	1 626	1 231	2 857
醴陵—上塔市	1 668	761	2 429	1 764	704	2 468
蕉溪—张坊	1 311	821	2 132	1 509	806	2 314
洞阳—大瑶	2 719	2 291	5 009	2 570	2 642	5 212
凤凰—凤凰西	2 659	4 746	7 405	2 645	4 514	7 159
醴陵工业园—攸县	3 182	1 297	4 479	3 231	1 068	4 299
常德—城头山	4 463	6 249	10 712	4 584	6 702	11 286
湘潭—学士	8 862	1 543	10 405	9 356	2 092	11 448
怀化—新化	2 159	1 743	3 902	2 361	1 806	4 167
涟源—娄底	2 610	1 098	3 708	3 310	1 221	4 531
娄底—岳麓	6 323	1 827	8 150	6 505	1 422	7 927

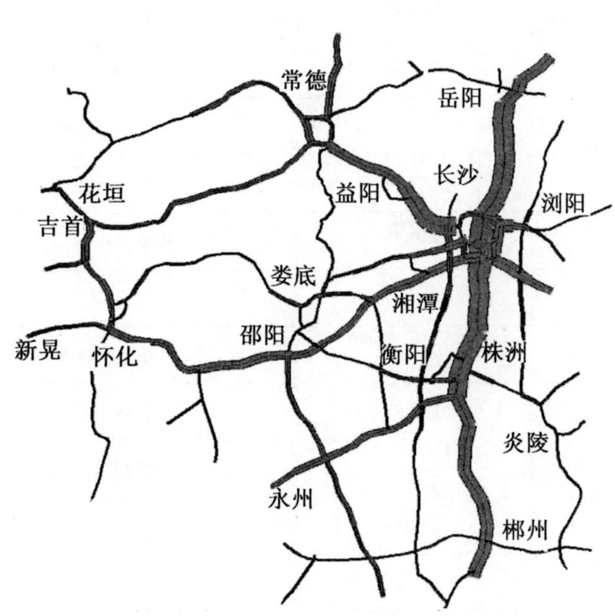

图 4.47　2016 年湖南省高速公路日均交通量

4.15 广东省高速公路运输密度

4.15.1 客运密度分布如表4.48和图4.48所示。

2016年广东省高速公路客运密度 表4.48

路段起止点	客运密度（人公里/公里）	路段起止点	客运密度（人公里/公里）
广州—阳江	71 668	阳江—广州	70 961
阳江—湛江	40 949	湛江—阳江	36 999
粤西—湛江	3 751	湛江—粤西	14 312
湛江—徐闻	10 816	徐闻—湛江	12 438
广州—三水	195 008	三水—广州	204 084
三水—云浮	62 948	云浮—三水	63 961
云浮—平台	30 083	平台—云浮	31 450
粤北主线—广州	13 278	广州—粤北主线	13 446
韶关—梅关	11 123	梅关—韶关	10 041
广州—太平	140 874	太平—广州	142 975
太平—深圳皇岗	130 660	深圳皇岗—太平	118 174
广州—惠州	76 675	惠州—广州	82 249
惠州—河源	61 588	河源—惠州	64 875
惠州—凌坑	34 403	凌坑—惠州	37 151
惠州—龙岗	77 414	龙岗—惠州	71 594
河源—粤赣	25 526	粤赣—河源	25 529
东源—梅州	21 044	梅州—东源	22 508
城西—广福主线	4 903	广福主线—城西	5 016
梅州—揭阳	11 224	揭阳—梅州	11 283
揭阳—潮州	22 404	潮州—揭阳	22 453
揭阳—东港	16 868	东港—揭阳	15 934
汾水关—汕头	20 132	汕头—汾水关	20 241
汕头—陆丰	17 486	陆丰—汕头	21 684
陆丰—惠东	36 889	惠东—陆丰	37 409
惠东—深圳	82 770	深圳—惠东	79 887
珠海—东城	10 605	东城—珠海	10 677

续上表

路段起止点	客运密度（人公里/公里）	路段起止点	客运密度（人公里/公里）
江门—珠海西	27 670	珠海西—江门	27 823
司前—斗山	8 167	斗山—司前	8 741
广州—怀集	55 231	怀集—广州	55 773
清新—凤头岭	25 866	凤头岭—清新	24 236
义和—沥林	14 099	沥林—义和	14 409
月环—南屏主线	20 735	南屏主线—月环	23 385
沙溪—坦洲	53 192	坦洲—沙溪	54 403
附城—番滨主线	23 914	番滨主线—附城	24 434
粤北主线(复线)—广州	25 466	广州—粤北主线(复线)	26 181

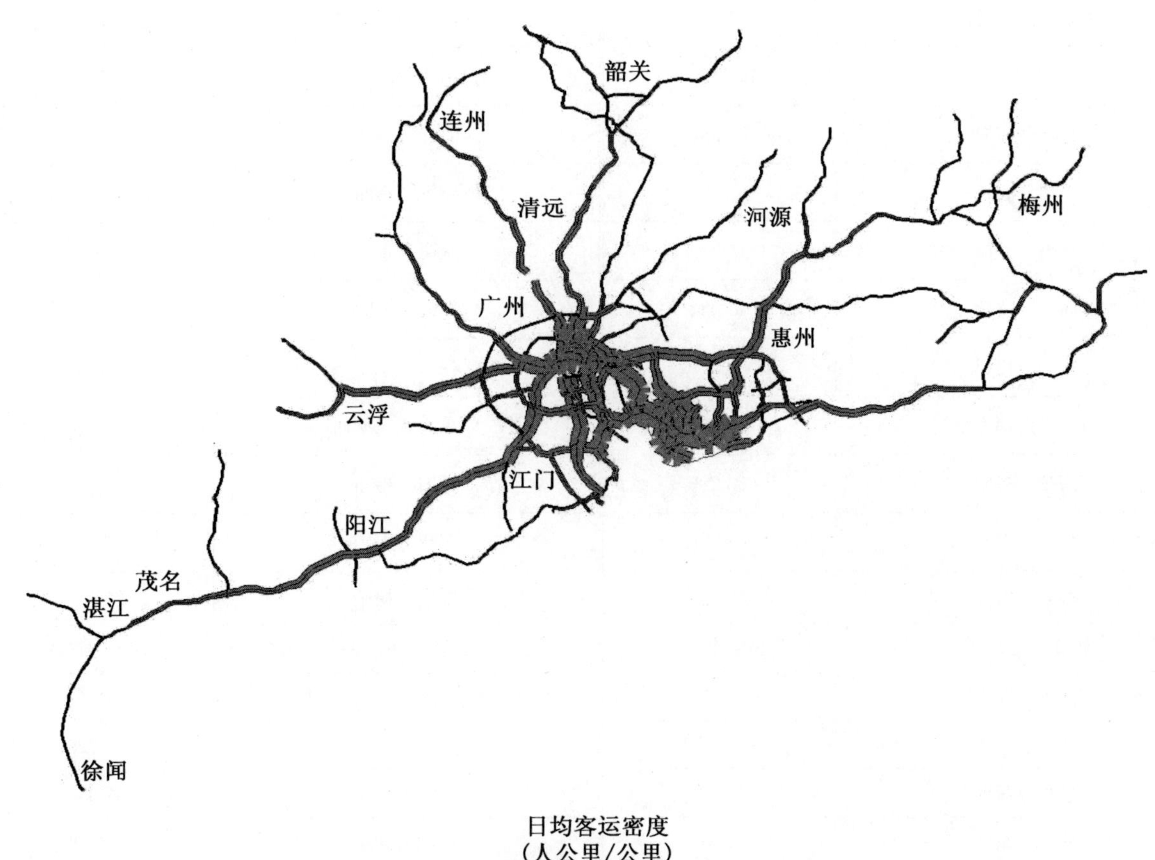

图 4.48　2016 年广东省高速公路日均客运密度

4.15.2 货运密度分布如表4.49和图4.49所示。

2016年广东省高速公路货运密度 表4.49

路段起止点	货运密度（吨公里/公里）	路段起止点	货运密度（吨公里/公里）
广州—阳江	92 605	阳江—广州	80 365
阳江—湛江	74 522	湛江—阳江	56 103
粤西—湛江	2 744	湛江—粤西	40 470
湛江—徐闻	20 735	徐闻—湛江	27 470
广州—三水	130 437	三水—广州	145 347
三水—云浮	102 011	云浮—三水	119 064
云浮—平台	62 365	平台—云浮	76 995
粤北主线—广州	43 481	广州—粤北主线	41 239
韶关—梅关	81 244	梅关—韶关	87 039
广州—太平	103 772	太平—广州	82 456
太平—深圳皇岗	50 446	深圳皇岗—太平	35 338
广州—惠州	104 171	惠州—广州	87 774
惠州—河源	86 387	河源—惠州	111 635
惠州—凌坑	51 984	凌坑—惠州	35 820
惠州—龙岗	74 320	龙岗—惠州	70 697
河源—粤赣	41 082	粤赣—河源	65 602
东源—梅州	30 639	梅州—东源	29 585
城西—广福主线	19 259	广福主线—城西	21 213
梅州—揭阳	63 223	揭阳—梅州	46 753
揭阳—潮州	60 728	潮州—揭阳	59 275
揭阳—东港	26 624	东港—揭阳	23 015
汾水关—汕头	67 101	汕头—汾水关	59 645
汕头—陆丰	42 857	陆丰—汕头	41 193
陆丰—惠东	43 050	惠东—陆丰	45 220
惠东—深圳	48 786	深圳—惠东	47 603
珠海—东城	11 942	东城—珠海	8 331
江门—珠海西	20 976	珠海西—江门	26 426
司前—斗山	6 028	斗山—司前	4 560
广州—怀集	74 483	怀集—广州	75 353

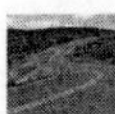

续上表

路段起止点	货运密度 (吨公里/公里)	路段起止点	货运密度 (吨公里/公里)
清新—凤头岭	16 798	凤头岭—清新	19 068
义和—沥林	16 690	沥林—义和	12 120
月环—南屏主线	6 306	南屏主线—月环	5 180
沙溪—坦洲	34 712	坦洲—沙溪	29 067
附城—簪滨主线	46 391	簪滨主线—附城	53 333
粤北主线(复线)—广州	168 995	广州—粤北主线(复线)	155 634

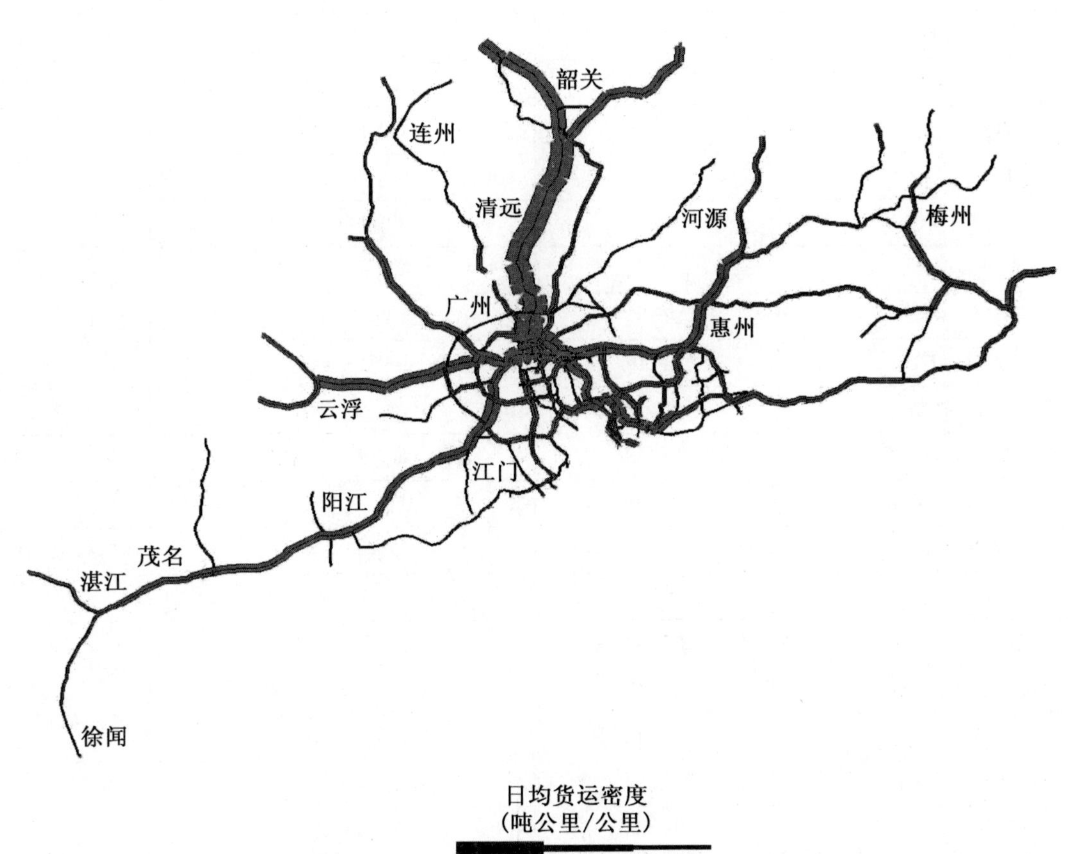

图 4.49　2016 年广东省高速公路日均货运密度

4.16 重庆市高速公路运输密度

4.16.1 客运密度分布如表 4.50 和图 4.50 所示。

2016 年重庆市高速公路客运密度 表 4.50

路段起止点	客运密度（人公里/公里）	路段起止点	客运密度（人公里/公里）
G65 渝北—长寿	51 051	长寿—G65 渝北	50 625
长寿—垫江	33 930	垫江—长寿	32 999
垫江—万州	17 812	万州—垫江	17 763
万州—云阳	17 200	云阳—万州	17 268
云阳—小三峡	11 125	小三峡—云阳	11 156
小周—开县	15 155	开县—小周	15 025
夔门—巫溪	4 281	巫溪—夔门	4 258
垫江—牡丹源	7 371	牡丹源—垫江	7 163
垫江—忠县	8 180	忠县—垫江	8 472
忠县—冷水	7 126	冷水—忠县	7 834
长寿—涪陵	12 481	涪陵—长寿	12 111
G65 渝北—草坝场	21 425	草坝场—G65 渝北	22 239
G65 巴南—南川	31 738	南川—G65 巴南	32 199
南川—武隆	22 837	武隆—南川	23 157
武隆—黔江	15 219	黔江—武隆	15 374
黔江—酉阳	13 012	酉阳—黔江	13 230
酉阳—G65 洪安	13 038	G65 洪安—酉阳	13 766
G75 巴南—綦江	45 101	綦江—G75 巴南	44 107
綦江—崇溪河	23 755	崇溪河—綦江	23 199
綦江—南川	8 922	南川—綦江	8 774
西彭—G93 江津	23 847	G93 江津—西彭	23 458
G85 九龙坡—永川	46 547	永川—G85 九龙坡	43 571
永川—渝荣	23 941	渝荣—永川	22 793
G93 沙坪坝—铜梁	40 527	铜梁—G93 沙坪坝	39 358
铜梁—书房坝	23 383	书房坝—铜梁	23 191
G75 北碚—合川	46 630	合川—G75 北碚	46 461
合川—兴山	18 343	兴山—合川	18 256
西彭—一品	29 839	一品—西彭	30 048
一品—复盛	14 942	复盛—一品	15 334
复盛—G75 北碚	24 292	G75 北碚—复盛	25 682
G75 北碚—壁山	30 232	壁山—G75 北碚	30 696
壁山—西彭	33 588	西彭—壁山	34 237

续上表

路段起止点	客运密度（人公里/公里）	路段起止点	客运密度（人公里/公里）
G50 南岸—麻柳嘴	14 341	麻柳嘴—G50 南岸	13 935
茶店互通—涪陵南	17 829	涪陵南—茶店互通	17 602
涪陵南—丰都	12 327	丰都—涪陵南	11 503
丰都—石柱	7 332	石柱—丰都	7 010
马鞍—双河口	9 138	双河口—马鞍	8 976
沙坪坝—大足	17 881	大足—沙坪坝	11 580
永川—石蟆	3 976	石蟆—永川	4 293
铜梁—永川	6 168	永川—铜梁	6 099
沙溪—铜梁	6 053	铜梁—沙溪	5 594
綦江—江津	3 237	江津—綦江	3 893

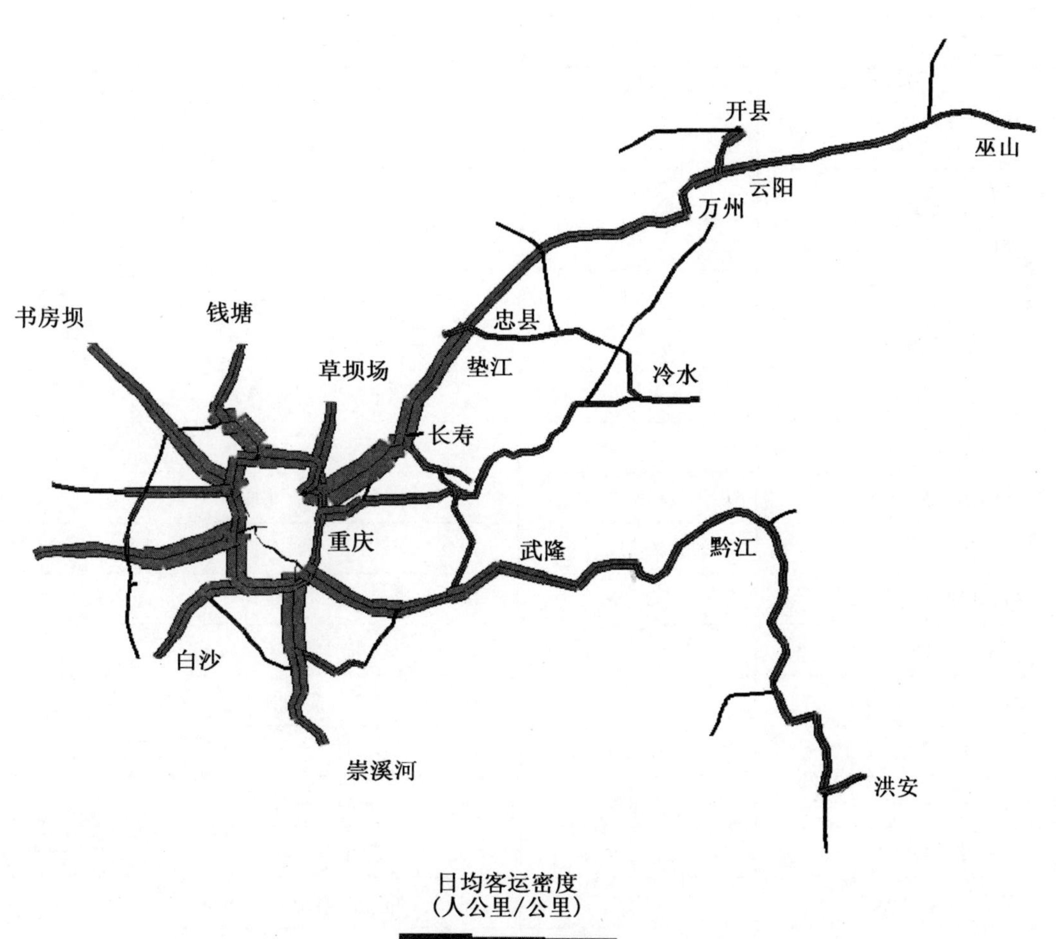

图 4.50　2016 年重庆市高速公路日均客运密度

4.16.2 货运密度分布如表 4.51 和图 4.51 所示。

2016 年重庆市高速公路货运密度　　表 4.51

路段起止点	货运密度（吨公里/公里）	路段起止点	货运密度（吨公里/公里）
G50 江北—长寿	30 091	长寿—G50 江北	32 601
长寿—垫江	14 613	垫江—长寿	8 700
垫江—万州	9 913	万州—垫江	6 255
万州—云阳	7 454	云阳—万州	5 357
云阳—小三峡	5 297	小三峡—云阳	5 017
小周—开县	4 881	开县—小周	4 474
夔门—巫溪	3 724	巫溪—夔门	1 326
垫江—牡丹源	13 836	牡丹源—垫江	13 777
垫江—忠县	9 413	忠县—垫江	10 544
忠县—冷水	12 565	冷水—忠县	16 775
长寿—涪陵	17 156	涪陵—长寿	19 257
G65 渝北—草坝场	16 142	草坝场—G65 渝北	27 631
G65 巴南—南川	21 599	南川—G65 巴南	27 156
南川—武隆	24 566	武隆—南川	32 215
武隆—黔江	29 231	黔江—武隆	38 240
黔江—酉阳	26 676	酉阳—黔江	37 453
酉阳—G65 洪安	24 996	G65 洪安—酉阳	38 800
G75 巴南—綦江	26 610	綦江—G75 巴南	17 327
綦江—崇溪河	25 608	崇溪河—綦江	17 957
綦江—南川	3 499	南川—綦江	5 462
西彭—G93 江津	15 090	G93 江津—西彭	11 165
G85 九龙坡—永川	26 152	永川—G85 九龙坡	22 745
永川—渝荣	22 264	渝荣—永川	17 485
G93 沙坪坝—铜梁	28 595	铜梁—G93 沙坪坝	26 071
铜梁—书房坝	51 220	书房坝—铜梁	37 060
G75 北碚—合川	36 597	合川—G75 北碚	35 788
合川—兴山	10 689	兴山—合川	8 651
西彭——品	26 221	一品—西彭	28 576
一品—复盛	28 354	复盛——品	32 742
复盛—G75 北碚	49 225	G75 北碚—复盛	37 421
G75 北碚—壁山	33 336	壁山—G75 北碚	28 212
壁山—西彭	31 521	西彭—壁山	35 879

续上表

路段起止点	货运密度（吨公里/公里）	路段起止点	货运密度（吨公里/公里）
G50 南岸—麻柳嘴	6 683	麻柳嘴—G50 南岸	9 099
茶店互通—涪陵南	7 415	涪陵南—茶店互通	11 314
涪陵南—丰都	11 674	丰都—涪陵南	18 381
丰都—石柱	11 374	石柱—丰都	18 254
马鞍—双河口	16 292	双河口—马鞍	18 184
沙坪坝—大足	20 533	大足—沙坪坝	3 975
永川—石蟆	2 290	石蟆—永川	2 806
铜梁—永川	4 256	永川—铜梁	3 419
沙溪—铜梁	28 773	铜梁—沙溪	16 772
綦江—江津	5 884	江津—綦江	6 171

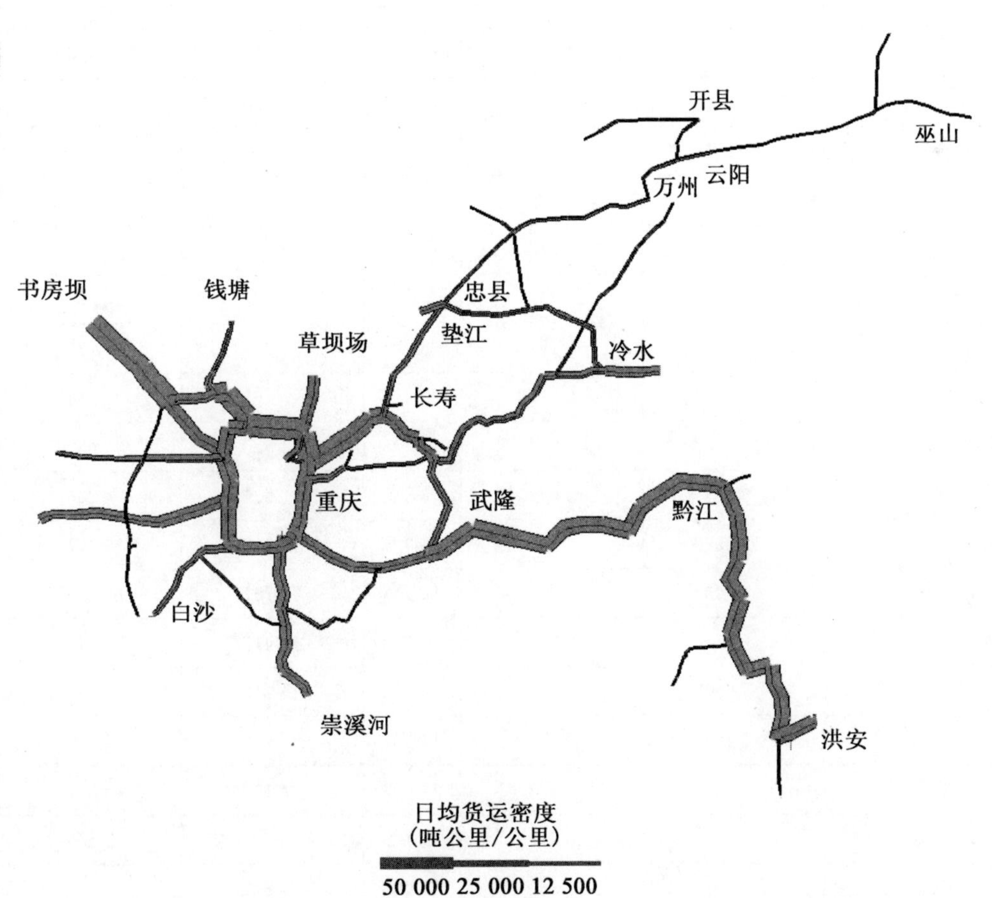

图 4.51　2016 年重庆市高速公路日均货运密度

4.16.3 交通量分布如表 4.52 和图 4.52 所示。

2016 年重庆市高速公路交通量 表 4.52

路段起止点	正向			反向		
	客车折算交通量（辆/日）	货车折算交通量（辆/日）	小计	客车折算交通量（辆/日）	货车折算交通量（辆/日）	小计
G50 江北—长寿	13 611	7 211	20 822	13 536	7 464	21 000
长寿—垫江	9 019	3 155	12 174	8 648	2 790	11 438
垫江—万州	4 705	2 208	6 913	4 700	1 924	6 624
万州—云阳	4 793	2 007	6 800	4 789	1 813	6 601
云阳—小三峡	2 600	1 463	4 063	2 640	1 278	3 918
小周—开县	4 436	1 494	5 930	4 381	1 476	5 857
夔门—巫溪	1 207	671	1 878	1 199	667	1 866
垫江—牡丹源	2 084	2 817	4 901	1 997	2 709	4 706
垫江—忠县	2 433	1 971	4 404	2 555	2 136	4 691
忠县—冷水	1 846	2 544	4 390	2 088	3 200	5 288
长寿—涪陵	3 336	3 635	6 971	3 348	3 988	7 336
G65 渝北—草坝场	6 036	4 561	10 597	6 299	4 984	11 283
G65 巴南—南川	8 495	4 373	12 868	8 454	5 412	13 866
南川—武隆	5 432	4 607	10 039	5 434	5 876	11 310
武隆—黔江	3 277	5 208	8 485	3 329	6 577	9 906
黔江—酉阳	2 703	4 779	7 482	2 769	6 320	9 089
酉阳—G65 洪安	2 672	4 723	7 395	2 854	6 428	9 282
G75 巴南—綦江	13 064	5 025	18 089	12 555	4 600	17 155
綦江—崇溪河	6 157	4 357	10 514	5 932	4 276	10 208
綦江—南川	2 707	1 167	3 874	2 657	1 123	3 780
西彭—G93 江津	6 305	3 171	9 476	6 167	3 314	9 481
G85 九龙坡—永川	12 402	6 503	18 905	11 520	5 989	17 509
永川—渝荣	5 903	4 642	10 545	5 521	4 206	9 727
G93 沙坪坝—铜梁	12 325	6 609	18 934	11 796	6 367	18 163
铜梁—书房坝	6 845	9 307	16 152	6 747	8 119	14 866
G75 北碚—合川	12 474	8 364	20 838	12 418	7 413	19 831
合川—兴山	4 890	2 325	7 215	4 813	2 383	7 196
西彭—一品	8 481	6 173	14 654	8 715	7 106	15 821
一品—复盛	4 136	6 920	11 056	4 106	6 817	10 923
复盛—G75 北碚	6 573	10 617	17 190	6 721	9 159	15 880
G75 北碚—璧山	9 657	10 369	20 026	9 820	9 817	19 637
璧山—西彭	10 796	9 087	19 883	11 069	10 238	21 307

续上表

路段起止点	正向			反向		
	客车折算交通量（辆/日）	货车折算交通量（辆/日）	小计	客车折算交通量（辆/日）	货车折算交通量（辆/日）	小计
G50 南岸—麻柳嘴	4 355	1 671	6 026	4 169	1 817	5 986
茶店互通—涪陵南	5 333	1 806	7 139	5 179	2 287	7 466
涪陵南—丰都	3 518	2 532	6 050	3 221	3 407	6 628
丰都—石柱	2 008	2 344	4 352	1 875	3 246	5 121
马鞍—双河口	2 174	3 101	5 275	2 303	3 462	5 765
沙坪坝—大足	5 818	4 035	9 853	3 329	1 375	4 704
永川—石蟆	1 303	7 59	2 062	1 404	823	2 227
铜梁—永川	1 976	1 097	3 073	1 945	1 086	3 031
沙溪—铜梁	1 941	5 040	6 981	1 775	3 843	5 618
綦江—江津	921	1 278	2 199	1 116	1 228	2 344

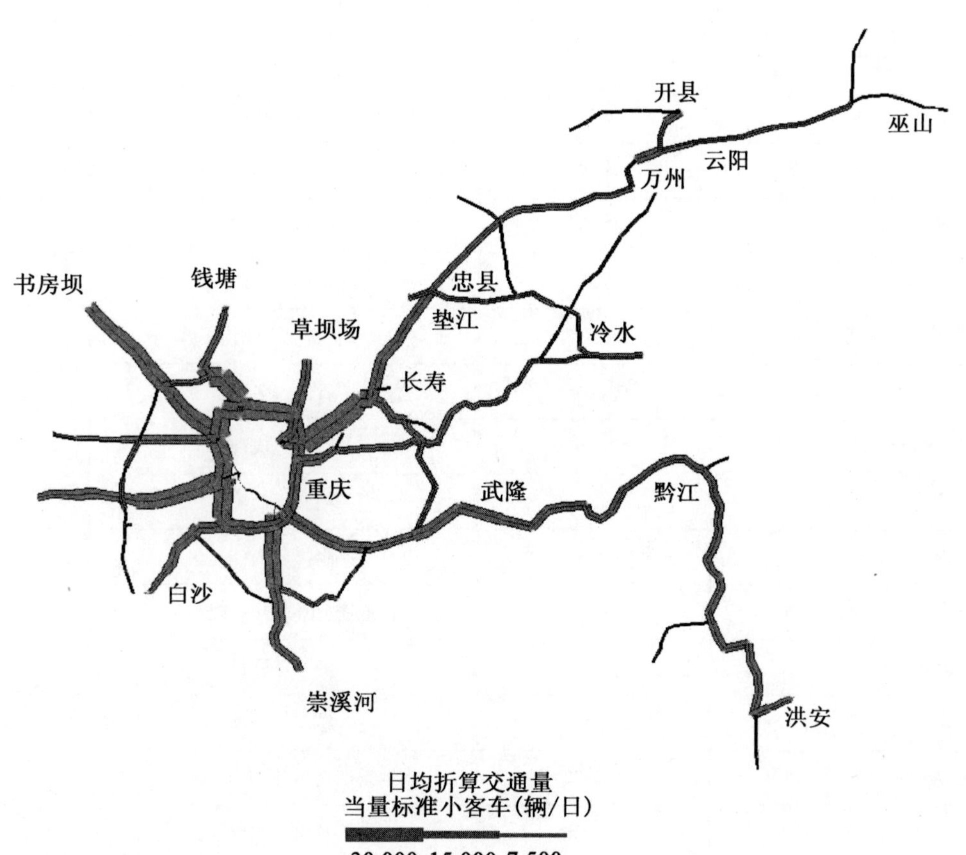

图 4.52　2016 年重庆市高速公路日均交通量

4.17 四川省高速公路运输密度

4.17.1 客运密度分布如表4.53和图4.53所示。

2016年四川省高速公路客运密度　　表4.53

路段起止点	客运密度（人公里/公里）	路段起止点	客运密度（人公里/公里）
棋盘关—广元	10 799	广元—棋盘关	10 878
广元—绵阳	21 046	绵阳—广元	22 742
绵阳—德阳	32 046	德阳—绵阳	34 759
德阳—成都	54 436	成都—德阳	64 925
绵阳南—什邡北	16 275	什邡北—绵阳南	16 645
什邡北—成都	36 212	成都—什邡北	37 992
成都—崇州	98 460	崇州—成都	82 362
崇州—邛崃	41 820	邛崃—崇州	38 213
桑园—名山	15 677	名山—桑园	13 882
名山—汉源北	26 034	汉源北—名山	23 140
汉源北—西昌	16 466	西昌—汉源北	15 348
西昌—盐边	11 069	盐边—西昌	9 910
盐边—田房	6 446	田房—盐边	6 107
攀田鱼塘—丽攀民主(川滇界)	4 607	丽攀民主(川滇界)—攀田鱼塘	3 471
成都—眉山	90 842	眉山—成都	76 501
眉山—乐山	43 991	乐山—眉山	38 741
乐山—宜宾北	10 317	宜宾北—乐山	9 898
名山—青龙	25 205	青龙—名山	27 476
成都—简阳	59 905	简阳—成都	56 305
简阳—内江	38 138	内江—简阳	36 307
内江—隆昌	27 619	隆昌—内江	26 328
隆昌—渔箭(川渝界)	22 930	渔箭(川渝界)—隆昌	22 302
隆昌—泸州	16 271	泸州—隆昌	18 047
泸州—纳溪	19 074	纳溪—纳溪	17 756
纳溪—纳黔四川(川黔界)	13 075	纳黔四川(川黔界)—纳溪	12 567
内江—自贡	32 535	自贡—内江	33 317
自贡—宜宾北	25 457	宜宾北—自贡	28 612

续上表

路段起止点	客运密度（人公里/公里）	路段起止点	客运密度（人公里/公里）
宜宾北—四川主线(川滇界)	14 903	四川主线(川滇界)—宜宾北	15 651
成都—都江堰	60 026	都江堰—成都	49 870
都江堰—映秀	14 305	映秀—都江堰	18 996
成都绕城(逆时针)	109 422	成都绕城(顺时针)	107 411
成都第二绕城(逆时针)	14 429	成都第二绕城(顺时针)	13 919
成都—仁寿	47 013	仁寿—成都	46 369
仁寿—自贡东	29 799	自贡东—仁寿	31 336
自贡东—泸州	17 504	泸州—自贡东	17 349
宜宾—泸渝四川(川渝界)	17 432	泸渝四川(川渝界)—宜宾	15 699
乐山—雅安	8 058	雅安—乐山	8 275
乐山—自贡	9 501	自贡—乐山	9 697
荣县—内江	12 362	内江—荣县	11 693
内江—安居	10 170	安居—内江	9 538
洪雅—资阳	7 548	资阳—洪雅	7 811
资阳—遂宁	7 876	遂宁—资阳	8 269
遂宁—广安	11 875	广安—遂宁	10 723
成都—南充	35 957	南充—成都	28 650
南充—广安	10 852	广安—南充	10 686
广安—邻水	24 867	邻水—广安	25 264
邻水—邻垫四川(川渝界)	12 773	邻垫四川(川渝界)—邻水	14 031
成都—三台	45 998	三台—成都	36 181
三台—巴中	18 155	巴中—三台	16 472
巴中—南江北	7 509	南江北—巴中	5 790
绵阳—遂宁	9 573	遂宁—绵阳	9 711
大英回马—遂渝四川(川渝界)	25 123	遂渝四川(川渝界)—大英回马	23 161
遂宁—西充	4 725	西充—遂宁	4 416
南充—广元	14 119	广元—南充	14 133
广元—广甘四川(川甘界)	8 203	广甘四川(川甘界)—广元	7 220
广元绕城(逆时针)	7 409	广元绕城(顺时针)	7 486
广元—巴中	6 200	巴中—广元	6 053

续上表

路段起止点	客运密度（人公里/公里）	路段起止点	客运密度（人公里/公里）
巴中—达州	8 884	达州—巴中	8 934
达州—达万四川（川渝界）	6 682	达万四川（川渝界）—达州	6 284
南充绕城（逆时针）	10 670	南充绕城（顺时针）	10 090
南充—南渝四川（川渝界）	17 897	南渝四川（川渝界）—南充	17 491
南充—大竹	8 147	大竹—南充	7 125
南充新店—广安	2 598	广安—南充新店	2 539
达渝四川（川渝界）—邻水	24 591	邻水—达渝四川（川渝界）	22 482
邻水—达州	19 441	达州—邻水	19 227
达州—达陕四川（川陕界）	8 867	达陕四川（川陕界）—达州	8 130

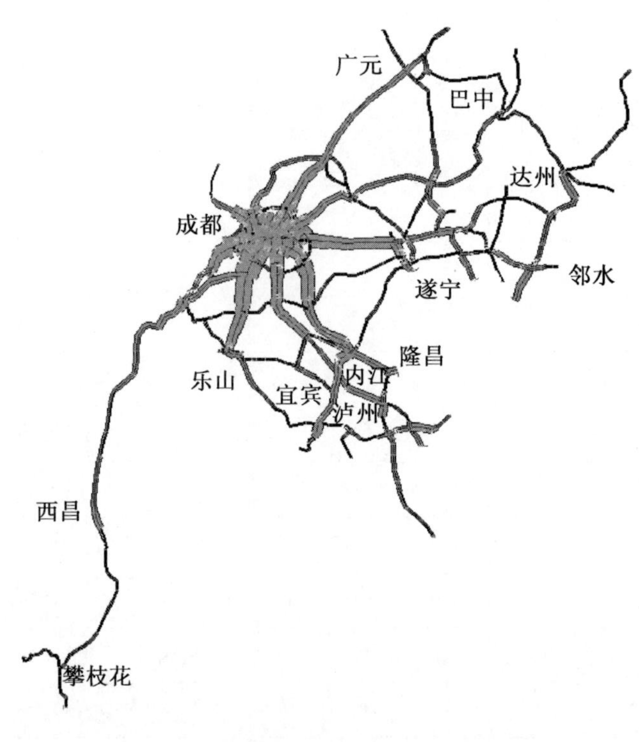

图 4.53　2016 年四川省高速公路日均客运密度

4.17.2　货运密度分布如表 4.54 和图 4.54 所示。

2016 年四川省高速公路货运密度　　表 4.54

路段起止点	货运密度（吨公里/公里）	路段起止点	货运密度（吨公里/公里）
棋盘关—广元	96 532	广元—棋盘关	52 413
广元—绵阳	94 646	绵阳—广元	59 310
绵阳—德阳	58 431	德阳—绵阳	37 412
德阳—成都	31 691	成都—德阳	21 627
绵阳南—什邡北	53 365	什邡北—绵阳南	38 217
什邡北—成都	44 432	成都—什邡北	32 341
成都—崇州	22 057	崇州—成都	21 992
崇州—邛崃	20 242	邛崃—崇州	20 951
桑园—名山	19 698	名山—桑园	20 281
名山—汉源北	26 496	汉源北—名山	26 019
汉源北—西昌	20 453	西昌—汉源北	19 391
西昌—盐边	15 254	盐边—西昌	17 971
盐边—田房	10 299	田房—盐边	11 376
攀田鱼塘—丽攀民主(川滇界)	4 225	丽攀民主(川滇界)—攀田鱼塘	4 889
成都—眉山	32 749	眉山—成都	45 854
眉山—乐山	18 999	乐山—眉山	35 219
乐山—宜宾北	12 015	宜宾北—乐山	7 960
名山—青龙	3 646	青龙—名山	7 366
成都—简阳	16 760	简阳—成都	11 217
简阳—内江	22 660	内江—简阳	16 833
内江—隆昌	20 672	隆昌—内江	19 984
隆昌—渔箭(川渝界)	17 759	渔箭(川渝界)—隆昌	19 893
隆昌—泸州	9 089	泸州—隆昌	6 613
泸州—纳溪	14 566	纳溪—泸州	12 327
纳溪—纳黔四川(川黔界)	14 874	纳黔四川(川黔界)—纳溪	13 408
内江—自贡	31 173	自贡—内江	22 522
自贡—宜宾北	27 399	宜宾北—自贡	25 080
宜宾北—四川主线(川滇界)	20 391	四川主线(川滇界)—宜宾北	17 399
成都—都江堰	12 461	都江堰—成都	16 968

续上表

路段起止点	货运密度（吨公里/公里）	路段起止点	货运密度（吨公里/公里）
都江堰—映秀	13 412	映秀—都江堰	35 087
成都绕城（逆时针）	32 779	成都绕城（顺时针）	37 473
成都第二绕城（逆时针）	17 320	成都第二绕城（顺时针）	15 320
成都—仁寿	20 785	仁寿—成都	17 596
仁寿—自贡东	23 018	自贡东—仁寿	17 463
自贡东—泸州	18 274	泸州—自贡东	15 360
宜宾—泸渝四川（川渝界）	8 629	泸渝四川（川渝界）—宜宾	8 483
乐山—雅安	10 322	雅安—乐山	8 385
乐山—自贡	10 612	自贡—乐山	6 433
荣县—内江	13 766	内江—荣县	10 671
内江—安居	11 384	安居—内江	19 055
洪雅—资阳	12 764	资阳—洪雅	6 342
资阳—遂宁	11 131	遂宁—资阳	7 317
遂宁—广安	15 059	广安—遂宁	16 341
成都—南充	30 824	南充—成都	30 721
南充—广安	4 256	广安—南充	10 654
广安—邻水	18 766	邻水—广安	25 525
邻水—邻垫四川（川渝界）	12 836	邻垫四川（川渝界）—邻水	12 795
成都—三台	15 894	三台—成都	13 082
三台—巴中	19 919	巴中—三台	6 718
巴中—南江北	2 942	南江北—巴中	11 807
绵阳—遂宁	7 500	遂宁—绵阳	7 117
大英回马—遂渝四川（川渝界）	34 836	遂渝四川（川渝界）—大英回马	36 712
遂宁—西充	9 642	西充—遂宁	13 544
南充—广元	11 053	广元—南充	18 253
广元—广甘四川（川甘界）	9 739	广甘四川（川甘界）—广元	11 386
广元绕城（逆时针）	20 963	广元绕城（顺时针）	25 171
广元—巴中	6 667	巴中—广元	1 403
巴中—达州	4 052	达州—巴中	4 437
达州—达万四川（川渝界）	2 552	达万四川（川渝界）—达州	1 621

续上表

路段起止点	货运密度（吨公里/公里）	路段起止点	货运密度（吨公里/公里）
南充绕城(逆时针)	6 468	南充绕城(顺时针)	5 816
南充—南渝四川(川渝界)	6 853	南渝四川(川渝界)—南充	7 056
南充—大竹	6 306	大竹—南充	6 263
南充新店—广安	878	广安—南充新店	2 184
达渝四川(川渝界)—邻水	17 141	邻水—达渝四川(川渝界)	25 854
邻水—达州	20 519	达州—邻水	30 000
达州—达陕四川(川陕界)	14 002	达陕四川(川陕界)—达州	27 584

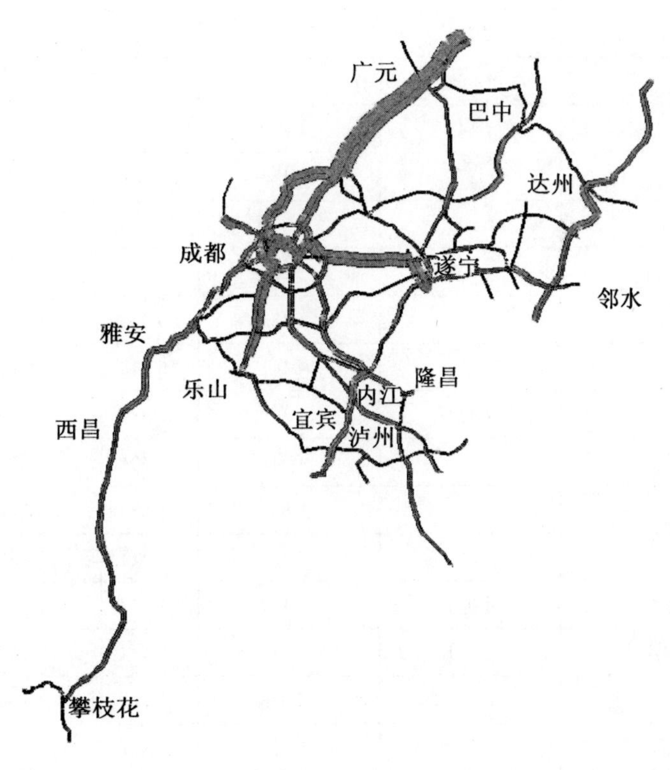

图 4.54　2016 年四川省高速公路日均货运密度

4.17.3 交通量分布如表4.55和图4.55所示。

2016年四川省高速公路交通量 表4.55

路段起止点	正向			反向		
	客车折算交通量（辆/日）	货车折算交通量（辆/日）	小计	客车折算交通量（辆/日）	货车折算交通量（辆/日）	小计
棋盘关—广元	2 002	13 693	15 695	2 119	13 826	15 945
广元—绵阳	4 290	14 211	18 501	4 786	14 715	19 500
绵阳—德阳	7 460	9 923	17 383	7 995	10 049	18 044
德阳—成都	13 762	7 297	21 059	16 455	7 227	23 682
绵阳南—什邡北	4 390	8 755	13 145	4 425	9 371	13 796
什邡北—成都	10 373	9 039	19 412	10 139	9 516	19 655
成都—崇州	25 684	8 592	34 277	21 465	8 103	29 568
崇州—邛崃	10 650	5 313	15 963	9 585	5 635	15 219
桑园—名山	3 971	4 112	8 084	3 587	4 320	7 907
名山—汉源北	5 469	5 181	10 650	4 770	5 066	9 836
汉源北—西昌	3 419	3 813	7 233	3 225	3 555	6 781
西昌—盐边	2 415	3 481	5 896	2 401	3 356	5 757
盐边—田房	1 555	2 439	3 995	1 549	2 393	3 943
攀田鱼塘—丽攀民主(川滇界)	1 141	1 425	2 566	1 087	1 094	2 181
成都—眉山	21 275	12 155	33 430	16 679	11 148	27 826
眉山—乐山	9 941	7 672	17 613	8 490	6 896	15 387
乐山—宜宾北	2 358	2 380	4 738	2 454	2 435	4 890
名山—青龙	5 101	1 533	6 634	5 871	1 846	7 717
成都—简阳	11 801	4 141	15 943	10 695	4 187	14 882
简阳—内江	7 111	4 769	11 880	6 725	4 831	11 557
内江—隆昌	5 259	4 145	9 404	4 931	4 474	9 406
隆昌—渔箭(川渝界)	3 973	3 856	7 829	3 854	3 992	7 846
隆昌—泸州	3 322	2 191	5 514	4 196	1 996	6 192
泸州—纳溪	4 084	3 163	7 247	3 875	2 961	6 836
纳溪—纳黔四川(川黔界)	2 831	2 623	5 454	2 768	2 572	5 340
内江—自贡	5 299	5 918	11 217	5 873	5 262	11 135
自贡—宜宾北	4 795	5 793	10 587	5 729	4 903	10 632
宜宾北—四川主线(川滇界)	3 575	4 297	7 872	3 761	3 926	7 687
成都—都江堰	14 003	4 860	18 864	12 691	5 192	17 884
都江堰—映秀	1 987	5 635	7 622	3 568	6 123	9 691
成都绕城(逆时针)	31 629	14 129	45 758	31 014	14 752	45 766
成都第二绕城(逆时针)	3 819	4 279	8 098	3 766	4 158	7 924
成都—仁寿	11 685	4 948	16 633	11 373	4 698	16 070

续上表

路段起止点	正　向		小计	反　向		小计
	客车折算交通量（辆/日）	货车折算交通量（辆/日）		客车折算交通量（辆/日）	货车折算交通量（辆/日）	
仁寿—自贡东	7 249	4 828	12 077	7 559	4 350	11 909
自贡东—泸州	3 668	3 761	7 429	3 724	3 638	7 362
宜宾—泸渝四川(川渝界)	3 730	2 017	5 747	3 528	2 019	5 547
乐山—雅安	1 932	2 030	3 963	2 059	2 127	4 186
乐山—自贡	2 149	1 851	4 001	2 259	2 036	4 295
荣县—内江	2 969	2 490	5 459	2 756	2 605	5 361
内江—安居	2 167	2 790	4 956	2 038	3 133	5 172
洪雅—资阳	2 021	2 235	4 256	2 010	1 769	3 780
资阳—遂宁	1 981	2 258	4 239	1 954	1 662	3 616
遂宁—广安	2 845	3 264	6 109	2 584	3 165	5 748
成都—南充	8 663	6 736	15 399	6 576	7 397	13 973
南充—广安	2 634	1 963	4 598	2 561	1 984	4 545
广安—邻水	5 823	5 130	10 952	6 325	4 987	11 312
邻水—邻垫四川(川渝界)	2 560	2 710	5 270	2 869	2 786	5 655
成都—三台	10 710	3 892	14 602	7 501	3 977	11 478
三台—巴中	4 115	3 291	7 407	3 393	3 074	6 467
巴中—南江北	1 800	2 157	3 958	1 734	1 818	3 552
绵阳—遂宁	2 223	1 615	3 837	2 252	1 760	4 012
大英回马—遂渝四川(川渝界)	5 733	7 133	12 867	5 253	8 020	13 273
遂宁—西充	1 150	1 932	3 082	1 114	2 124	3 238
南充—广元	3 382	2 900	6 282	3 271	3 065	6 336
广元—广甘四川(川甘界)	1 897	1 959	3 856	1 758	1 871	3 629
广元绕城(逆时针)	1 706	1 967	3 672	1 754	1 881	3 635
广元—巴中	1 384	1 115	2 499	1 410	1 251	2 661
巴中—达州	2 050	1 140	3 190	2 191	1 226	3 417
达州—达万四川(川渝界)	1 556	617	2 173	1 461	719	2 180
南充绕城(逆时针)	2 428	1 830	4 258	2 273	2 052	4 324
南充—南渝四川(川渝界)	3 636	1 779	5 414	3 766	1 716	5 482
南充—大竹	2 093	1 564	3 657	1 896	1 461	3 357
南充新店—广安	692	470	1 162	718	427	1 145
达渝四川(川渝界)—邻水	5 119	4 286	9 405	4 334	4 459	8 793
邻水—达州	4 489	5 040	9 529	4 249	5 306	9 555
达州—达陕四川(川陕界)	2 037	4 108	6 145	1 899	4 261	6 160

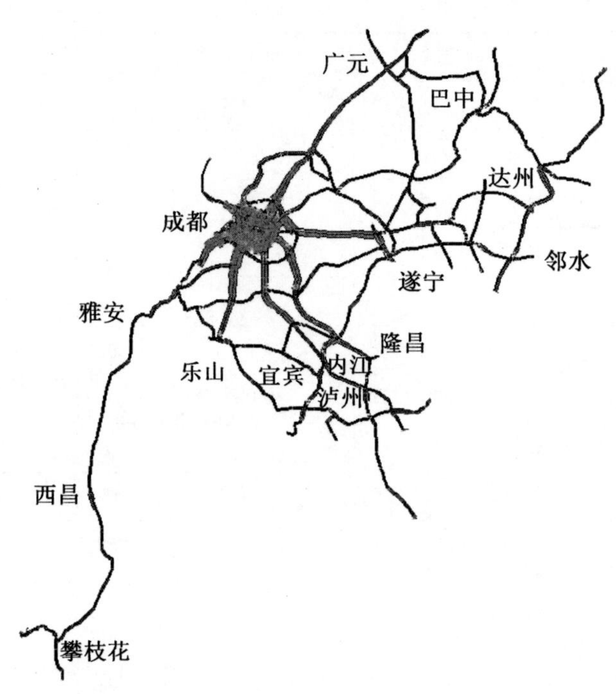

图 4.55　2016 年四川省高速公路日均交通量

4.18　陕西省高速公路运输密度

4.18.1　客运密度分布如表 4.56 和图 4.56 所示。

2016 年陕西省高速公路客运密度　　表 4.56

路段起止点	客运密度（人公里/公里）	路段起止点	客运密度（人公里/公里）
陕蒙界—榆林	3 276	榆林—陕蒙界	3 332
榆林—店塔	3 992	店塔—榆林	3 949
榆林—靖边	4 959	靖边—榆林	4 726
靖边—延安南	9 146	延安南—靖边	8 804
延安南—铜川	12 618	铜川—延安南	10 691
铜川—聂冯(环城)	13 439	聂冯(环城)—铜川	10 314
新筑—禹门口	22 784	禹门口—新筑	22 622
灞桥—潼关	36 362	潼关—灞桥	35 823
香王—商洛西	17 599	商洛西—香王	18 631
商洛西—界牌	6 657	界牌—商洛西	6 719
阎村—漫川关主线	5 650	漫川关主线—阎村	5 705
曲江—五里	14 409	五里—曲江	14 177
流水—陕川界	6 566	陕川界—流水	6 398
河池寨—汉中	21 655	汉中—河池寨	21 135
汉中—宁强	10 665	宁强—汉中	10 465
三桥—咸阳西	61 183	咸阳西—三桥	58 325
咸阳西—杨凌	47 330	杨凌—咸阳西	44 218
杨凌—宝鸡	28 972	宝鸡—杨凌	28 196
宝鸡—陈仓	8 952	陈仓—宝鸡	8 652
六村堡—永寿南	44 311	永寿南—六村堡	43 934
永寿南—彬县	21 778	彬县—永寿南	20 951
彬县—陕甘界	14 297	陕甘界—彬县	13 818
汉城—机场	50 628	机场—汉城	47 949
法门寺—太白山	5 877	太白山—法门寺	5 620
西安南环城(逆时针)	72 062	西安南环城(顺时针)	72 735
西安北环城(逆时针)	51 258	西安北环城(顺时针)	51 754
牛家梁—史家湾	4 117	史家湾—牛家梁	4 097
吴堡主线—靖边	2 965	靖边—吴堡主线	2 950
靖边—王圈梁	7 001	王圈梁—靖边	6 987
陕西壶口—富县	3 441	富县—陕西壶口	3 822
富县—张家湾	1 193	张家湾—富县	1 294
虢镇—陇关	5 010	陇关—虢镇	5 035
茅坪—安康	5 608	安康—茅坪	5 558
安康—汉中	6 915	汉中—安康	6 871
汉中东—略阳	3 284	略阳—汉中东	3 351

续上表

路段起止点	客运密度（人公里/公里）	路段起止点	客运密度（人公里/公里）
神木—府谷	3 020	府谷—神木	3 060
渭南东—孙镇	4 491	孙镇—渭南东	4 476
田王—商洛	8 195	商洛—田王	7 725
榆林—陕西佳县	3 006	陕西佳县—榆林	3 144
沿河湾立交—吴起	3 919	吴起—沿河湾立交	4 007
马庄—旬邑	6 669	旬邑—马庄	6 882
未央—铜川	20 637	铜川—未央	19 596
铜川—黄陵	10 580	黄陵—铜川	9 610
黄陵—延安	6 700	延安—黄陵	5 020
汉中—陕西南郑	940	陕西南郑—汉中	943
延安—陕西延川	2 078	陕西延川—延安	2 265
安康—陕西平利	3 117	陕西平利—安康	3 131
锦界—王家砭	547	王家砭—锦界	539
渭南—玉山	1 340	玉山—渭南	1 271
西咸北环线(逆时针)	5 156	西咸北环线(顺时针)	5 060

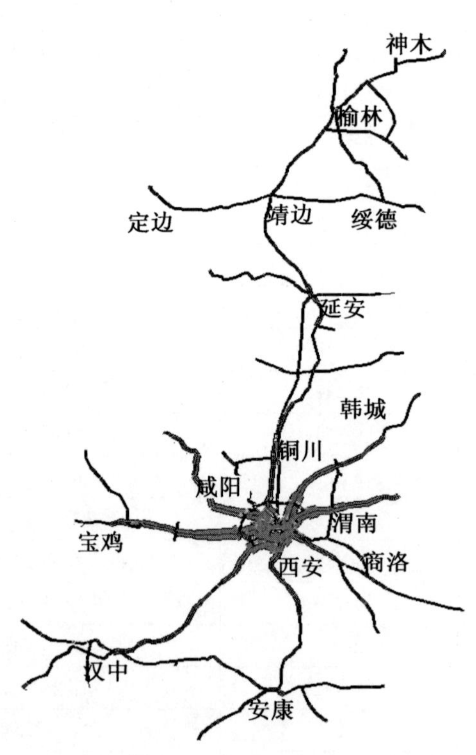

图 4.56　2016 年陕西省高速公路日均客运密度

4.18.2　货运密度分布如表 4.57 和图 4.57 所示。

2016 年陕西省高速公路货运密度　　表 4.57

路段起止点	货运密度（吨公里/公里）	路段起止点	货运密度（吨公里/公里）
陕蒙界—榆林	25 170	榆林—陕蒙界	12 703
榆林—店塔	9 957	店塔—榆林	10 954
榆林—靖边	39 427	靖边—榆林	12 326
靖边—延安南	42 787	延安南—靖边	17 680
延安南—铜川	21 638	铜川—延安南	16 936
铜川—聂冯(环城)	16 263	聂冯(环城)—铜川	8 370
新筑—禹门口	18 187	禹门口—新筑	33 107
灞桥—潼关	89 754	潼关—灞桥	137 086
香王—商洛西	95 894	商洛西—香王	55 836
商洛西—界牌	95 309	界牌—商洛西	54 882
阎村—漫川关主线	24 976	漫川关主线—阎村	11 332
曲江—五里	32 454	五里—曲江	13 064
流水—陕川界	32 390	陕川界—流水	15 758
河池寨—汉中	85 077	汉中—河池寨	53 129
汉中—宁强	103 699	宁强—汉中	62 511
三桥—咸阳西	33 024	咸阳西—三桥	22 498
咸阳西—杨凌	49 001	杨凌—咸阳西	34 636
杨凌—宝鸡	35 972	宝鸡—杨凌	33 928
宝鸡—陈仓	29 193	陈仓—宝鸡	22 213
六村堡—永寿南	57 672	永寿南—六村堡	96 949
永寿南—彬县	61 012	彬县—永寿南	89 468
彬县—陕甘界	46 867	陕甘界—彬县	52 823
汉城—机场	8	机场—汉城	4
法门寺—太白山	4 834	太白山—法门寺	1 762
西安南环城(逆时针)	61 802	西安南环城(顺时针)	68 581
西安北环城(逆时针)	83 292	西安北环城(顺时针)	93 225
牛家梁—史家湾	37 960	史家湾—牛家梁	6 900
吴堡主线—靖边	74 320	靖边—吴堡主线	81 615
靖边—王圈梁	45 207	王圈梁—靖边	38 869
陕西壶口—富县	3 996	富县—陕西壶口	6 410
富县—张家湾	1 095	张家湾—富县	984
虢镇—陇关	6 167	陇关—虢镇	9 147
茅坪—安康	24 915	安康—茅坪	17 686
安康—汉中	19 110	汉中—安康	16 053
汉中东—略阳	2 643	略阳—汉中东	1 718
神木—府谷	149 699	府谷—神木	5 149
渭南东—孙镇	3 607	孙镇—渭南东	7 117

续上表

路段起止点	货运密度（吨公里/公里）	路段起止点	货运密度（吨公里/公里）
田王—商洛	19 178	商洛—田王	11 266
榆林—陕西佳县	29 056	陕西佳县—榆林	5 616
沿河湾立交—吴起	1 320	吴起—沿河湾立交	733
马庄—旬邑	4 014	旬邑—马庄	11 129
未央—铜川	17 853	铜川—未央	41 411
铜川—黄陵	19 241	黄陵—铜川	48 485
黄陵—延安	17 035	延安—黄陵	30 402
汉中—陕西南郑	2 483	陕西南郑—汉中	534
延安—陕西延川	1 184	陕西延川—延安	4 667
安康—陕西平利	1 561	陕西平利—安康	608
锦界—王家砭	25 331	王家砭—锦界	451
渭南—玉山	5 366	玉山—渭南	1 814
西咸北环线（逆时针）	19 252	西咸北环线（顺时针）	20 916

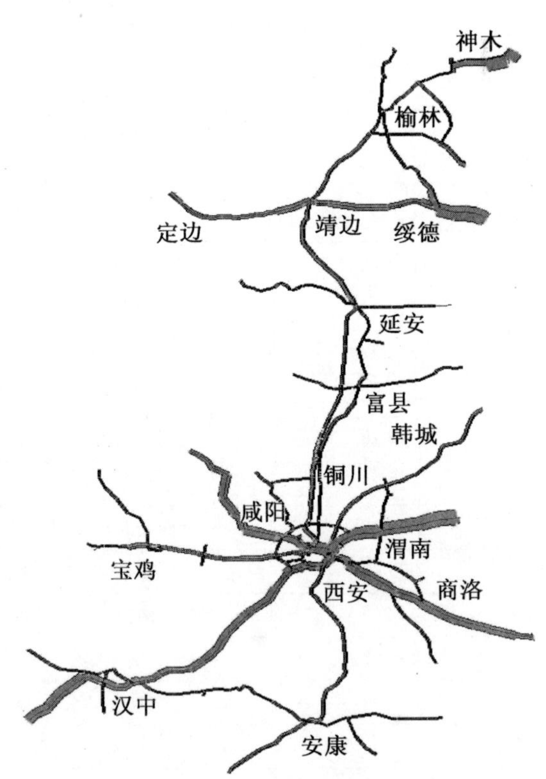

图 4.57　2016 年陕西省高速公路日均货运密度

4.18.3　道路负荷分布如表 4.58 和图 4.58 所示。

2016 年陕西省高速公路轴载　　表 4.58

路段起止点	轴载(标准轴载当量轴次/日)	路段起止点	轴载(标准轴载当量轴次/日)
陕蒙界—榆林	4 227	榆林—陕蒙界	1 993
榆林—店塔	1 556	店塔—榆林	1 574
榆林—靖边	5 797	靖边—榆林	1 845
靖边—延安南	6 292	延安南—靖边	2 472
延安南—铜川	3 330	铜川—延安南	2 260
铜川—聂冯(环城)	2 837	聂冯(环城)—铜川	1 129
新筑—禹门口	2 576	禹门口—新筑	4 323
灞桥—潼关	9 190	潼关—灞桥	16 707
香王—商洛西	12 828	商洛西—香王	6 237
商洛西—界碑	13 214	界碑—商洛西	6 254
阎村—漫川关主线	3 560	漫川关主线—阎村	1 180
曲江—五里	4 599	五里—曲江	1 559
流水—陕川界	4 160	陕川界—流水	1 832
河池寨—汉中	12 722	汉中—河池寨	5 707
汉中—宁强	15 119	宁强—汉中	7 129
三桥—咸阳西	4 407	咸阳西—三桥	2 749
咸阳西—杨凌	6 519	杨凌—咸阳西	4 306
杨凌—宝鸡	4 597	宝鸡—杨凌	4 282
宝鸡—陈仓	3 796	陈仓—宝鸡	2 694
六村堡—永寿南	7 114	永寿南—六村堡	14 595
永寿南—彬县	7 308	彬县—永寿南	13 366
彬县—陕甘界	5 004	陕甘界—彬县	7 029
汉城—机场	1	机场—汉城	0
法门寺—太白山	595	太白山—法门寺	227
西安南环城(逆时针)	7 387	西安南环城(顺时针)	8 951
西安北环城(逆时针)	10 272	西安北环城(顺时针)	11 867
牛家梁—史家湾	6 054	史家湾—牛家梁	894
吴堡主线—靖边	8 622	靖边—吴堡主线	12 723
靖边—王圈梁	4 541	王圈梁—靖边	5 328
陕西壶口—富县	596	富县—陕西壶口	844
富县—张家湾	170	张家湾—富县	158
虢镇—陇关	941	陇关—虢镇	1 717
茅坪—安康	3 058	安康—茅坪	1 872
安康—汉中	2 471	汉中—安康	1 722
汉中东—略阳	303	略阳—汉中东	240
神木—府谷	24 129	府谷—神木	882
渭南东—孙镇	468	孙镇—渭南东	942

续上表

路段起止点	轴载 （标准轴载当量轴次/日）	路段起止点	轴载 （标准轴载当量轴次/日）
田王—商洛	2 722	商洛—田王	1 321
榆林—陕西佳县	3 304	陕西佳县—榆林	669
沿河湾立交—吴起	228	吴起—沿河湾立交	135
马庄—旬邑	685	旬邑—马庄	2 146
未央—铜川	2 081	铜川—未央	6 142
铜川—黄陵	2 378	黄陵—铜川	7 025
黄陵—延安	2 118	延安—黄陵	4 317
汉中—陕西南郑	352	陕西南郑—汉中	85
延安—陕西延川	154	陕西延川—延安	811
安康—陕西平利	298	陕西平利—安康	85
锦界—王家砭	2 787	王家砭—锦界	82
渭南—玉山	784	玉山—渭南	192
西咸北环线（逆时针）	2 419	西咸北环线（顺时针）	2 421

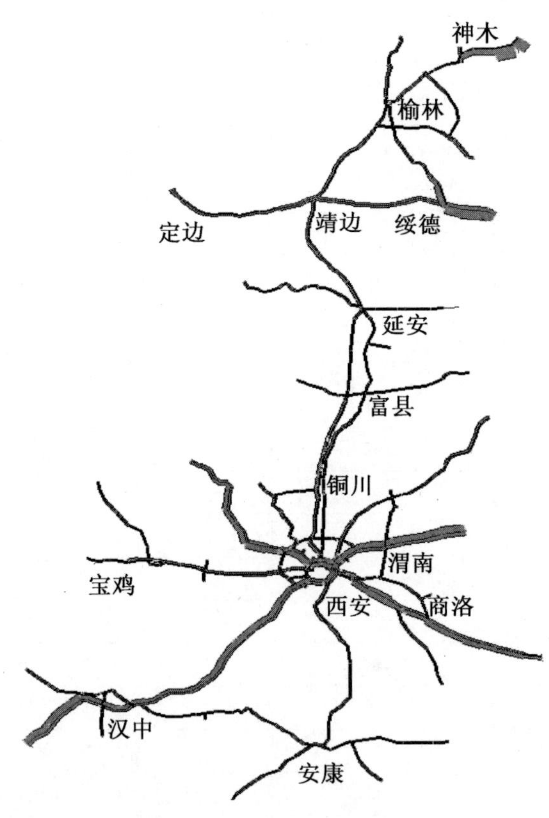

图 4.58　2016 年陕西省高速公路日均轴载

4.18.4 交通量分布如表 4.59 和图 4.59 所示。

2016 年陕西省高速公路交通量 表 4.59

路段起止点	正向			反向		
	客车折算交通量（辆/日）	货车折算交通量（辆/日）	小计	客车折算交通量（辆/日）	货车折算交通量（辆/日）	小计
陕蒙界—榆林	935	3 210	4 145	950	5 513	6 462
榆林—店塔	1 201	3 272	4 472	1 167	1 970	3 138
榆林—靖边	1 429	5 197	6 626	1 347	10 858	12 205
靖边—延安南	2 510	5 628	8 138	2 445	8 650	11 095
延安南—铜川	3 111	3 288	6 400	2 559	4 295	6 854
铜川—聂冯(环城)	3 777	3 263	7 039	3 042	5 351	8 393
新筑—禹门口	6 539	5 874	12 413	6 454	5 566	12 020
灞桥—潼关	9 667	15 356	25 023	9 386	19 846	29 232
香王—商洛西	4 117	12 197	16 314	4 129	10 268	14 397
商洛西—界牌	1 558	11 407	12 965	1 546	9 150	10 696
阎村—漫川关主线	1 434	3 638	5 072	1 448	2 793	4 241
曲江—五里	3 446	4 866	8 312	3 376	5 037	8 413
流水—陕川界	1 738	4 899	6 637	1 714	4 434	6 148
河池寨—汉中	4 812	11 402	16 215	4 691	12 237	16 927
汉中—宁强	2 600	13 303	15 903	2 575	13 478	16 053
三桥—咸阳西	17 301	7 818	25 119	16 287	6 888	23 176
咸阳西—杨凌	12 057	9 402	21 459	11 168	8 697	19 865
杨凌—宝鸡	7 745	6 924	14 669	7 560	6 938	14 498
宝鸡—陈仓	2 405	4 344	6 749	2 347	4 224	6 571
六村堡—永寿南	11 322	14 242	25 564	11 267	13 598	24 866
永寿南—彬县	5 007	13 632	18 639	4 831	11 947	16 778
彬县—陕甘界	3 357	8 270	11 627	3 226	7 371	10 597
汉城—机场	15 346	4	15 350	14 683	9	14 692
法门寺—太白山	1 514	836	2 350	1 512	995	2 507
西安南环城(逆时针)	23 946	12 418	36 364	24 181	13 093	37 274
西安北环城(逆时针)	17 213	17 703	34 916	17 402	18 987	36 389
牛家梁—史家湾	1 406	4 252	5 658	1 409	3 353	4 762
吴堡主线—靖边	949	11 691	12 640	943	9 586	10 529
靖边—王圈梁	1 912	7 213	9 125	1 869	6 469	8 338
陕西壶口—富县	886	932	1 818	904	1 011	1 916
富县—张家湾	325	261	587	358	314	671
虢镇—陇关	1 433	1 442	2 875	1 430	1 521	2 951
茅坪—安康	1 256	3 813	5 070	1 249	3 043	4 293
安康—汉中	1 584	2 897	4 481	1 580	2 816	4 396
汉中东—略阳	894	539	1 433	916	587	1 503
神木—府谷	922	15 706	16 628	955	14 126	15 081
渭南东—孙镇	1 496	1 064	2 560	1 474	1 351	2 825

续上表

路段起止点	正向		小计	反向		小计
	客车折算交通量（辆/日）	货车折算交通量（辆/日）		客车折算交通量（辆/日）	货车折算交通量（辆/日）	
田王—商洛	2 125	2 727	4 852	2 045	2 483	4 528
榆林—陕西佳县	968	3 652	4 620	991	3 258	4 249
沿河湾立交—吴起	1 068	366	1 434	1 100	329	1 428
马庄—旬邑	1 919	1 462	3 381	1 952	1 619	3 571
未央—铜川	6 539	7 219	13 758	5 886	5 783	11 669
铜川—黄陵	3 187	7 764	10 952	2 698	6 142	8 840
黄陵—延安	1 983	6 631	8 613	1 411	3 904	5 315
汉中—陕西南郑	333	350	682	334	575	909
延安—陕西延川	630	652	1 282	671	642	1 313
安康—陕西平利	841	415	1 256	844	414	1 258
锦界—王家砭	182	3 023	3 205	178	1 856	2 034
渭南—玉山	407	867	1 274	383	585	969
西咸北环线(逆时针)	1 535	3 198	4 733	1 518	3 749	5 267

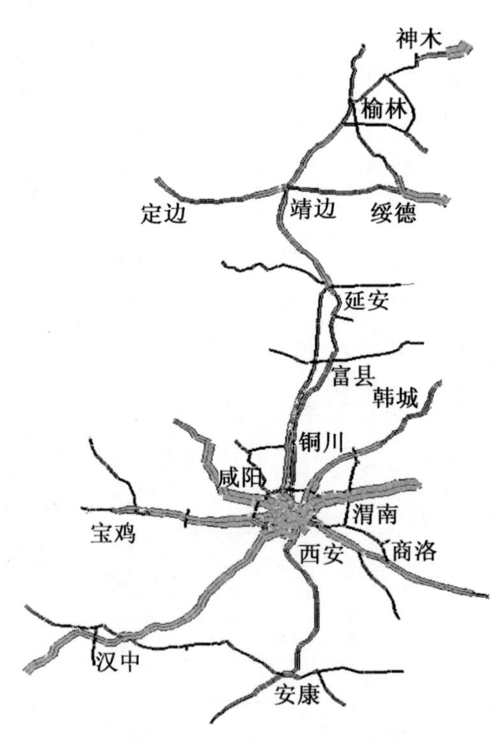

图 4.59　2016 年陕西省高速公路日均交通量

4.19　贵州省高速公路运输密度

4.19.1　客运密度分布见表 4.60 和图 4.60。

2016 年贵州省高速公路客运密度　　表 4.60

路段起止点	客运密度（人公里/公里）	路段起止点	客运密度（人公里/公里）
黔渝界松坎主线—桐梓	20 186	桐梓—黔渝界松坎主线	19 974
桐梓—遵义	29 752	遵义—桐梓	29 914
遵义—黔川界茅台主线	32 797	黔川界茅台主线—遵义	31 125
遵义—金沙	11 748	金沙—遵义	12 085
金沙—毕节	10 470	毕节—金沙	10 572
遵义—息烽	44 713	息烽—遵义	45 581
息烽—贵阳	55 708	贵阳—息烽	58 531
贵阳—清镇	90 606	清镇—贵阳	90 129
清镇—安顺	47 067	安顺—清镇	45 943
安顺—普定	10 996	普定—安顺	11 581
安顺—晴隆	20 468	晴隆—安顺	19 812
晴隆—黔滇界胜境关主线	12 471	黔滇界胜境关主线—晴隆	12 366
晴隆—兴仁	6 982	兴仁—晴隆	6 842
惠水—紫云	7 956	紫云—惠水	8 295
紫云—兴仁	7 289	兴仁—紫云	7 390
兴仁—兴义	18 335	兴义—兴仁	18 354
兴义—黔滇界岔江主线	3 542	黔滇界岔江主线—兴义	3 336
兴义—黔桂界板坝主线	6 500	黔桂界板坝主线—兴义	6 629
贵阳绕城(顺时针)	30 378	贵阳绕城(逆时针)	31 411
贵阳—贵定	47 991	贵定—贵阳	48 763
贵定—台江	29 993	台江—贵定	30 746
台江—三穗	24 168	三穗—台江	24 558
三穗—铜仁	20 178	铜仁—三穗	20 508
龙里—都匀	9 281	都匀—龙里	8 569
都匀—榕江	4 283	榕江—都匀	4 182
榕江—黔桂界雷洞主线	1 692	黔桂界雷洞主线—榕江	1 631
从江—黎平	4 806	黎平—从江	4 777
都匀—黔桂界新寨主线	17 567	黔桂界新寨主线—都匀	17 558
独山—荔波	7 855	荔波—独山	7 869
赤水—仁怀	11 628	仁怀—赤水	11 133
遵义汇川区高坪镇—绥阳	14 544	绥阳—遵义汇川区高坪镇	14 385
遵义—思南	19 969	思南—遵义	19 597
思南—镇远	9 959	镇远—思南	9 977
贵阳—惠水	21 089	惠水—贵阳	21 967
安顺—六枝	8 961	六枝—安顺	8 783
盘县—水城	7 180	水城—盘县	7 047
毕节—周家院主线	6 446	周家院主线—毕节	6 429

续上表

路段起止点	客运密度（人公里/公里）	路段起止点	客运密度（人公里/公里）
惠水—断杉	7 051	断杉—惠水	6 850
大方—黔西	14 073	黔西—大方	14 212
黔西—织金	18 221	织金—黔西	17 969
麻江—瓮安	20 919	瓮安—麻江	21 847
遵义绕城(顺时针)	13 692	遵义绕城(逆时针)	13 485
思南—铜仁	12 851	铜仁—思南	12 739
铜仁北—铜仁大兴	14 418	铜仁大兴—铜仁北	14 307
铜仁—黄板	2 885	黄板—铜仁	3 364
贵阳南环线(顺时针)	14 743	贵阳南环线(逆时针)	15 168
镇宁—魏旗站	25 170	魏旗站—镇宁	25 801
凯里北—丹寨	5 158	丹寨—凯里北	5 108
黎平—瓦寨	4 788	瓦寨—黎平	4 717
瓮安—湄潭	5 063	湄潭—瓮安	5 905
百宜—闵孝镇	5 885	闵孝镇—百宜	5 806
红枫—九洞天	16 303	九洞天—红枫	16 481
毕节—法窝	9 157	法窝—毕节	9 249
六枝—滥坝	8 065	滥坝—六枝	8 080
凯里东—雷山主线	4 333	雷山主线—凯里东	4 347
重安—余庆	3 354	余庆—重安	3 395
合兴—沙子	2 606	沙子—合兴	2 387
余安高速立交—望谟西	3 913	望谟西—余安高速立交	3 964

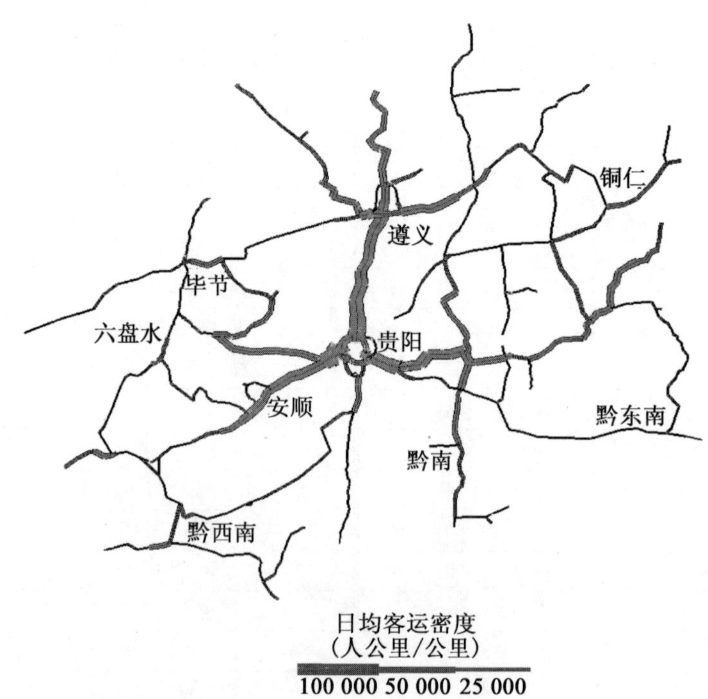

图 4.60　2016 年贵州省高速公路日均客运密度

4.19.2　货运密度分布见表 4.61 和图 4.61。

2016 年贵州省高速公路货运密度　　表 4.61

路段起止点	货运密度（吨公里/公里）	路段起止点	货运密度（吨公里/公里）
黔渝界松坎主线—桐梓	21 397	桐梓—黔渝界松坎主线	15 107
桐梓—遵义	21 299	遵义—桐梓	18 843
遵义—黔川界茅台主线	11 142	黔川界茅台主线—遵义	8 425
遵义—金沙	4 185	金沙—遵义	5 833
金沙—毕节	4 584	毕节—金沙	4 208
遵义—息烽	15 020	息烽—遵义	16 090
息烽—贵阳	16 871	贵阳—息烽	17 887
贵阳　清镇	34 210	清镇—贵阳	34 732
清镇—安顺	27 745	安顺—清镇	32 745
安顺—普定	9 123	普定—安顺	7 681
安顺—晴隆	25 155	晴隆—安顺	30 468
晴隆—黔滇界胜境关主线	23 677	黔滇界胜境关主线—晴隆	33 263
晴隆—兴仁	4 700	兴仁—晴隆	2 314
惠水—紫云	2 113	紫云—惠水	1 935
紫云—兴仁	2 834	兴仁—紫云	2 323
兴仁—兴义	9 187	兴义—兴仁	7 631
兴义—黔滇界岔江主线	8 834	黔滇界岔江主线—兴义	11 632
兴义—黔桂界板坝主线	18 643	黔桂界板坝主线—兴义	11 923
贵阳绕城(顺时针)	22 866	贵阳绕城(逆时针)	26 563
贵阳—贵定	60 234	贵定—贵阳	61 720
贵定—台江	37 052	台江—贵定	40 361
台江—三穗	23 577	三穗—台江	29 463
三穗—铜仁	14 519	铜仁—三穗	17 234
龙里—都匀	1 880	都匀—龙里	1 588
都匀—榕江	2 136	榕江—都匀	1 029
榕江—黔桂界雷洞主线	548	黔桂界雷洞主线—榕江	441
从江—黎平	739	黎平—从江	893
都匀—黔桂界新寨主线	28 449	黔桂界新寨主线—都匀	27 853
独山—荔波	14 211	荔波—独山	14 500
赤水—仁怀	4 143	仁怀—赤水	4 507
遵义汇川区高坪镇—绥阳	1 286	绥阳—遵义汇川区高坪镇	781
遵义—思南	8 226	思南—遵义	7 635
思南—镇远	1 519	镇远—思南	1 535
贵阳—惠水	4 881	惠水—贵阳	3 789
安顺—六枝	2 812	六枝—安顺	1 654
盘县—水城	5 280	水城—盘县	3 709
毕节—周家院主线	2 737	周家院主线—毕节	1 523
惠水—断杉	2 094	断杉—惠水	1 322

续上表

路段起止点	货运密度（吨公里/公里）	路段起止点	货运密度（吨公里/公里）
大方—黔西	3 179	黔西—大方	4 334
黔西—织金	4 759	织金—黔西	5 838
麻江—瓮安	22 886	瓮安—麻江	21 789
遵义绕城(顺时针)	5 780	遵义绕城(逆时针)	5 597
思南—铜仁	11 223	铜仁—思南	11 537
铜仁北—铜仁大兴	18 565	铜仁大兴—铜仁北	16 913
铜仁—黄板	342	黄板—铜仁	1 876
贵阳南环线(顺时针)	14 566	贵阳南环线(逆时针)	14 150
镇宁—魏旗站	20 398	魏旗站—镇宁	18 580
凯里北—丹寨	1 015	丹寨—凯里北	517
黎平—瓦寨	774	瓦寨—黎平	815
瓮安—湄潭	7 021	湄潭—瓮安	8 336
百宜—闵孝镇	10 539	闵孝镇—百宜	8 036
红枫—九洞天	3 983	九洞天—红枫	3 649
毕节—法窝	5 078	法窝—毕节	5 357
六枝—滥坝	2 169	滥坝—六枝	1 617
凯里东—雷山主线	261	雷山主线—凯里东	199
重安—余庆	930	余庆—重安	400
合兴—沙子	451	沙子—合兴	391
余安高速立交—望谟西	743	望谟西—余安高速立交	515

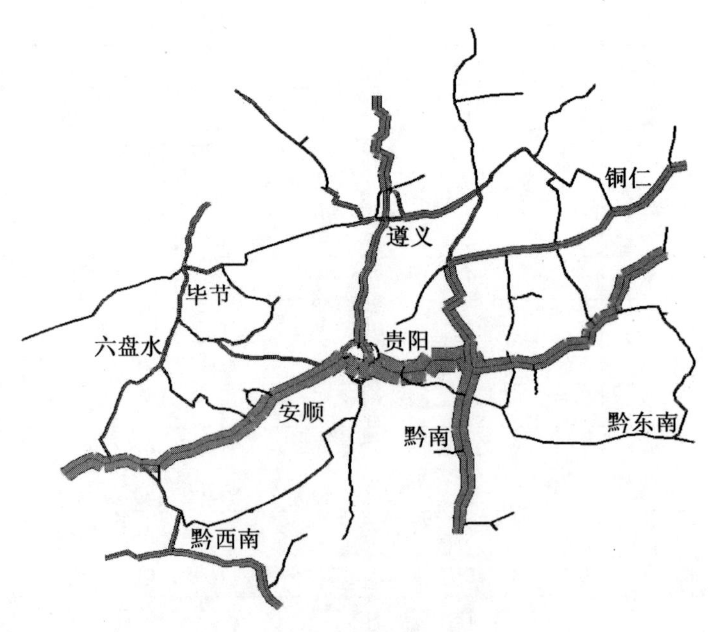

图 4.61　2016 年贵州省高速公路日均货运密度

4.19.3　交通量分布如表4.62和图4.62所示。

2016年贵州省高速公路交通量　　　　表4.62

路段起止点	正向			反向		
	客车折算交通量（辆/日）	货车折算交通量（辆/日）	小计	客车折算交通量（辆/日）	货车折算交通量（辆/日）	小计
黔渝界松坎主线—桐梓	5 308	3 937	9 245	5 200	4 172	9 372
桐梓—遵义	8 251	4 550	12 801	8 315	4 683	12 998
遵义—黔川界茅台主线	10 202	2 879	13 081	9 616	2 968	12 584
遵义—金沙	3 276	1 323	4 599	3 300	1 397	4 697
金沙—毕节	2 919	1 145	4 064	2 891	1 277	4 168
遵义—息烽	12 752	4 253	17 005	12 967	4 374	17 341
息烽—贵阳	16 284	5 270	2 1554	17 116	5 399	22 515
贵阳—清镇	26 632	9 417	36 049	26 307	9 422	35 729
清镇—安顺	12 821	6 963	19 784	12 565	7 029	19 594
安顺—普定	3 071	2 015	5 086	3 148	1 987	5 135
安顺—晴隆	5 202	5 684	10 886	5 108	5 597	10 705
晴隆—黔滇界胜境关主线	3 680	5 326	9 006	3 679	5 793	9 472
晴隆—兴仁	2 077	1 140	3 217	2 048	789	2 837
惠水—紫云	2 404	756	3 160	2 479	733	3 212
紫云—兴仁	2 176	958	3 134	2 194	740	2 934
兴仁—兴义	5 554	2 564	8 118	5 585	2 204	7 789
兴义—黔滇界岔江主线	1 020	2 068	3 088	948	2 245	3 193
兴义—黔桂界板坝主线	1 882	3 214	5 096	1 931	2 134	4 065
贵阳绕城(顺时针)	8 949	6 262	15 211	9 259	6 670	15 929
贵阳—贵定	12 925	12 155	25 080	12 993	12 343	25 336
贵定—台江	7 424	7 107	14 531	7 526	7 934	15 460
台江—三穗	5 687	4 600	10 287	5 715	5 591	11 306
三穗—铜仁	5 247	3 062	8 309	5 338	3 452	8 790
龙里—都匀	2 515	728	3 243	2 366	711	3 077
都匀—榕江	1 269	588	1 857	1 239	551	1 790
榕江—黔桂界雷洞主线	449	223	672	429	196	625
从江—黎平	1 201	423	1624	1 192	395	1 587
都匀—黔桂界新寨主线	4 140	5 987	10 127	4 159	4 866	9 025
独山—荔波	1 635	2 962	4 597	1 641	2 339	3 980
赤水—仁怀	3 208	1 270	4 478	3 025	1 299	4 324
遵义汇川区高坪镇—绥阳	4 587	630	5 217	4 451	673	5 124
遵义—思南	5 042	2 079	7 121	4 977	2 195	7 172
思南—镇远	2 950	678	3 628	2 920	642	3 562
贵阳—惠水	6 795	1 831	8 626	7 094	2 039	9 133
安顺—六枝	3 054	954	4 008	3 010	1 066	4 076
盘县—水城	2 347	1 211	3 558	2 314	1 226	3 540
毕节—周家院主线	1 992	770	2 762	1 970	734	2 704
惠水—断杉	2 324	731	3 055	2 304	985	3 289

续上表

路段起止点	正　向			反　向		
	客车折算交通量（辆/日）	货车折算交通量（辆/日）	小计	客车折算交通量（辆/日）	货车折算交通量（辆/日）	小计
大方—黔西	3 821	1 153	4 974	3 845	1 087	4 932
黔西—织金	5 042	1 593	6 635	4 957	1 419	6 376
麻江—瓮安	6 609	4 649	11 258	6 821	4 722	11 543
遵义绕城（顺时针）	4 116	1 654	5 770	4 021	1 565	5 586
思南—铜仁	2 679	2 523	5 202	2 736	2 265	5 001
铜仁北—铜仁大兴	3 179	3 878	7 057	3 271	3 233	6 504
铜仁—黄板	927	179	1 106	995	498	1 493
贵阳小绕（顺时针）	4 599	3 766	8 365	4 658	3 748	8 406
镇宁—魏旗站	4 429	6 864	11 293	4 567	6 959	11 526
凯里北—丹寨	1 414	388	1 802	1 382	365	1 747
黎平—瓦寨	1 281	388	1 669	1 282	343	1 625
瓮安—湄潭	1 632	1 301	2 933	1 878	1 697	3 575
百宜—闵孝镇	1 903	2 001	3 904	1 857	1 660	3 517
红枫—九洞天	4 574	1 194	5 768	4 643	1 281	5 924
毕节—法窝	2 940	1 351	4 291	2 962	1 378	4 340
六枝—滥坝	2 725	809	3 534	2 724	877	3 601
凯里东—雷山主线	1 252	178	1 430	1 257	210	1 467
重安—余庆	1 028	333	1 361	1 047	303	1 350
合兴—沙子	841	253	1 094	773	220	993
余安高速立交—望谟西	1 095	342	1 437	1 114	471	1 585

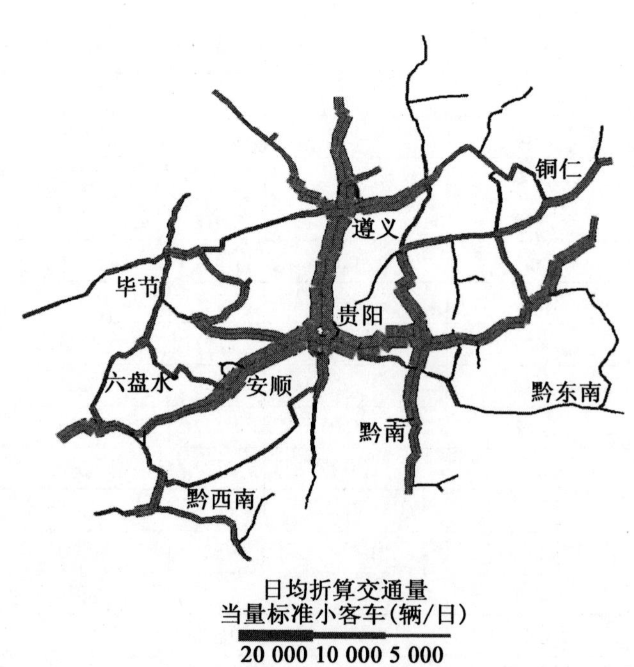

图 4.62　2016 年贵州省高速公路日均交通量

附　录

附录1　各省(区、市)高速公路收费系统数据库信息类型

2016年高速公路运输量统计主要数据来源更加完善,见附表1。

2016年度各省(区、市)收费系统数据库信息　　附表1

	车型	客车车型	货车车型	货车轴型	货车轴重	货车总重	货车轴数
北京	●						
天津		●		●		●	
河北		●		●	●	●	
山西		●		●	●	●	
内蒙古		●				●	●
辽宁		●				●	●
吉林		●				●	●
黑龙江		●		●		●	
上海		●	●				
江苏		●		●	●	●	
浙江		●				●	●
安徽		●				●	●
福建		●		●	●	●	
江西		●		●	●	●	
山东		●		●	●	●	
河南		●		●	●	●	
湖北		●		●	●	●	
湖南		●		●	●	●	
广东		●	●		●	●	●
广西		●				●	●
重庆		●		●	●	●	
四川		●				●	●
贵州		●		●		●	
云南		●				●	●
陕西		●		●	●	●	
甘肃		●				●	●
宁夏		●		●	●	●	
青海		●		●	●	●	
新疆		●				●	●

注:1.表中●项表示数据库中有该项信息;

2.海南省高速公路因不设收费站,无数据库信息。

附录 2　各省(区、市)客车收费车型划分标准

北京、天津、河北、山西、内蒙古、辽宁、吉林、黑龙江、上海、江苏、浙江、安徽、江西、福建、山东、河南、湖北、湖南、广西、四川、贵州、云南、陕西、宁夏、青海、新疆等省(区、市)执行部标 JT/T 489—2003《收费公路车辆通行费车型分类》,见附表 2,广东省见附表 3。

收费客车车型划分(JT/T 489—2003)　　附表 2

车型	Ⅰ	Ⅱ	Ⅲ	Ⅳ
座位数	≤7	8～19	20～39	≥40

广东省收费客车车型划分　　附表 3

车　型	Ⅰ	Ⅱ	Ⅲ	Ⅳ
轴数	2	2	2	3
轮胎数	2～4	4	6	6～10
车头高度(m)	<1.3	≥1.3	≥1.3	≥1.3
轴距(m)	<3.2	≥3.2	≥3.2	≥3.2

附录 3　运输结构主要数据说明

在统计运输指标时,没有包括香港、澳门特别行政区和台湾省相关数据。各省(区、市)(不含海南省)已通车而相关数据未进入收费系统数据库的路段运输量也未计入。

高速公路运输结构指标性数据的处理和统计学测试等项参见《2008 中国高速公路运输量调查分析报告》。

高速公路运输量统计调查工作采取统一核算方式。派专人到各省(区、市)高速公路管理部门和业主单位采集收费系统数据库数据和相关资料。全部数据汇总后,集中进行处理、核算和分析,撰写调查分析报告。

统一核算方式有助于提高高速公路运输量统计数据的质量,增强运输经济运行分析的可信度。同时,可以减轻各省(区、市)被调查部门和单位的工作量。

1. 高速公路运输与国民经济

(1)每万元国内生产总值(按现价计算)的高速公路货运量

$$=\frac{\text{年度全国高速公路货运量(吨)}}{\text{年度国内生产总值(按当年价格计算)(万元)}}$$

(2)每万元国内生产总值(按现价计算)的高速公路货物周转量

$$=\frac{\text{年度全国高速公路货物周转量(吨公里)}}{\text{年度国内生产总值(按当年价格计算)(万元)}}$$

(3)全国平均每人高速公路乘车次数

$$=\frac{\text{年度全国高速公路客运量(人次)}}{\text{年度全国总人口}}$$

(4)全国平均每人高速公路乘行距离(公里)

$$=\frac{\text{年度全国高速公路旅客周转量(人公里)}}{\text{年度全国总人口}}$$

2. 高速公路基础设施

(1)通车里程(公里)是指高速公路已建成通车的里程。

(2)车道里程(公里)是用于车辆通行的主线车道的长度,用于反映公路的综合通行能力。

(3)平均车道数(条)$=\frac{\text{车道里程(公里)}}{\text{通车里程(公里)}}$。

3. 高速公路交通状况

(1)货车在行驶量中比重(%)$=\frac{\text{货车行驶量(车公里)}}{\text{行驶量(车公里)}}$。

(2)道路负荷以标准轴载当量轴次计。

在取得车辆轴重数据的省(区、市),绝大部分可按照部标《公路沥青路面设计规范》(JTG D50—2006)计算各个路段的道路负荷。

4. 高速公路旅客运输

(1)客运量(亿人)

为避免重复计算,全国高速公路客运量只汇总各省(区、市)的省(区、市)内客运量和出省(区、市)客运量。有26个省(区、市)(里程占全国高速公路通车里程的91.33%)可以同时求取高速公路客运量和旅客周转量两项指标;其他省(区、市)可以求取高速公路旅客周转量指标。通过26个省(区、市)的高速公路旅客周转量在全国高速公路旅客周转量中的比重,放大推算全国高速公路客运量。

(2)客运密度(万人公里/公里)

$$\text{客运密度(万人公里/公里)}=\frac{\text{旅客周转量(万人公里)}}{\text{通车里程(公里)}}$$

客运密度是指每公里高速公路上通过的旅客人数。客运密度分布是把各个路段的客运密度汇总在某一干线、某一省(区、市)或全国高速公路路网上。

(3)旅客平均行程(公里)

$$\text{旅客平均行程(公里)}=\frac{\text{旅客周转量(亿人公里)}}{\text{客运量(亿人)}}$$

旅客平均行程是指旅客在高速公路网中的旅行距离,是旅客完成一次旅行总距离的一部分。由26个省(区、市)(里程占全国高速公路通车里程的91.33%)的旅客周转量除以省(区、市)内客运量和出省(区、市)客运量之和得到的。

(4)省(区、市)内旅客平均行程(公里)

省(区、市)内旅客平均行程(公里),由26个省(区、市)(里程占全国高速公路通车里程的91.33%)的省(区、市)内旅客周转量除以省(区、市)内客运量得到的。

(5)跨省(区、市)的旅客平均行程(公里)

跨省(区、市)的旅客平均行程(公里),由26个省(区、市)(里程占全国高速公路通车里程的91.33%)的跨省(区、市)旅客周转量除以出省(区、市)的客运量得到的。

(6)客车平均速度(公里/小时)

$$\text{每辆客车的速度}=\frac{\text{客车行驶距离(公里)}}{\text{运行时间(小时)}}$$

这里的运行时间是指出口时刻与入口时刻之差,包括行驶时间、服务区(或停车区)休息时间、路边暂停时间以及出口交费等待时间。

客车平均速度由河北、辽宁、吉林、江苏、浙江、山东、福建、江西、山西、河南、湖北、湖南、广西、贵州、安徽、重庆、四川、陕西、甘肃等19个省(区、市)数据计算出的。

(7)高速公路客运结构分析

①≤7座客运车辆在客车车数中的比重(%)。

②≤7座客运车辆人数在客运量中的比重(%)。

③≤7座客运车辆完成的周转量在旅客周转量中的比重(%)。

未执行部标(JT/T 489—2003)《收费公路车辆通行费车型分类》的省市,统计时把Ⅰ型客车划入≤7座客运车辆项目内。

④客运车辆平均座位数和乘坐率

大多数省(区、市)执行部标(JT/T 489—2003)《收费公路车辆通行费车型分类》,通过收费站的调查,求取各个车型客运车辆的平均座位数和乘坐率:

$$\text{车型客运车辆的平均乘坐率}(\%)=\frac{\text{该车型客运车辆乘客数}}{\text{该车型客运车辆座位数}}$$

⑤轿车平均乘坐人数(人/车)

它是指5座轿车的平均乘坐人数(人/车)$=\frac{\text{轿车乘客数(人)}}{\text{轿车数(车)}}$。通过在收费站的调查求得。

5.高速公路货物运输

(1)货运量(亿吨)

各省(区、市)高速公路货运量包括省(区、市)内货运量、出省(区、市)货运量、进省(区、市)货运量和穿越货运量。

为避免重复计算,全国高速公路货运量只汇总各省(区、市)的省(区、市)内货运量和出省省(区、市)货运量。有26个省(区、市)(里程占全国高速公路通车里程的91.33%)可以同时求取高速公路货运量和货物周转量两项指标;其他省(区、市)可以求取高速公路货物周转量指标。通过26个省(区、市)的高速公路货物周转量在全国高速公路货物周转量中的比重,放大推算全国高速公路货运量。

(2)货运密度(万吨公里/公里)

$$\text{货运密度(万吨公里/公里)}=\frac{\text{货物周转量(万吨公里)}}{\text{通车里程(公里)}}$$

货运密度是每公里高速公路上通过的货物量。货运密度分布是把各个路段的货运密度汇总在某一干线、某一省区市或全国高速公路路网上。

(3)货物平均运距(公里)

货物平均运程(公里)$=\frac{\text{货物周转量(亿吨公里)}}{\text{货运量(亿吨)}}$,仅指货物在高速公路网中的运输距离,是货物完成一次运输过程总距离的一部分。由26个省(区、市)(里程占全国高速公路通车里程的91.33%)的货物周转量除以省(区、市)内货运量和出省(区、市)货运量之和求出。

(4)省(区、市)内货物平均运距(公里)

省(区、市)内货物平均运距(公里),由26个省(区、市)(里程占全国高速公路通车里程的91.33%)的省(区、市)内货物周转量除以省(区、市)内货运量求出。

(5)跨省(区、市)的货物平均运距(公里)

跨省(区、市)货物平均运距(公里),由26个省(区、市)(里程占全国高速公路通车里程的91.33%)跨省货物周转量除以出省(区、市)货运量求出。

(6)货车平均速度(公里/小时)

$$\text{每辆货车的速度(公里/小时)}=\frac{\text{货车行驶距离(公里)}}{\text{运行时间(小时)}}$$

这里的运行时间是指出口时刻与入口时刻之差,包括行驶时间、服务区(或停车区)休息时间、路边暂停时间以及出口交费等待时间。

货车平均速度由河北、山西、黑龙江、江苏、山东、福建、湖北、湖南、河南、江西、重庆、贵州、陕西13个省(区、市)数据求出。

(7)高速公路货运结构分析

①货车轴型构成

货车轴型构成是指各种轴型货车在高速公路网的货车车数、货车行驶量以及完成的货物周转量中的比重。轴型按轴数、轮胎数、单一车体和汽车列车划分为2轴4胎、2轴6胎、3轴和4轴单车以及半挂列车4大类。

②货车空驶状况

货车空驶状况用空车走行率来衡量。

$$空车行走率(\%)=\frac{空车行驶量(车公里)}{重车行驶量(车公里)}$$

③货车超限运输状况

车辆的轴载质量限值按国家标准GB 1589—2016《道路车辆外廓尺寸、轴载及质量限值》规定选取,如附表4所示。

汽车及挂车单轴、二轴组及三轴组的最大允许轴荷限值(kg) 附表4

类型			最大允许轴荷限值
单轴	每侧单轮胎		7 000
	每侧双轮胎	非驱动轴	10 000
		驱动轴	11500
二轴组	轴距<1 000mm		11 500
	轴距≥1 000mm,且<1 300mm		16 000
	轴距≥1 300mm,且<1 800mm		18 000
	轴距≥1 800mm(仅挂车)		18 000
三轴组	相邻两轴之间距离≤1 300mm		21 000
	相邻两轴之间距离>1 300mm,且≤1 400mm		24 000

按照行政治超的限值规定,车辆总质量的限值为:

2轴货车 20吨;

3轴货车 30吨;

4轴货车 40吨;

5轴货车 50吨;

6轴货车 55吨。

分别按两种规定的限值,计算超限0~30%(含30%),30%~50%(含50%),50%~100%(含100%)以及>100%的超限运输车辆在货车总数中的比重(超限率)。

6.县乡运输量比重(%)

县乡运输量比重是指从县级及县级以下地区内的高速公路收费站进入的客运量和货运量与总客运量和总货运量之比。

所列指标根据河北、山西、辽宁、江苏、浙江、安徽、江西、福建、山东、河南、湖北、湖南、广西、陕西、甘肃、贵州16个省区(里程占全国高速公路通车里程的64.47%)统计得到。其中江苏省长江以南地区、浙江省杭州、嘉兴、湖州、绍兴、宁波五市全部辖区都列入城市区域。

7.省(区、市)的穿越车流状况

省(区、市)的穿越车流是指起止点都不在省(区、市)域高速公路网内的车流。穿越车流与被穿越的省份社会经济发展并无直接关系,但这部分车流的畅通影响全国高速公路网整体平稳有序的运营。

8. 道路负荷分布

按照 JTG D50—2006《公路沥青路面设计规范》的规定，标准轴载为单轴双胎轴载 10 吨。

各型车轴标准轴载当量轴次 m 为：

(1)单轴单胎　$m=6.4\times\left(\frac{P}{10}\right)^{4.35}$；

(2)单轴双胎　$m=1.0\times\left(\frac{P}{10}\right)^{4.35}$；

(3)双联轴单胎　$m=2.2\times6.4\times\left(\frac{P}{20}\right)^{4.35}$；

(4)双联轴双胎　$m=2.2\times\left(\frac{P}{20}\right)^{4.35}$；

(5)三联轴单胎　$m=3.4\times6.4\times\left(\frac{P}{30}\right)^{4.35}$；

(6)三联轴双胎　$m=3.4\times\left(\frac{P}{30}\right)^{4.35}$。

式中，P 为该型车轴的总轴重(吨)。

高速公路多为沥青路面，上述当量轴次算式用在以设计弯沉值为指标及沥青层层底拉应力验算时。省(市)的道路负荷分布是把各个路段的标准轴载当量轴次汇总在省(市)高速公路路网上。

9. 交通量分布

按照交通运输部办公厅《关于调整公路交通情况调查车型分类及折算系数的通知》(厅规划字[2010]205 号)文件，规定了公路交通情况调查机动车车型分类和公路交通情况调查机动车型折算系数参考值，而《公路工程技术标准》(JTG B01—2014)在此基础上将大型车的折算系数修订为 2.5，其中与高速公路有关的车型划分见附表 5。

公路交通情况调查机动车型折算系数参考值　　附表 5

一级分类	二级分类	额定载荷参数	轮廓及轴数特征参数	当量标准小客车换算系数
小型车	中小客车	额定座位≤19 座	车长<6m，2 轴	1.0
	小型货车	载货量≤2 吨		1.0
中型车	大客车	额定座位>19 座	6m≤车长≤12m，2 轴	1.5
	中型货车	2 吨<载质量≤7 吨		1.5
大型车	大型货车	7 吨<载质量≤20 吨	6m≤车长≤12m，3 轴或 4 轴	2.5
特大型车	特大型货车	载质量>20 吨	车长>12m 或 4 轴以上；且车高<3.8m，或车高>4.2m	4.0
	集装箱车		车长>12m 或 4 轴以上；且 3.8m≤车高≤4.2m	4.0
	拖挂车	—		4.0

将公路交通情况调查机动车型折算系数参考值与附表 2——部颁标准《收费公路车辆通行费车型分类》(JT/T 489—2003)对照后，高速公路客车交通量的当量标准小客车换算系数按照附表 6 折算。

高速公路客车的当量标准小客车换算系数　　附表 6

收费车型	座位数	车型二级分类	当量标准小客车换算系数
Ⅰ型	≤7	中小客车	1.0
Ⅱ型	8～19	中小客车	1.0

续上表

收费车型	座位数	车型二级分类	当量标准小客车换算系数
Ⅲ型	20～39	大客车	1.5
Ⅳ型	≥40	大客车	1.5

在附表 2 中一些省(市)收费客车车型划分与部标 JT/T 489—2003 虽有差别，但也可参照部颁标准进行划分。

将高速公路的货车轴型分类与公路交通情况调查机动车型折算系数参考值对比后，高速公路货车交通量的当量标准小客车换算系数按照附表 7 计算。

2015 高速公路货车的当量标准小客车换算系数　　附表 7

轴　型	轴　数	二级分类	当量标准小客车换算系数
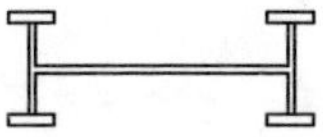	2 轴 4 胎	小型货车	1.0
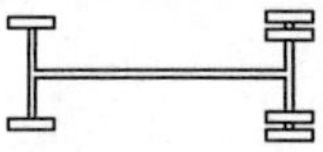	2 轴 6 胎	中型货车	1.23
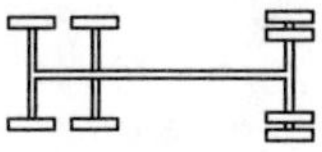	3 轴单车	大型货车	2.5
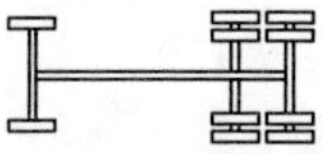	3 轴单车	大型货车	2.5
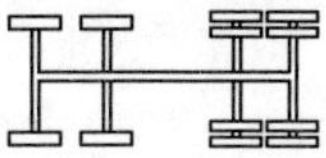	4 轴单车	大型货车	2.5
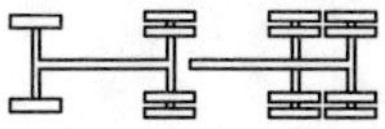	4 轴半挂列车	特大型货车、拖挂车、集装箱车	4.0
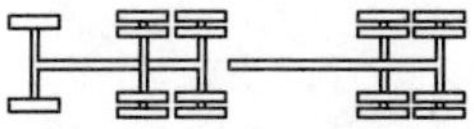	5 轴半挂列车	特大型货车、拖挂车、集装箱车	4.0
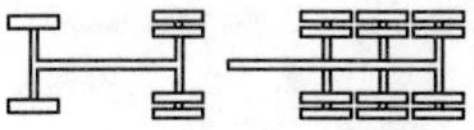	5 轴半挂列车	特大型货车、拖挂车、集装箱车	4.0
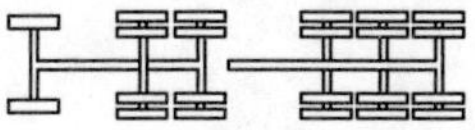	6 轴半挂列车	特大型货车、拖挂车、集装箱车	4.0
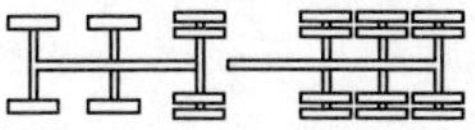	6 轴半挂列车	特大型货车、拖挂车、集装箱车	4.0

省(市)的交通量分布是把各个路段客车、货车(含重车和空车)的当量标准小客车车次汇总在省(市)高速公路路网上。